U0006061

我深愛的國家
俄國女孩的真實告白

THE COUNTRY I LOVE：
Dispatches from the Real Russia

伊蓮娜・科斯秋琴科（Elena Kostyuchenko）——— 著
胡宗香 ——————————————— 譯

獻給我的編輯努格札爾・米凱拉澤（Nugzar Mikeladze）

目錄

寫在臺灣版出版之前 007

事件地圖 010

大事記 012

第一章　電視上的男人 017

〈演普丁的那個很久了，可是梅德韋傑夫超難選的〉 023

第二章　告別童年 027

〈HZB〉 031

第三章　莫斯科不等於俄羅斯 055

〈遊隼號沿線的生活〉 059

第四章　正義與恰當 083

〈從日出到日出〉 088

第五章　無助之境 105
〈數字〉 111
第六章　身為女人 113
〈公路旁〉 120
第七章　我隱匿而真實的愛 143
〈懷著愛與傷悲〉 148
第八章　不是俄羅斯人 161
〈最後的直升機〉 168
第九章　母親與克里米亞，我的第一場戰爭 217
〈你丈夫自願上火線〉 225
第十章　記憶的抹除 243
〈貝斯蘭之夢〉 249

第十一章　黑暗無心 271
〈鏽蝕〉 277
第十二章　睜開你的眼，這國家法西斯很久了 325
〈精神療養院〉 335
第十三章　戰爭開出的血紅花朵 395
〈米科萊夫〉 402
結語　《新報》與我，我們是個邪教 419
致謝 427
譯者之言 429
《我深愛的國家》讀後　文字能拯救把它說出來的人嗎？／張潔平 431
譯名對照表 446

寫在臺灣版出版之前

我始終愛著我的國家。

我不記得這份愛是什麼時候出現的，可能早在我開始理解什麼是國家、什麼是同胞之前就存在了。這份愛像一棵樹在我體內成長，舒展了我的肺，揚起了我的頭。

是愛促使我進入新聞業，是愛支持我從事記者工作。在俄羅斯，這是一份艱難又危險的工作，需要很大的力量。你要埋葬被殺害的同事，同時知道自己也可能被殺害。但絕對不能移開目光，無論如何都不能，即使感到痛苦和恐懼——特別是感到痛苦和恐懼的時候。

二〇一五年，政府打算以叛國罪起訴我。那時烏克蘭東部爆發戰爭。頓內次克州和盧甘斯克州都宣布脫離首都獨立，烏克蘭當局派出軍隊。俄羅斯政府聲稱這是一場內戰，是烏克蘭人在自相殘殺，而俄國軍隊並沒有參與其中。我在那裡工作，設法訪問到一位俄羅斯戰車兵，他曾參與砲擊烏克蘭城市傑巴利采沃（Debaltseve）。二十歲的他沒有臉——燒掉了。他的話證實我們的士兵正在異國土地上死去。我們的祖國對我們撒謊。

報社總編輯要我出國幾週，等到危險過去（在他奔走之下）才返家。

但我無論如何也想不明白，這些士兵的家人在哪裡。他們的父母在哪裡，他們的妻子在哪裡？為什麼他們都默不作聲？

我好不容易找到幾個家庭，他們都拒絕和我對話。他們說：「我們不懂這個談話有何必要。你不需要，我們也不需要。談話改變不了任何事情。」

一名女子答應受訪。

我去找她。

她住在俄羅斯南部的一個小村子裡，在村裡唯一一家商店當店員。我們碰面時，我還以為她歲數比我大很多。結果原來我們同齡。她才三十三歲卻已滿頭白髮。

她說她有一個親愛的弟弟。他們從小就很親，親到她初經時第一個告知的人就是弟弟。對她來說，全世界沒有比弟弟更重要的人。

在這個村子裡，就像在很多俄羅斯鄉村一樣，沒有工作機會。如果你是男人，你就只有兩種選擇——去北部從事石油開採的輪班工作或是從軍。她弟弟選擇從軍，被派去烏克蘭，陣亡在當地。

這名女子的內心誠實無比。她詳細陳述了一切：她感覺到弟弟已經不在人世。她得知弟弟死去的消息。士兵帶來裝有弟弟遺體的棺木並禁止開棺。她埋葬了弟弟，而整個村子的人都塞錢給她——因為在那些地方有包錢給喪家的習俗。她設法打聽弟弟為何而死（畢竟俄羅斯名義上沒有在打仗）。以及她如何陷入沉默。

我問她為什麼保持沉默。

她回答我：「我的人生中有兩個摯愛，我的弟弟和我的祖國。我的弟弟已經死了。如果我能做些什麼以換回他的生命，我會不惜一切代價。可是他已經死了，再也不會站起來。但如果我說是我的國家害死了他，我會連這個摯愛也一併失去。而我想要愛我的國家。」

這是我聽過最恐怖的事情。

我將她說的話記錄下來，然後試著趕快遺忘。

二〇二二年二月，俄羅斯全面入侵烏克蘭，我前往戰地報導。第一週我嚴重喪失了現實感——我不敢相信也感覺不到這些事情真的在發生，我以為這是痛苦的妄想，我隨時都會醒來。在那之後，我只專心記錄所有我看到與聽到的事情。

我的力量維持了五個星期。在此期間，政府機關查封我工作的報社，禁止我的職業，刪除我的文章，還企圖謀殺我。

當我離開烏克蘭國境的時候，我整個人恍恍惚惚。腦子裡靜悄悄的。後來腦中開始傳來尖叫聲，聲音越來越大。再後來，尖叫聲中開始浮現一個個詞語和問題。

怎麼可能？

怎麼可能我沒有看到戰爭即將來臨？

怎麼可能我沒有看到戰爭即將來臨，儘管我當了十七年記者，觀察俄羅斯，報導俄羅斯，目光不曾移開過？

答案很嚇人。

那份愛給予我工作的力量，也給予我希望。而希望蒙蔽了我。

這本書是嘗試要克服盲目。

這本書是愛的宣言。

這份愛永遠不會停止，不會疲倦，不會閉上眼睛。

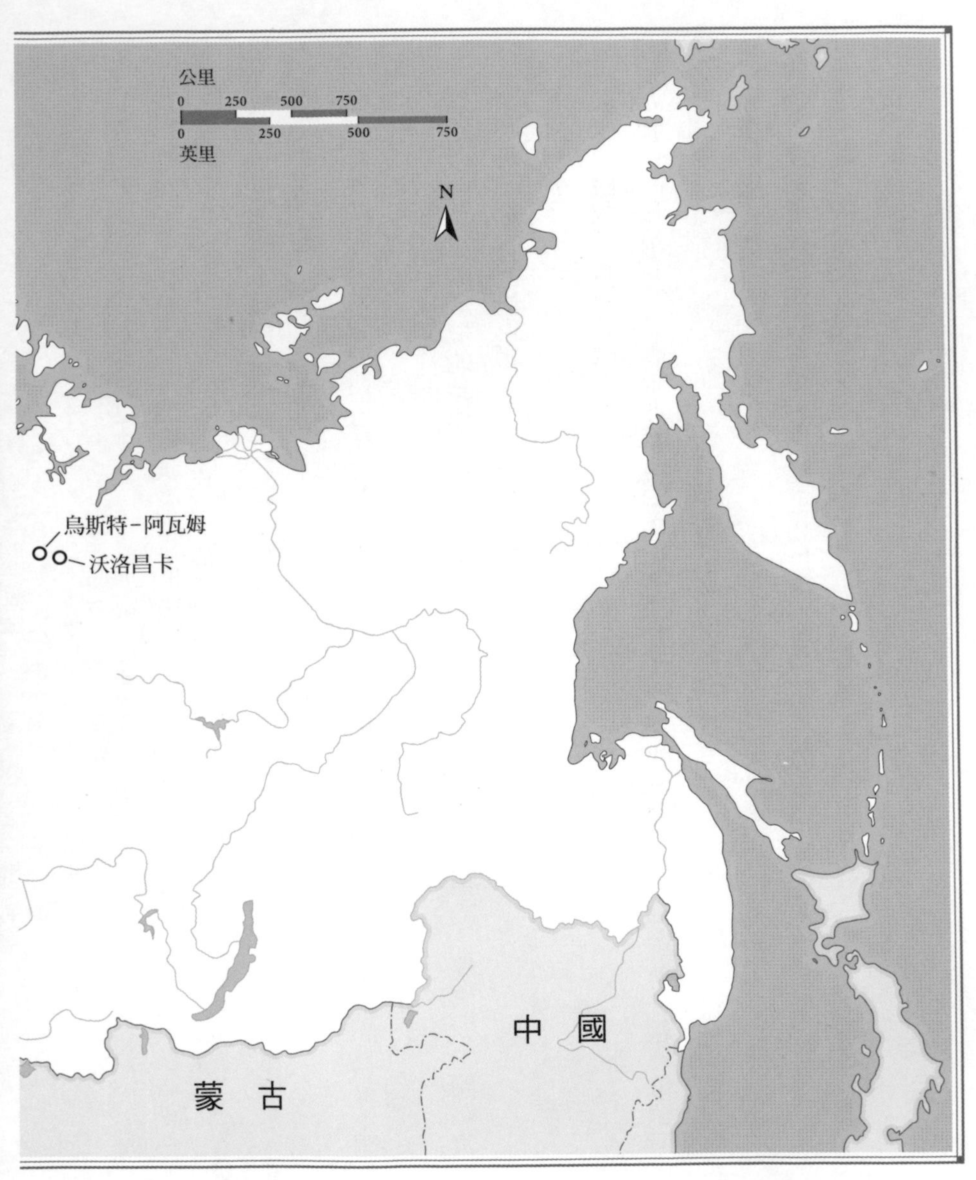
公里
0
250
500
750
0
250
500
750
英里
N
烏斯特-阿瓦姆
沃洛昌卡
中國
蒙古

事件地圖

挪威
瑞典
芬蘭
愛沙尼亞
拉脫維亞
立陶宛
波蘭
白羅斯
烏克蘭
卡拉海
聖彼得堡
小維舍拉
特維爾
莫斯科
拉林諾村
科斯特羅馬
雅羅斯拉夫
都丁卡
皮亞西納河
皮亞西諾湖
阿瓦姆河
諾里爾斯克
基輔
敖德薩
米科萊夫
頓巴斯
克里米亞
羅斯托夫
伊利斯基鎮
窩瓦河
俄
羅
斯
拉茲諾奇諾夫卡
阿斯特拉罕
貝斯蘭
車臣
梅斯克爾尤爾特村
哈
薩
克

大事記

1991.12.26	蘇聯解體
1991.06.08	車臣宣布脫離俄羅斯獨立
1991.06.12	葉爾欽獲選為俄羅斯聯邦第一任總統
1993.04.01	第一期《新報》出版
1994.12.11-1996.08.31	第一次車臣戰爭
1999.08.07-2009.04.16	第二次車臣戰爭，俄羅斯兼併車臣
1999.08.09	普丁出任總理
1999.12.31	葉爾欽辭職
2000.05.07	普丁展開首任總統任期
2000.05.12	《新報》記者伊果・多姆尼科夫遇襲，7 月 16 日死亡
2003.07.03	《新報》記者尤里・謝科奇欣遭謀殺
2004.05.07	普丁展開第二任總統任期
2004.09.01	貝斯蘭小學人質事件
2006.10.07	《新報》記者安娜・波利特科夫斯卡婭遭謀殺
2008.05.07	梅德韋傑夫就任總統，任命普丁為總理
2008.08.08	俄羅斯軍隊入侵喬治亞
2009.01.19	《新報》的斯坦尼斯拉夫・馬科洛夫與安娜斯塔西雅・巴布洛娃遭謀殺
2009.07.15	《新報》記者娜塔莉亞・埃斯特米洛娃遭謀殺
2012.05.07	普丁展開第三任總統任期
2013.06.11	俄羅斯國家杜馬（下議院）通過一項法律，限制所有可被視為「同性戀宣傳」的公開言論。在此法律下，LGBTQ+ 族群「不享有社會平等地位」
2014.03.18	俄羅斯兼併克里米亞
2014.04.17	頓巴斯戰爭開打，俄羅斯軍隊暗中進入烏克蘭東部地區
2015.09.30	俄羅斯開始軍事介入敘利亞內戰
2018.05.07	普丁展開第四任總統任期
2022.02.24	俄羅斯入侵烏克蘭

THE COUNTRY I LOVE :
Dispatches from the Real Russia

除此還能怎樣：
若夜色降臨
讓每個人
將眼睛閉上

若白晝
綻放
讓每個人
將雙眼打開

——斯瓦洛夫斯基（Fedor Svarovsky）

第一章　電視上的男人

我不記得嬰兒時的自己了，我的記憶從我四歲、或許是三歲的時候開始。我記得在上方俯身看我的身影——也可能我只是覺得自己記得。我記得我祖母，她過世的時候我五歲，這表示我有更年幼時的回憶。祖母會開些欺負人的玩笑，重重拍一下我的手，然後大笑。她病了，神智並不總是清楚。瘋狂來襲時她會變得害羞，東張西望。她以為自己和陌生人同住，熱切地想讓我們喜歡她。恢復神智後，她又變回多年來始終位居一家之主的那位女性。她習於大家聽她的話，也要求我們服從。

我一天到晚生病，總是在感冒，很少出門。我的記憶中永遠天色昏暗。我們窗前有棟建築物慢慢蓋起，蓋高後便遮蔽了光線。屋裡右方角落有架鋼琴，等著我長大能彈。媽媽期待我有一天學會彈琴。左邊角落裡是臺電視。電視能用，但因為充滿靜電干擾而畫面模糊，看起來像是黑白的。

電視很大，或者該說在我眼裡很大，有厚重玻璃做的銀灰色圓凸螢幕。灰塵最愛落在上面。我總會拉張椅子，爬上去，用手指輕拂螢幕。感覺像在非常輕柔地撫摸一隻蛾的翅膀。媽媽總說，那就是靜電。

我總是等待夜晚，等待我分配到的享受時光。《小朋友，晚安！》會在這時播出。布偶小豬克里尤夏和小兔子絲特帕夏會先彼此說說話，接著是一段卡通。我好愛那些手繪動畫，但有時是定格動畫，由黏土做成或只是洋娃娃。在我看來那太浪費電視的魔法。洋娃娃我自己一個人玩就可以了。

我注意到媽媽總會在《小朋友，晚安！》播出前打開電視。她下班回家後掛起風衣，鞋都沒脫就坐上沙發。她會等幾分鐘讓雙腳「休息一會」，然後才起身拖著沉重步伐打開電視機，播出大人的節目或新聞。

我很討厭新聞，也不懂為什麼有人會想看新聞。模糊的畫面播放著讓人一頭霧水的內容。有人在大叫，到處跑來跑去，都是一模一樣的播報者和聲調。我不懂他們在說什麼。媽媽沉默地看著。她是那麼疲憊。

慢慢的，我逐漸弄清楚了是怎麼回事。有一天媽媽告訴我，我們的國家本來叫做蘇聯，但現在叫做俄羅斯。蘇聯的時候比較好，食物充足，人心善良。現在不一樣了。後來我才知道媽媽本來是化學家，但她原本服務的機構不再支付薪資，[1]於是她成為清潔工和老師，也在我上的幼稚園洗尿布。因為這樣她才那麼疲憊，不能如我想要的經常陪我玩或抱抱我。我問她蘇聯變成俄羅斯是誰的錯，她說是葉爾欽。葉爾欽是誰？總統。總統是什麼？全國最重要的一個人。

媽媽在新聞裡指出他給我看。我們國家最重要的人又老又醜，有顆巨大的頭。我不懂他在說什麼。他跟我祖母生病時一樣喃喃低語，字句連綿不絕。

我看著他，心裡想：「都是你的錯，媽媽才會這麼累，才會走路時像老人一樣拖著步子，才會不能常常陪我玩或抱抱我。都是你的錯，才會以前大家都很善良，住在蘇聯，現在卻住在俄羅斯，而俄羅斯比較不好。」

葉爾欽出現在螢幕中的時候，我皺起眉頭說：「葉爾欽壞。」媽媽便露出微笑。我開始和媽媽一起看電視，對著葉爾欽大叫，只為了看見她微笑。

讓大人們笑呵呵。

有時候，媽媽那間機構的朋友會來家裡。他們坐在廚房裡，我就坐在他們腳邊。每當有人提起葉爾欽，我就會豎起耳朵，找到空檔插上一句：「葉爾欽很壞。」大人們笑了，他們說：「你這女兒真是個小大人。」大人告訴我葉爾欽還是個酒鬼。於是我開始說，「葉爾欽是個壞酒鬼。」這也讓大人們笑呵呵。

年紀愈大，我愈能聽懂新聞在說什麼。我聽見莫斯科的礦工用頭盔敲打一座橋。[2]媽媽寄了錢，說他們在挨餓。我聽見車臣人在跟俄羅斯人打仗。我害怕車臣人，以為他們都是可怕的壞人，留著大鬍子，跟海盜一樣，但我也想親眼瞧瞧車臣人是什麼模樣。新聞還說有罪犯出現。我從沒見過他們，但我聽過他們：有時候外頭會傳來槍聲。媽媽總要我「離窗戶遠一點」。

我五歲時，我得知我們最後都會死。就連媽媽也會死。過了一陣子，我發現媽媽可能不會在某天因為年老而死，而是隨時都可能因為那些罪犯而死去。我對夜晚產生恐懼，因為邪惡會在夜晚降臨，而黑暗則是邪惡的引路人。我會爬上窗臺，往黑暗裡凝視。我相信我的凝視照亮了媽媽回家的路，保護著她。有時我會被恐懼淹沒，這時我便拿出錫罐子，細數裡面裝滿的舊鈕扣，彷彿它們個個都是寶貝。那些鈕扣使我免於恐懼，哪怕是一點點。

三年級時，我終於近距離看到罪犯。那時我穿越中庭的捷徑回家，沒走大馬路。媽媽說過絕對不可以走捷徑，但我正在趕時間。我遇上三名男子，遠一點還有另外一個人。我記得三人身穿黑色

1　一九九〇年代的私營化與經濟改革期間，企業開始系統化而大規模的積欠員工薪資。一九九六年，俄羅斯中部四十九・三％的勞工遭積欠薪資——在其他地區。這個數字上升到六十九％。同時間，通貨膨脹嚴重。光在一九九二年，物價便上漲了二十六倍。

2　一九九八年，遭積欠薪資的礦工設起路障，在莫斯科的國會大樓外示威抗議。他們要求總統葉爾欽下臺。

皮風衣，但這可能是我後來編出來的。其中一名男子咒罵，另一人掏出手槍，那把槍很小很黑。我躲進最近的建築，等待射擊結束。兩聲槍響。我又等了一會兒，然後從門口往外窺視。罪犯已經不見蹤影，原本和他們隔一段距離站著的男子蜷縮在地，耳後流出紅色的汁液。我遠遠繞過那名男子，一路跑回家去。我沒告訴媽媽。我知道擔心會讓人心跳停止，而我小小的身體傾盡全力想要的只有一件事，我要媽媽活下去。

會有那些罪犯是因為葉爾欽。窗外的黑暗，等待媽媽的那些漫長夜晚，我們的錢永遠不夠用，也都是因為葉爾欽——我已經知道什麼是錢，也知道錢有多貴。有時我們沒有食物吃。九歲時我加入合唱團，在醫院和文化場地演出。合唱團員每次演出可以獲得三十盧布，獨唱者六十盧布。我想要獨唱，六十盧布可以為我家換來七條麵包。[3]

我總問媽媽，「如果蘇聯這個國家那麼好，為什麼你們沒有為她挺身而出？」媽媽會說，「我們被蒙蔽了，葉爾欽騙了我們。」

我開始帶著貪婪的憤怒看新聞。我等不及葉爾欽趕快死掉，新聞肯定會報。

但他就是不死。其他人不斷死去，總有喪禮在舉行，總有紅色襯裡的棺材被　到我們的中庭裡。我總會問鄰居，「他是怎麼死的？她呢？」酒精中毒，上吊，槍擊，遭搶劫時遇害，在沒有藥物也沒有醫生的醫院裡死去。我媽活著，我的凝視保護了她。有時我會跟上帝討價還價。我跟祂說，如果你帶走我媽，我就會躲去森林裡，看祢要怎麼辦？

七年級時，葉爾欽做了一件事。那是新年夜，我和媽媽正在吃過節的晚餐，葉爾欽出現在電視上，他說：「我累了，我將辭去職務。」就這樣，他不再是總統了，簡直是新年奇蹟。媽媽又哭又笑，打電話給所有朋友，我心想，終於，我們的新生活要開始了。

六個月後，我們有了選舉，選出了普丁。普丁與葉爾欽完全不同，他有著年輕運動員的體格，眼神清澈。我就記得他臉上的這雙眼睛。他的聲音很特別，聽起來總像是在壓抑咆哮的語氣。但只要他露出笑容，身邊每個人都會很開心。

媽媽沒有投給普丁，說他是KGB。我知道KGB特務，有兩個就住在我家對面的公寓。他們疑心病很重，神經兮兮，喝很多酒，一點也不友善。我們不常跟他們說話。

投票日當天，我到外面的中庭玩耍。大家從投票所回來，互相問著「你投給普丁嗎？我也是。」他們問起我媽，我回答「她沒有投給他，我們家支持共產黨」。隔壁棟的男孩告訴我，共產黨員早已在墳墓裡腐爛。我們差點打起來。

大家相信普丁會保護他們。選舉前，好幾座城市都有建築物被炸毀。我們學會了「恐怖攻擊」這幾個字。我們那棟樓的男人輪流在夜裡站崗，確保我們的大樓不會被人裝設爆裂物。普丁保證，只要把所有恐怖分子殺光，就不會再有大樓被炸。當他在車臣發動一場戰爭，我卻開始幫人洗地為生。我快要是大人了，想賺點錢好讓媽媽不要那麼累。工作好累好累，我回家後就跟媽媽以前一模一樣，穿著鞋坐在沙發上，讓雙腳「休息一會」。媽媽沒有為此生氣。

我們的電視機愈來愈不堪用，在靜電干擾的黑白畫面中，愈來愈難認出裡面的人臉。我開始閱讀學校圖書館裡的報紙。我對報紙著了迷，因為裡面的照片不會變，可以邊閱讀邊思考。我決定去

3　編注：本書臺灣版出版時的匯率，大約是三盧布換一臺幣。

報社工作，薪水不比洗地板差。我寫公車票詐騙案，青少年健康診所，城裡的光頭黨。我很自豪能寫大人的事情，認為自己是一名記者。

後來有天，我碰巧看到一份《新報》。我翻開報紙，看到關於車臣的一篇報導。那是一個男孩不讓母親聽廣播上的俄羅斯歌曲，因為俄國軍人把他父親帶走，再送回來一具少了鼻子的屍體。那篇報導中出現了「清洗」與「過濾中心」[4]這樣的字眼。在梅斯克爾尤爾特村，軍人殺害了三十六個人。還有一人被釘上十字架，手掌被釘子刺穿（但他活了下來）。那篇報導署名「安娜・波利特科夫斯卡婭」。

我來到公共圖書館，要求調閱館藏的《新報》。我尋找安娜的文章，逐一閱讀。我覺得自己好像燒了起來，趕緊摸了摸額頭，卻只摸到自己無意間留下的濕黏冷汗。原來我對自己的國家一無所知。電視騙了我。

我帶著這樣的認識晃蕩了幾個星期。閱讀，到公園踱步，然後再多讀一些。我想找個大人談談這件事，但身邊沒有這樣的人——他們都相信電視。

我對《新報》感到憤怒，因它從我身邊奪走了大家普遍相信的真實。以前我從未有過只有自己知道的真實。我才十四歲，我心想，卻像個無能為力的病人。

我決定我非得到《新報》工作不可。

這件事花了三年，但我做到了。

4　譯注：過濾中心是指俄羅斯在車臣戰爭期間任意拘留大量車臣人民的非法設施。

〈演普丁的那個很久了，可是梅德韋傑夫超難選的〉二〇〇八年五月八日

五月六日這天，克里姆林宮自早上十一點起就處於高度戒備，為就職典禮嚴陣以待。[1] 卵石地面上少了平日手持相機的喧鬧遊客，取而代之的是滿滿的軍人，穿著黑西裝的古怪人士，著燕尾服的樂手，還有女性歌舞團。他們正在為合唱團與樂團舉行遊行的最後彩排，但最重要的彩排是為了電視特派記者。

六十九臺攝影機，屆時會對準就任新職的總統。攝影機會從地面上，從攝影師肩膀與肚皮上，還有從俯瞰廣場的高塔上拍攝。第一頻道甚至要從直升機上拍攝。經過多次交涉，有個比利時電視團隊獲准將攝影機裝到垂掛在防禦高牆的纜線上進行拍攝。

各種排練從四月底就開始了。第一頻道在主教座堂廣場旁的營區已經安頓好一整個星期。幾輛廂型車與一座總部營帳。營帳內有著網際網路、熱水、莎樂美肉腸片和拉麵。牆上掛著男士西裝（要入鏡的人都得穿著適合這個場合的服裝），各種通知及排練時間表。為了五十分鐘的就職典

1 俄羅斯憲法規定，每屆總統最多連任一次。普丁於第二次總統任期屆滿前，在二〇〇八年的總統大選中支持梅德韋傑夫。梅德韋傑夫一如預期當選總統，普丁成為總理。二〇一二年梅德韋傑夫總統任期屆滿前，兩人宣布政權重組，由梅德韋傑夫出任總理，普丁當選為總統。

禮，他們已經從各個角度拍攝了一百小時的影片。普丁穿越遊行隊伍的行進，梅德韋傑夫夫婦，克里姆林宮內的典禮，兩位總統再度出現在群眾面前，他們各自的演說，全都演練再演練過了。

攝影機的調度似乎不該太過複雜才對，畢竟主角只有兩位。普丁從一棟建築走出來，再走進另一棟建築，走上克里姆林宮的右側階梯。片刻之後，梅德韋傑夫的車隊從總理官邸出發，前往克里姆林宮。他會從另一個門入內，兩人在大克里姆林宮內碰面。典禮完畢後，他們會一起出席閱兵。

導播、特派記者、攝影師、編輯、警衛和軍人擠滿了主教座堂廣場。沒人戴識別證，經過一整個星期的排練後，大家都互相認識了。電視臺人員順從地聽命於戴著透明耳機的年輕男性。從攝影師、警衛到士兵，每個人都在對著對講機發號施令。有人大喊：「讓機槍手站到視線範圍後面去！」沒有動靜。

大克里姆林宮前的閱兵式將有九個排參加。現在先由三十名士兵代表前後列，在領導他們的少將陪同下，以芭蕾舞般的姿態大步踏入廣場，雙腿筆直，腳尖繃緊下壓。士兵穿著厚重的軍大衣，指揮官臉上帶著死氣沉沉的表情。「還好很冷，」站在我旁邊的攝影師說。「前天有個阿兵哥排練到一半因為太熱暈了過去。」

十二三名克里姆林掃街工在軍人隊伍間穿梭。他們全都一看即知是斯拉夫人，穿著英挺的綠色制服。廣場上一塵不染，連卵石子看起來都像被刷洗過，但這些掃街工異常堅持，繼續清掃著石頭之間的每個縫隙。時不時有名穿著正式套裝的女性對他們大喊：「廣場的每一吋最好都給我乾淨得發亮！」「那怎麼沒給我們吸塵器？」掃街工回嘴。那名女性朝警衛點點頭：「他們不准。」

「掃地工退場！立刻退場！兩位總統人呢？」發話的是身材瘦削、穿著牛仔褲的娜塔莎，她是總統辦公室的人，所有攝影機調度都由她指揮。

兩位「總統」（由總統保鑣充當的替身）就站在附近。「普丁」由穿著雨衣的黝黑男子飾演，他與正牌總統間唯一的相似處是他也沒有任何突出的特徵。擔任「梅德韋傑夫」的則是一位非常年輕的捲髮男性，耳朵裡接了條線，臉上帶著異常狡猾的表情。「可是他們一點也不像！」我表示異議。「重點是身高，身高要一模一樣，這樣攝影機才可以拍到正確位置。」技術人員里歐夏解釋給我聽，他正在幫攝影師架起遮雨棚。「演普丁的那個很久了，可是梅德韋傑夫超難選的。」

「普丁——上場！」娜塔莎喊道。這名軍人邁開具有總統姿態的閒適步伐，走過原地立正的第一排隊伍。一臺攝影機用特殊的塑膠背心固定在攝影師身側，沿著這排士兵後方與普丁平行移動。一名助理抓著攝影師的腰，幫他保持穩定，兩人一步步後退，精準而迅速。「普丁」走向鋪著紅地毯的階梯，開始逐級而上。攝影師往後彎身，試圖讓「普丁」保持在畫面中央。「攝影機晃動！再來一次！」

下一個要排練的是典禮後的退場。兩位總統努力讓步調一致，但還是沒有人滿意。「二十！是二十步！再一次！」「你確定梅德韋傑夫應該在普丁左邊嗎？」另一名導播問娜塔莎。「要不要讓兩人換邊？」「我確定，再來一次！」幾位導播還為了裝有總統講稿的豪華鍍金演講臺該放在那裡而爭執了很久。他們爭論的擺放距離，相距也不過半公尺，但顯然這會對視覺效果有著重大影響。

最後，那名少將俐落地走向兩名替身，鏗鏘有力地說道：「總統同志，為慶祝俄羅斯聯邦總統就職的遊行隊伍已經集結完成。」語畢後敬禮。「普丁」望向最近的一臺攝影機，開始無聲地移動嘴唇，如此持續了幾分鐘。這是卸任總統的告別演說。攝影師專注地拍攝他。

拆換燈光時，兩位總統在階梯上等待，凝視著前方的士兵，儼然是重要人物。普丁表示：「還好不會出太陽。出太陽就會瞇眼，看起來比較兇。沒太陽就直視前方，比較簡單。」

「嗯啊。」梅德韋傑夫應聲。

某位導演跑上前來，第八百次說明每個人的走位，哪個攝影機會在何時對準他們等等。警衛聽得最專心，因為屆時將會是他們要把這許多細節轉達給真正的普丁和梅德韋傑夫。

「我希望他們都有聽懂。」里歐夏發牢騷。「上次在聖彼得堡的經濟論壇時，我們也進行了多次演練，還製作了佈景，填滿了一座溜冰場，裡面到處都是警衛及攝影機。普丁下車以後，他們告訴他等下要在攝影機前面這樣走、那樣走。結果他卻說，『我沒有要繞著圈子走。』然後直接穿越溜冰場，就走在冰面上。警衛們都要急瘋了，我們嚇死了……」

「如果普丁打噴嚏怎麼辦？」

里歐夏面無表情地看著我。

「或是梅德韋傑夫絆倒了，就在現場轉播畫面中。」

「這正是為什麼，」里歐夏自豪地解釋，「這類場合的轉播永遠會稍微延遲。」

所以這是什麼情況？每個人都提心吊膽，擔心某人被地毯上隱伏的皺褶絆倒，有極端分子從樹叢裡跳出來，或總統在宣誓時結結巴巴。事實卻是，圓滿結局一直都是注定好的。我們有什麼好擔心的呢？

第二章　告別童年

接到媽媽電話時我人在朋友家，她說她找不到凡亞。凡亞是我沒有血緣關係的弟弟。

我不想離開朋友家，因為那是個夏日晚上，有人聽我說話也喜愛我，我已經喝了半瓶酒。我不記得跟我媽說了什麼，但我知道語氣懶懶的。

我還是去了。

天色正在轉亮。我人在計程車裡，和警方通著電話。車子飛速穿越莫斯科，離開了光鮮亮麗的歷史中心，進入高樓林立的市郊。我驚奇地看到那裡有許多樹木生長——又高又大，一路往上長到最高樓。

凡亞住在雅羅斯拉夫和科斯特羅馬之間。天曉得他在哪裡工作。我妹妹說，有陣子他為了錢跟男人上床。她跟他因為五月假期[1]而互換公寓：我妹妹去雅羅斯拉夫，他去她在莫斯科租的公寓，也邀了朋友一起。

我上到他那一層樓。警察擠在樓梯間，正在等待急救人員來開門。

急救人員到了現場卻說，他們不能破門，得要屋主在場才行。屋主是位老先生，住在他的鄉間

1　五月一日在俄羅斯是勞動節，五月九日是勝利日。這兩天都是國定假日，也經常延長成為連假。

別墅。沒人有他的聯絡方式。

我告訴他們，我弟弟人在裡頭，如果你們不開門而讓他有萬一，我一定讓你們全都因為怠忽職守被關到牢裡頭。

當然，我不是真相信他怎樣了。但我喜歡感覺自己很強悍，像個大人，知道怎麼恐嚇那些警察和急救人員。

他們報以沉默。

凡亞的兩名哥兒們也在現場，喝得醉醺醺，滿嘴胡言亂語。他們年紀都比凡亞大很多，喝酒回來後卻不得其門而入。其中一人把包包留在公寓裡面，一直抱怨。

一名急救人員下樓，從外面打量了一下這棟建築，走回來說他可以試著從陽臺進去。

鄰居讓他通過他們的公寓。

幾分鐘過去。

門鎖嘎吱作響。急救人員走出門來，眼神越過我望向樓梯間，說了聲：「家屬。」

我進了門。

凡亞躺在沙發上，身體僵硬異常，臉色發青。他身邊有個袋子，一把刀，還有一罐瓦斯。

他祖母拒絕前來，只要求他得葬在她的村子裡。

我們決定將他葬在莫斯科。

我心想，這樣我還有一座墳墓。

為了葬禮，他們幫他畫了很濃的妝，根本認不出本來的長相。他的臉瘦骨嶙峋，頭髮往後梳得油亮。看起來像歌劇演員，媽媽說。

他表妹來了，面容跟凡亞一個樣，眼睛也像。她也是孤兒院長大。我從不知道他有個表妹。他分不清分子與分母，不會看指針式時鐘。他很會模仿，英文成績拿了個B，但他一個字都不會，全靠著重複老師所說，而且說得一模一樣。他會唱多種外語歌。他熱愛跳舞。媽媽總愛說，第一次讓我抱孫子的一定是我兒子，不是你們這些女孩子。

棺材內裡是全白的。

他們在他額頭上放了張紙條，上面寫著主禱文。

他的朋友走上前來告訴我，凡亞生前是個認真的魔法師。他們把他手寫的咒語本給了我。裡面沒幾個咒語。我第一次看到他的字跡，像小孩子一般。大小不一的字母密密麻麻擠在一塊。

我走到棺木旁，把咒語本放在他腳邊。棺木裡某處應該放了一包經過賜福的泥土。

我一直想：現在我是個大人，是個大人了。

接著我得填寫各種文件。然後沒有文件可填。

我就這麼沒了弟弟。

我再也沒去過他墳前。我就是沒辦法。

他的照片存在一臺舊電腦。他看起來好年輕，拿著一罐啤酒坐在那裡，溫和地笑著，直視著相機。我妹妹做了一段影片——投影片配上一首歌，副歌反覆唱著：「你也會背叛我。」

我妹妹絲維塔拉娜也是領養的。凡亞出事前我們很少說話。她喝酒、偷竊、說謊、逃家，趕跑每個想親近她的人。我不認為她打算活。在凡亞的葬禮上，她站在那兒，臉因為哭泣而腫脹，頭大大圓圓的。她的脖子無法支撐那顆頭，於是她頻頻點頭。她丟了一把泥土到棺木上，再把髒兮兮的手指塞進嘴裡，像個孩子一樣。後來她不再喝酒，也不再晃蕩。她去讀了法律，成為攝影師。如今是個聰明年輕的女子，太過沉著也懷抱太多悲傷。原來，凡亞救了她的命。

〈HZB〉

二〇一一年五月二十五日

十三歲的卡塔雅[1]懷孕了，孩子的爸爸是她前男友葛列布。她懷孕快滿六週了。

「去墮胎，」瑪佳告訴她。「不要毀了一生，人生只有一次。」

「我媽告訴我，如果我墮胎，她馬上送我去孤兒院。或是把我帶來這裡推下電梯井，弄得像是意外。但外婆說如果我帶著嬰兒出現，她會把我趕出家門。」

卡塔雅和外婆住在一起是因為媽媽酗酒。她在十五歲的時候生下卡塔雅，卡塔雅生命的前三年都在孤兒院度過。她們家人很愛講一個故事，講卡塔雅出生時，她外婆如何強迫卡塔雅的母親簽署棄養文件。但卡塔雅的母親滿十八歲那一天便拿刀威脅卡塔雅的外婆，強迫她簽署文件把卡塔雅要回來。

「外婆到現在還在後悔。」卡塔雅說，邊喝了一大口ＧＤ。[2]

「你現在喝酒好嗎？」瑪佳問道。「你懷孕還沒滿三個月。」

「反正他是智障。真要說，這樣更好——也許他們就會讓我放棄撫養，但最好還是流產。」

1 本篇所有姓名皆為化名。

2 ＧＤ指Grape Day，是一種含酒精汽水。

「想流產的話你該喝伏特加，」嬌小異常的安雅突然出聲。「不是GD。」

「我知道有間診所不錯，一萬五千塊可以做到好——是很貴，我花了兩萬五！但有術後照護。」

瑪佳十七歲，一年前做了人工流產，發現懷孕時她男友正準備去當兵。「他把錢放在我面前說，如果我決定墮胎就去。我想了一下，如果生產，誰會去醫院接我？我媽也許很好，但她說她不想照顧一個小鬼。」

＊＊＊

說話時我們在廢棄的霍夫林諾醫院三樓陽臺，大家都簡稱這裡為「HZB」。這是三棟相連的建築物，正緩緩沉陷。我們後面傳來談笑聲，大約有十五個人，年齡介於十歲到三十歲之間。這些人是HZB的住民，他們以潛行者、挖掘者、自殺客、守衛者和鬼魂之名為人所知。[3]

這片龐大的醫院建築群原本預定有一千三百張床位，興建工程始於一九八〇年，但到一九八五年卻停工了。有些人說是預算被砍，其他人說是地下水位上升，而原本透過建物底下水管引流的利科波卡河淹沒了地基。停工時，以星型排列的三棟十層樓建築已經蓋到一半，連病床都運進去了。只剩下電梯與欄杆待安裝。未完成的建築一直有警衛看守，直到一九九〇年代初期為止。少了保全人員之後，HZB成為街坊上的建材庫：大家把東西全部搬空。

如今，HZB只能緩緩下沉。淹滿水的低樓層有一片永凍的冰面。樓內充滿沒有欄杆的樓梯、洞開的電梯井、地板上的孔洞；陳年累積的灰塵、破碎的礫石與煤渣磚、大塊水泥。水沿著梁柱滴下，牆上滿布的塗鴉讀來就像集體意識流：愛國者笨蛋，撒旦萬歲，斯特羅吉諾足球隊制霸，示愛告白，詩歌，咒罵，名字。在政府單位間不斷踢皮球之際，HZB裡逐漸住滿了無處可去的人。

＊＊＊

三樓聚集了一大群人。陽臺上大約有十五個人，坐在欄杆上，雙腿懸垂著。陽臺中央有一張由板子和磚塊組合而成的桌子，上面滿滿都是袋子。另外還有一張真正的桌子，放在牆邊。幾對情侶坐在桌上。

兩罐一點五公升的GD在大家之間傳遞。

多數人還不到十五歲。他們對這些建築瞭如指掌，能嫻熟地沿黑暗的走廊逃避警察追逐，也會帶觀光客前來參觀賺點外快。

他們待在三樓陽臺是因為這裡視線極佳，可以看到「正式入口」，也就是刺鐵絲圍欄裡的一個洞口。

從洞口進來的有暗黑系男女，天真無知的學童，潛行者，大學生，漆彈槍玩家。入場費每人一百五十盧布，包含導覽行程，由這些孩子帶隊穿過建築，一邊講述當地傳說。他們自稱「少年守

---

3 潛行者（stalker）指專門尋找廢棄地點的人，命名來源為安德烈．塔可夫斯基（Andrei Tarkovsky）的同名電影《潛行者》。挖掘者（digger）參與名為「挖掘」的都市探索次文化。自殺客是甘願送死的人，像神風特攻隊一樣。

衛團」。現在負責守衛的是瑪佳。「在建築裡面四處打探，聽聽看裡面還有沒有其他人，以前是滿酷的，現在則是那些小鬼頭直接拿錢來給我。」晚點還會有幾個守衛者抵達，包括捕鼠人，刑事偵查艾列克斯，和大塊頭澤卡。

為了不惹麻煩，守衛者會把賺的錢分給霍夫林諾轄區的一些警察。偶爾會有警察來搜索在這裡出沒的學童。守衛從不驅趕學童，還會不情不願地與他們分享酒精和香菸，偶爾也讓他們自己帶導覽。但如果碰上警察突襲大樓，那就大家各跑各的了。在這裡，永遠都只顧得上自己。

＊＊＊

「越空者的酒測值是一點二六，瘋子是點零九。」卡塔雅說。一頭火紅頭髮的越空者皺了皺鼻。十四歲的她還在讀七年級。在HZB被抓到後，她成為列管的不良少年，被學校留級一年。

「看到條子時要大喊：『快看！有龍！』」瘋子說。「條子會轉頭去看，你就趁這時快跑。」

「他們把我跟卡塔雅抓起來，安置在醫院，」越空者繼續說故事。「到第四天，她爸媽來把她接走了，我爸媽在第五天出現。那時我已經把整個病房搞得天下大亂了！」

「這是什麼時候？」

「差不多是珍雅倒大楣那次。」

這在他們的慣用語中是被強暴的意思。

少年們拋接著手上的刀子。每個人都有一把，多數是從倒霉的觀光客那裡偷來的戰利品。

卡塔雅和瘋子嬉笑打鬧著，但始終抱在一起。最後他們一起「去四樓」。

大家繼續討論卡塔雅的處境。

「她有在喝酒，那可不是免費的，外加她還會買菸。」瑪佳說。「這樣算下來一天是一百、一百五十盧布，但那也是錢。如果她開口，這個錢我會借她。導覽賺的錢也可以全給她。」

「她可以去貼傳單。」越空者也貢獻意見。

「我十二歲就在肯德基工作了。」重擊手補充。

「喔，那你不就好特別，礦工？」

重擊手的綽號「礦工」來自他巨大的擴耳耳環（有直徑一吋和兩吋的），就像是穿過他耳垂的隧道。但他更喜歡自己的戰士名，重擊手。

重擊手的哥哥是拳擊冠軍，打過車臣戰爭。他對哥哥無限崇敬。

「我一年級有次成績不及格，回家後他叫我做伏地挺身。一開始是十下，後來變成一百下。他說如果伏地挺身做累了，可以改做深蹲。深蹲做累了，就再回頭做伏地挺身。他給我喝煉乳好長肌肉。我一路被大家狠揍到五年級，但在那之後，就換成我把大家揍個半死。」

重擊手始終沒有成為好學生，而是成了專業的踢拳選手。後來他肩膀受傷，已經兩年無法出賽，如今就待在ＨＺＢ。

重擊手還是會跟哥哥聊天，但跟媽媽已經不講話了。「她老是對我大吼大叫，我受不了。」

「我在這兒可是個傳奇人物！」重擊手喊道。「對吧，越空者？」

「他是個傳奇人物。」越空者很嚴肅地說。

「誰會為重擊手挺身而出？越空者你說。」

「HZB的每一個人。」

「沒——錯！你聽到沒？聽到沒？因為我是傳奇！傳奇！我誰都打得倒！」

為了舉例何謂「出色的一拳」，重擊手說了他如何痛打他來自特維爾的女友。「她整張臉都腫起來，微血管破裂——才一拳而已就這樣！哎，我已經有一陣子沒去看她，她可能在生氣吧。」

＊　＊　＊

「病理醫生是唯一不會殺人的醫生。」薩滿對聽他講話的孩子們解釋。年過三十的薩滿有張浮腫的紅臉，油膩的頭髮和一件黑色皮外套。他是三個孩子的爸，第四個還在肚子裡。他酒喝得很多，打過車臣戰爭。如今他會在酒毒性譫妄發作時在HZB狂奔，揮舞著一把隱形機關槍。他也會在人臉前移動雙手以「重新調整能量場」——所以大家才叫他薩滿。守衛者都不大喜歡他，因為他得占掉一份利潤。然而總有少年圍繞在他身邊，學習怎麼當嚮導。帶導覽的權利也是要爭取來的。

此時，看來意志堅定的一群潛行者出現在樓下——四名穿著迷彩服的年輕男子，其中一人手臂下還夾了個防毒面罩。薩滿走到樓下，後面跟著幾個十二歲的男孩，還有瑪佳。對話一如預期。「你們是誰？」「這裡是禁區，有人看守的。」「要我把守衛叫來嗎？」「你們真的想被帶去警局嗎？」潛行者對於每人要付一百五十盧布才能進去並無異議。他們把錢交出來，要求前往

Nemostor，這個房間位於一樓，是ＨＺＢ諸多傳說中的一個地點。

傳說，曾經有個撒旦崇拜團體會在這棟建築裡以活人獻祭。有一天，受夠殺人事件的警察封閉了這棟建築，把撒旦崇拜者困入淹水的地下室，再將他們全部炸死。

「他們真的用了手榴彈嗎？」有個觀光客問。

「當年我在八十一號醫院的驗屍間工作，」薩滿在一陣沉默後開口。「那一輪班是我那個單位的領導當班，他告訴我：『他們送了一些人過來，已經死了。後來他們又帶了器官移植設備過來。』整個行動都是由ＦＳＢ[4]組織的……」

Nemostor與其他房間沒有多大差異，裡面滿是塵埃和破碎礫石，以及從本該是窗戶的地方透入的陽光。牆壁上都是五芒星圖案，還有以古斯拉夫文和英文書寫的撒旦讚文，兩者的文法都錯誤百出。ＨＺＢ的住民通常在這裡慶祝新年。

「上次有撒旦崇拜者來這裡是二〇〇七年，」瑪佳低聲告訴我。「我們的人在地下室抓到他手拿著一把刀。天啊！他臉上塗滿某種麵粉，眼底下畫了黑色眼圈。大家笑翻了，忙著拍照。我們問：『怪胎，你叫什麼名字？』他說他叫『齊贊。』澤卡揍了他幾拳之後他馬上改口，『我叫謝爾蓋！是謝爾蓋！』他們把他送去警察局後，全分局的人都在狂笑。」

4 ＦＳＢ是俄羅斯聯邦安全局，前身為蘇聯時期的國家安全委員會（ＫＧＢ）。根據其組織章程，ＦＳＢ負責維持「俄羅斯聯邦的安全」，對抗恐怖主義，捍衛國土邊疆。ＦＳＢ積極對抗「內部敵人」，亦即反對勢力政治人物、獨立記者、倡議人士、無政府主義者，以及宗教少數族群。新聞記者經常找到證據顯示ＦＳＢ涉入敲詐、虐待，與政治暗殺事件。ＦＳＢ是俄羅斯權力最大的執法機關。普丁在一九九八至一九九九年間任ＦＳＢ局長。

撒旦崇拜者很狡猾，有時會設法混到建築內再化妝。「然後他們就拿著刀在這兒四處晃蕩，有次還抓到有個人帶著把大砍刀。」

標準導覽行程包括Nemostor、屋頂、紀念名為「邊緣」的男孩墮入電梯井的地方、「製片人走廊」（少年們以建築用的泡棉覆蓋此處再塗上油漆，弄成像是恐怖片的場景，「這裡是大腦，那裡是腸子，這是頭顱」），還有淹水的地下室，「至今仍能看到撒旦崇拜者的屍體在水中飄蕩。」我們下到「負數層」，也就是建築內低於一樓的樓層，去看那隻小狗。小狗很久以前就死了，只剩下皮包骨。薩滿用一根棍子戳探骨頭各處，講解起犬類解剖學，少年們用手機錄影。「可是牠的腳掌被綁在一起！」

「我還知道是誰綁的。」瑪佳壓低聲音說，不失得意地笑著。

＊＊＊

瑪佳流落到HZB的時候十五歲。男友死後她在精神病院待了一個月。「他怎麼死的？被謀殺的。有人把他汽車的煞車油放光。他和朋友一起在車上，發現沒辦法煞車時，就把車子朝一根柱子開，從駕駛座那邊撞上去。他朋友活了下來，他也沒有馬上死掉，可他住院的時候護士跑出去抽菸，那之後的事情就很可疑。他本來是要去我們家的鄉下別墅找我的。」

如今她十七了，但HZB絕大多數人都覺得她實際年齡要大得多。她腰間掛了隻對講機，穿著迷彩服，一頭長髮，眼神警戒，笑容平和。她很強悍。一年前，「四十個帶刀的達吉斯坦人」出現在這裡準備跟住民大打一場時，瑪佳獨自一人面對他們，直到「援兵」抵達。

瑪佳甚至還上過一年醫學院，但後來輟學。「我發現原來我一點也不在乎別人死活。我並不想拯救別人，但醫生要立下誓言。我反正不是會立誓的那種人。如果我真的做了，就會變成跟那些診所裡沒心肝的母狗一樣。」瑪佳坦白。

這年夏天，瑪佳打算申請就讀公務員訓練課程，只是要等到八月她滿十八歲。「我不想把我媽扯進來。」

其他少年也都深有同感，他們陷入一片靜默。沒人想要父母介入未來的職業，或生活的任何一部分。有個女孩是這樣說的：「我的出生證明上有他們已經夠糟了。」

「我媽已經決定要我當警察，她會大叫『沒得討論！』酗酒的賤人，我想當考古學家，」萊莎說。「今年夏天我要去沃隆佐夫卡洞穴。」

「她已經六個月沒揍你了欸！也許最後一切都會很好。」安雅接話。「你以前總是渾身瘀青來上學。」

「我算過了，」萊莎改變話題。「如果把所有流產和墮胎都算進來，我會有九個兄弟姊妹。」

「然後呢？」

「就沒有然後了啊！」

少年們結夥去玩了。他們的遊戲很簡單：從地上撿一塊煤渣磚，隨便一個破水泥塊也可以，然後用那個去砸別人的頭。從許多方面來說，這個遊戲仰賴的是對這個空間的瞭解——埋伏在上方突襲，從黑暗中一躍而出，自某人後方掩上。一般而言，HZB住民的樂趣很簡單。夏天，女孩子在屋頂上曬太陽，男孩子則在電梯井上方上大號。這需要技術和耐力，誰的屎糞落地的聲音最大誰就贏了。「有一次他們大到一個遊客身上，」瑪佳想起。「那個人很怪，不知道在認真什麼。他準備來這裡三個星期，對ＨＺＢ的鬼魂、空間裡的異象等等超級著迷。結果他被人拉屎在身上。他很沮喪，他說：『鬼魂拒絕了我。』」

＊＊＊

迪馬斯腳步踉蹌地來到陽臺。十七歲的他是個打手，也是妮卡的弟弟。他喊：「她在哪？」迪馬斯的女友絲敏卡躲起來了。他們在吵架，迪馬斯鐵了心要「把她痛揍到不省人事」。他已經醉到失去理智。妮卡與重擊手試著攔下他。

「你不是重擊手，你只是一坨屎！」迪馬斯大吼，重擊手被他推倒在地，地上的破碎水泥割傷了他的手。迪馬斯掐住妮卡的脖子。

「我要把你折成兩半！」

「然後呢？」妮卡平靜地問。「那時又如何？」

迪馬斯放開她，轉身離去。不久後他又出現在屋頂上。我們到四樓的側邊建築好看得更清楚。迪馬斯緊沿著屋頂邊緣行走，不斷把腳伸出到深淵上方。

「他不會跳的，」妮卡不為所動。「我的意思是，他會跳下去，但不是今天，也不是為了她。他不是真的愛她。」

「但你真該看看另外那個女生從那兒飛下去的樣子！」

喝醉的塔雅在男友提歐馬的環抱下掙扎著，提歐馬是個嚴肅的男孩，有一頭捲髮。他試著把她壓在地上。他們兩個都十五歲。

「躺下，塔雅。閉上眼睛不要動。」

「走開，死娘炮！我沒醉！」

前幾天塔雅在躲警察時從四樓跳了下去。

「怎麼會?!」

「我有助跑。」塔雅微笑，然後緊緊盯著我看。我突然意識到她真的沒那麼醉。

「落地後她在驚嚇中又跑了兩百公尺，然後躲在灌叢裡……脊椎損傷、內傷……塔雅，躺下！她就掉在那裡……」

那裡有一堆掉落的樹枝、鋼梁和破磚塊，只是半掩在雜草中。

「因為她寧願死掉也不要被警察抓到，」提歐馬驕傲地說。「她就是這樣。」

這會兒迪馬斯又走回樓下「來說再見」。他很快用眼神掃過房間一圈，在水泥拱門下定住不動，然後緩慢、沉重地走進來擁抱所有哥兒們，親吻所有的女孩。他走回樓梯邊，沒有一個人試著阻止他。

他又回去沿著屋頂邊緣行走，不時停下不動。我開始覺得難受想吐。

絲敏卡走到側棟建築。十六歲的她個頭嬌小，模樣甜美。她和妮卡很快說了幾句，接著妮卡大叫：「迪馬斯！有人要跟你說話！」

迪馬斯走下屋頂。「誰？」

「她。」

「我沒看到那裡有人，」迪馬斯的眼神越過她凝望。「你知道嗎，我剛才站在邊緣，甚至連一隻腳都伸出去了，然後想到，難道要為了那個蕩婦這樣做……」

絲敏卡轉過身，快步走回建築裡。「看你幹的好事！」妮卡對弟弟喊。迪馬斯追上去。

他們兩人在大約二十分鐘後再度現身。

「你得向我道歉。」迪馬斯對妮卡說。

「我?!」

「是誰在那兒大叫，『來啊，跳下去，我們在下面等你！』」

「我可沒有！」

「誰說我不愛她？我愛她！說對不起。」

「好吧，對不起。」妮卡低聲說。

「我就在邊緣，差一點要跳了，但因為這個女孩——」

絲敏卡貼到他身上，眼裡充滿非凡而耀眼的空虛。

＊＊＊

要死在這棟建築裡有各種方法。走廊地板與兩側牆壁間有六十公分的空隙，樓梯隨時可能崩塌，尖銳的金屬粱從天花板垂下，牆上有洞。腳下，破磚塊和扭曲的鋼筋隨時可能把你絆倒。但最常見的死法還是那些空洞的電梯井。它們沒有牆壁，只是地上的空洞，突然洞開於某條黑暗的走廊。

ＨＺＢ的住民樂於把從那裡摔下去死掉、跌斷骨頭和消失之人的名字逐一告訴你。感覺起來，他們似乎喜歡死亡的臨近感，那種隨時會登出此生的明確可能性，而逃生艙口就近在腳下。這裡每個人都至少割腕過一次。他們不愛展示疤痕，疤痕代表失敗。

「拿個罐子用石頭砸爛，就有了銳利的金屬條。」

「犯不著割腕，那種疤痕在誰身上都不好看。有些人想引人注意就會開始做些蠢事。」

「這裡有個小夥子叫做費迪亞，有一次他說，『我要自殺！我要自殺！』我們就說『喔好啊，你去啊』。他拿出刀子，舉到手腕邊，然後就沒了。他沒那個膽。」

「這都是季節性的。」

「一切順遂的時候，沒人在乎你怎樣。」

「有些朋友，最好不要在他面前哭。」

「那年我八歲，我爸剛死，心臟病走的。我媽叫我『過來』。但我跑回房間，不想讓她看見。我把床挪到門前，那樣子睡了一個月。」

「我不敢哭，」安雅突然說。「比起任何事情，我最害怕的就是哭。我也不知道為什麼。」

「過來，我來當你們的和事佬，」瑪佳把迪馬斯和絲敏卡帶到一旁。

「這個吩坦尼能給你一小時極樂享受。在夜店用很好玩，可以玩得很盡興。之後會開始亢奮狂躁，但也沒那麼糟……」

他們悄聲交談後走開，大約十分鐘後又一起回來。

「絲敏卡，你的鼻子。」越空者大喊。

絲敏卡用力吸氣，揉了揉鼻中隔，然後轉過身。

「她把證據都吸光了。」迪馬斯笑著說。

「總之，聽好，」瑪佳一本正經地對他們，「我給你們十包，你們要帶一萬塊回來。每包一公克，每公克一千塊——清楚了嗎？你們要怎麼攙雜稀釋都隨便。搞清楚客戶是誰，如果看起來很好騙，那就盡量稀釋。最重要的是不要有人抱怨品質不好。」

他們把小球狀的塑膠袋放進背包。

「永遠有你們的份，」瑪佳說。「不用擔心這個。」

「我可是不菸不酒不吸毒，」重擊手說。「有些人聽了很驚訝。他們說：哇，你這是世界紀錄，整整四天沒碰這些東西。我不抽菸，我不——瑪佳，鼓勵一下重擊手吧，重擊手心裡難過。可以抱抱我嗎？」

＊＊＊

「我愛她，我們交往了六個月。我以前走硬核 emo 風，瀏海長到下巴。[5]三月的時候我把瀏海剃掉。我有整整四天都沒和我最好的哥兒們一起在這裡混，我不在的時候她就到處睡。我叫她到另一層樓跟我談，我問她，『你想跟我在一起嗎？』她說想，可後來我看見她跟一個身障男親熱。一個身障！」

這位身障男名為戈夏，此時雙臂環抱著顏恩站在一旁，一邊啜飲著 Yaga 酒精氣泡飲。他有輕微的腦性痲痺，走路時看起來有點像在跳舞。戈夏剛從他父母送他去的週間寄宿學校逃跑。他得意地炫耀，「那學校還有刺鐵絲哩。」戈夏的父母都喝酒，但他們「還算可以」——他們每週會從戈夏的身障補助金裡給他五百盧布。

顏恩朝重擊手的方向鄙夷地瞇起雙眼，一語不發。十五歲的她美麗至極，眼神如冰一樣寒冷。她的背包上寫著「挖掘者顏恩」。

武士從建築深處裡現身——他大概四十歲，身著長袍，是 HZB 的另一個傳奇。他隨身攜帶武士刀。

「很高興在這個可怕又神祕的地方遇見你。」武士說，接著重複一次，這次用廣東話。他在這棟建築裡冥想與喝酒。「這是個非常包容的空間，在外頭過得辛苦的人在這都會被接納。」武士語氣肅穆。「這是個烏托邦，是末日後的世界。」他開始練刀。刀刃削過空氣。在旁邊徘徊了一陣子後，重擊手趨前向他借武士刀。武士躬身把刀遞給他。重擊手走向顏恩，拔出刀來。

「來啊，」顏恩說，直視著他雙眼。「要就趕快。」

---

5 譯注：Emo 是一種搖滾樂風格，受龐克搖滾影響，強調情感糾結而內省式的歌詞。與之相關的 emo 裝扮以憂鬱、長瀏海、黑色眼線、窄褲等為風格。

重擊手笨拙地揮舞了一陣，然後被人拉開，武士刀也被拿走。

「你連殺人也不會。」顏恩語氣不屑。

另一邊，陽臺上的人談論起政治。

＊＊＊

是薇拉起的頭。十五歲的她就讀八年級，稱呼每個人都用正式的尊稱「您」。

「我們班上每一個人都右傾，只有四個人例外，」薇拉說。「但校長姓阿拉克連，是個亞美尼亞人。這個楚卡[6]來了以後，居然把在學校教書二三十年的俄羅斯裔老師開除！她的外甥女趾高氣揚的。有一次我們在教室裡吸食感冒藥，她看到以後大驚小怪，一直大叫『他們吸安！他們吸安！』那之後的一個月，我們每天早上都要接受毒品檢測。」

薇拉受到較她年長的朋友瑪莉納影響，才變得逐漸右傾。「生命中大小事都是她教我的。」

「他們從車臣來到這裡，一副這裡是他們家的樣子，」薇拉說道，聽起來像在背誦腳本。「他們跟我們的女人廝混，但他們是車臣來的，另一個國家啊！」

「事實上，那裡是俄羅斯的一部分。」安東表示異議。

隨後有一番針對南方領土的簡短討論。薇拉得知達吉斯坦和印古什都是俄羅斯的一部分，但亞美尼亞和亞塞拜然不是。「那又怎樣？」越空者挑釁。「楚卡就是楚卡。」

「有一次紅燈，萊莎和我跑著過馬路，看到一個卡克[7]坐在他的 Volvo 裡，」薇拉接著說。

「他把頭伸出車窗外大喊：『婊子！』用他的語言喊，但從他講話的方式就知道他在說什麼。我吼回去，『下人！』再對他行納粹禮，然後我們就跑掉了。你知道的，他們都是畜生。」

「我們班上有個女楚卡。你相信嗎，她名字就叫艾莎，」[8]安雅說。「我跟她爸還同一天生日，三月二十八日。根本整個亂套了！」

「移工，你們完蛋了！我們要消滅你們！」迪馬斯大吼。

「其實我懂，卡克比我們優秀，」薇拉插話。「每個人心底深處都知道，所以才要找他們碴。他們不喝酒，又很團結。反觀我們：每個男人都喝酒……他們對孩子、對家人的方式跟我們不同，我親眼看見。他們有信仰，他們的上帝和他們在一起。戰爭應該比的是文化，就是說，我們是拿我們的本質去應戰。某個星期六我醉著去考俄文，結果拿了個D。我覺得自己好可恥！俄文，那可是我自己的語言！我應該要有A的程度。」

「在義大利，光是丟個包裝紙到地上都會被罰錢！」萊莎說。

「我意思不是沒有好的楚卡。讓他們在院子掃地，沒問題。問題是當他們以為自己像人一樣可以用雙腳行走，地位在我們之上……」

6 楚卡（Churka）的字面意思是「一塊木頭」，用以貶抑地指稱來自高加索或中亞地區的人。

7 卡克（Khach）在亞美尼亞文中指「十字」，是貶義語，指來自高加索地區的人。

8 艾莎（Aishat）明顯是「楚卡」會取的名字，不是俄國名字。

從陽臺可以看到地面上有三名男子，他們經過圍籬上那個洞時沒有進來，而是繼續走，察看著周圍環境。「是條子嗎？」

＊＊＊

瑪佳與迪馬斯下去探個清楚。我們沿著通道下行，偶爾停下來側耳傾聽。離地面還剩一點五公尺時瑪佳往下跳，著地後倒在地上，咬著嘴唇，發出痛苦的呻吟。「我膝蓋骨脫臼，」她咬牙，「韌帶有撕裂傷。」

瑪佳不願去急診室。「等捕鼠人來就好，他以前也幫我弄好過。」她打給他，在電話上泣訴。捕鼠人來了，他是個強壯有鬍鬚的紅髮男子，穿著騎士夾克。他是這棟建築裡最重要的人，每個人都走上前去逐一和他打招呼。關於捕鼠人，大家所知很少——他喜歡角色扮演遊戲，他很聰明，是他負責跟警察談判。沒有「在建築裡打點事情」的閒暇時間，他在火車站旁的一間花店當警衛。他看了看瑪佳的腿。「你得去急診室。」

「可以，讓我把這個喝完我就去。」瑪佳說，邊打開一罐 Strike 啤酒。

「噢——拉環給我，我在收集。」萊莎把啤酒罐拉環串到她的繩子上。她收集了超個一百個拉環，項鍊快做好了。「裡面只有六個不是我貢獻的，其他都我自己喝的。」她得意洋洋。

捕鼠人去跟艾列克斯談判，看來是艾列克斯沒把他的導覽收入全數交出來。艾列克斯把矛頭指向薩滿，守衛群悄聲決定隔天要對薩滿祭出「長刀之晨」。[9]

陽臺下方傳來喊叫聲。兩個媽媽闖入了這片領地，她們都是金髮，穿著高跟靴子和顏色鮮豔的外套。其中一人抓住瘋子的連衣帽，「給我回來。」瘋子掙脫她的掌握，躲到萊莎後面。

下面傳來一聲大喊，「婊子！」

終於，其中一個金髮媽媽逮到了另一個孩子。「艾琳娜，我們要走了。」

我們登上屋頂，爬上沒有欄杆的七層樓樓梯。我的雙腿痠痛到像在燃燒。屋頂上很溫暖，我們才知道大樓裡有多冷。我們在陽光曬暖的青苔上躺下。臉頰上貼了個ＯＫ繃的莎夏是捕鼠人的女友，她告訴我們她七歲時初到ＨＺＢ的事。

「以前什麼都很不一樣。那裡有個池塘，周圍都是小小的木屋。夕陽美呆了。如今我們周圍全是高樓，今天的ＨＺＢ差不多是整個街坊上最矮的一棟樓了。」

從火車站的方向飄來廣播聲，火車到站了。一隻白鴿在直升機坪上空盤旋。直升機坪後方，薇拉正在嘔吐。

「有個迷信的說法是，如果鴿子繞你飛一圈，你就可以許願，」萊莎說。「不過這些鬼扯淡從來沒有成真。我試過。」

「你許了什麼願望？」

「生日那天收到五千盧布。」

---

9 譯注：長刀之晨是對「長刀之夜」(Night of the Long Knives)的戲擬。長刀之夜是希特勒在一九三四年六月三十日針對納粹高層發動的清算行動。他擔心武裝組織衝鋒隊（SA）勢力太大，下令他的個人親衛隊（SS）屠殺衝鋒隊領袖。當晚遇害的還有數百名希特勒的政敵。

薇拉從直升機坪後面現身，拿出手機，撥一個號碼撥了很久。她對著電話裡尖叫，「你幹嘛大驚小怪？好像你沒有大醉過喔！」

「我想找到治癒癌症的方法，從十二歲起這就是我的夢想。」莎夏沒頭沒腦地說。

＊ ＊ ＊

我們下到四樓。顏恩與其他人朝我們跑過來。「條子！有條子！」我們沿著走廊疾奔。顏恩躲到牆壁的一個洞裡，其他孩子分朝不同方向跑去。

只有戈夏還跑在我們前面。他步伐很大，尼龍風衣在他身體兩側膨起，他的雙臂用力擺動著。

繞過一個彎後，我們闖入一片漆黑。我們放慢腳步，悄聲前行，可以聽到戈夏在我們前方奔跑。突然間，腳步聲停止了。有一陣尼龍的沙沙聲。我們把手機打開照明。離我們一步之遙有個正方形的空洞，沿邊有一道十公分高的緣石。那是個電梯井。

戈夏躺在我們下方四層樓處，臉埋在磚塊堆裡，長髮完全掩蓋了他的頭。他一動也不動。

我們聽到呼叫聲沿著樓層而上。「霍夫林諾警察！不要動，混帳！」

警察俯身將戈夏翻過來，然後要我們打電話叫救護車。如果他們用無線電呼叫會等更久。

「他們他媽的在這裡幹什麼？他媽的為什麼要一直掉到這裡面？」警察說。「我操這些小鬼，要是可以我就拿槍射他們每一個人。」

捕鼠人出現了，態度出奇冷靜。他說他可以幫忙，他受過「加護」醫學訓練。警察婉拒了。

「是哪個隊長會來？」捕鼠人問。

是個名叫托亞的人，「你可以跟他談。」

捕鼠人把一個警察帶到旁邊，兩人悄聲談笑。

救護車和急救人員抵達了。他們朝電梯井走來，一邊評估情況。女醫生出去跟警察一起抽菸。

「他還有呼吸，現在要將他送醫。」

戈夏恢復意識，報上姓名和出生日期。他們問他「哪裡痛？」時，他崩潰了。

戈夏被抬到擔架上，血從他的頭部流出，染紅了布料。救護人員在黑暗中將他抬到出口，一路挨著牆壁走以避開地上空洞，抬著他越過地上的碎礫。

「我怎麼會摔下去？怎麼會？」戈夏開始哭泣。「這棟建築我很熟，我不可能摔下去的。這棟建築我太熟了！」

一直在啜泣的提歐馬從黑暗中爬出來。「戈夏，戈夏！那是我朋友！走開，我來抬！」有個警察把他拉住，朝他的臉揍了一拳。提歐馬吞下一聲尖叫。

「你還要繼續喵嗚叫嗎？」

「不會。」

「你會乖乖閉嘴嗎？」

「會。」

幾位媽媽在救護車旁邊等待，警察應該是她們叫來的。瘋子的媽媽為好奇的路人說明情況，「我跟他說：米夏，給我回來。然後就有個小鬼叫我『婊子』，好個賤人，看我不把他們的脖子都扭斷……」

「你會提告嗎？」有個警察想知道。

「那是一定的。」

警方把我們和提歐馬塞進同一輛車。他故作強硬，帶著挑釁的笑容。「我要跟我爸講，他會讓你們日子都很難過。」開車的巡警看起來滿腔怒氣。

他把車停在警局外，把提歐馬拉下車，朝他胸口打了一拳。提歐馬膝蓋一軟，站都站不穩了，「我不能呼吸。」

他被拖進分局，扔到一個舖位上。他試著站起身，卻被幾位媽媽給包圍，她們抓住他的手臂。

「冷靜一下，冷靜。」提歐馬掙扎著呼吸，眼睛噴淚。

「你們都會後悔的！」

巡警俯身朝著他微笑，陡然抓住他的衣領，把額頭壓在提歐馬滿是淚水的臉上。

「威脅人時要看著對方的眼睛，小混蛋。看著我的眼睛。」

「我爸會來……」提歐馬說，呼吸不過來。

女人們用手蓋住他的嘴。

「你是個男人，要安靜，要有耐心……」

巡警注意到我關切的凝視，拖我出去抽菸。

「我是巡警振亞．阿納尼耶夫，你儘管投訴。我家也有個像他這樣的小混蛋，可惜我拿他沒轍。你跟他解釋什麼，試著態度溫和一點，他就直接無視你。至少這樣我還可以讓他有點印象。」

「大概一年一百個吧，」有位警探懶懶地說。「夏季我們每天都要到那裡，他們一直掉下去。」

「有天你自己有小孩、你打他們的時候，你就明白了，」阿納尼耶夫告訴我。「你會投訴我嗎？那我要開始準備過老百姓的生活了。我在警隊十五年了，每次把像他那樣的小混蛋拖出來，他們通常早已一命嗚呼。」

* * *

大家聚集在火車站。瑪佳要去急診室，大家為她送別。孩子們邊喝酒邊談笑，為自己又一次躲過警察而高興。

「他還活著？吼，謝他媽老天！」卡塔雅大喊。「他是這星期第二個掉下電梯井的！下一個是誰？」

戈夏的女友顏恩很平靜。「我誰也不愛，但我真希望掉下去的是重擊手。他都跟我們說：『不要帶導覽，這樣建築裡就少了一個小婊子。』如果他從屋頂掉下去，頭頂著地，那就好了。」

「或者如果條子帶走的是他。」卡塔雅加一句。

「沒錯。」

「不管是誰在管這棟建築，私人保全公司、警察，還是我們，總有孩子掉下電梯井，」瑪佳補充。「你一點辦法也沒有。」她也非常平靜。

「薩滿你明天中午過來，」捕鼠人開口。「我們會晚點到，你可以先從觀光客那邊削一筆。」

「好。」

重擊手繞著圈圈跑，一邊大喊大叫，「我受傷了，但過一年就會痊癒。再一年就好了，各位女士。然後我就要滾了，回到要我在雪地裡光腳跑步的師父身邊。」

九天後，重擊手從九樓墜入電梯井，死了。

第三章 莫斯科不等於俄羅斯

我十五歲搬去莫斯科，住在什維爾尼克街上的一間宿舍。我有兩個女室友。房間非常髒，壁紙破破爛爛，天花板上潦草寫了**吃屎吧你**。

一開始我很驚奇，地鐵站的手扶梯要搭幾趟都可以，只要進去就可以在裡頭上上下下。還不用額外付錢。

我靠當保母賺錢。我工作的高檔公寓就位在馬雅科夫斯基廣場正中央，那兒建築外牆上的石膏雕像會用空洞的眼神一路追隨你。我總是在那兒走著，心裡一邊想：「哇靠！」

我學會怎麼像莫斯科人一樣走路，也就是走得飛快，快到頭暈，而且不與任何人眼神接觸。我的腳很痛，小腿變壯了。

有很長一段時間，莫斯科對我而言就只是地鐵站附近的那些地方。那時沒有智慧型手機，所以我會先在網上找好路線，再抄寫在紙上。

莫斯科有不同地區。每到鬧區，就讓我覺得置身在博物館裡。花崗岩磁磚的人行道，讓我聯想到昂貴的室內裝潢。往下到地鐵站，我從石牆旁擦身而過，沒有多想什麼。再往外圍去的市郊，地鐵站的牆面是塑膠，建物看起來也普通得多，以水泥或紅磚為建材。走在龜裂的柏油路面上，我想像自己回到了故鄉雅羅斯拉夫。

我從沒去過別的地方，就只有莫斯科和雅羅斯拉夫。莫斯科當然比較富裕，畢竟是首都。克里姆林宮顏色那麼紅，看起來又甜滋滋的，讓人真想舔一口。周圍的紅場則一片平坦。當時我就讀莫斯科國立大學新聞系，上學途中總會走過克里姆林宮。

這裡連路燈都不一樣，為了看起來更古色古香而有著彎曲的弧度。

我從沒想過這一切富麗堂皇所需要的錢從那裡來，只是為自己身處其中而欣喜。就和我更年輕時，因為受邀到我任職的雅羅斯拉夫地方報的總編輯家而興奮不已一樣。我們在平面電視上看了《法櫃奇兵》，我還獲得用糖做成的花束。在那裡，光是動一下就讓人又敬又怕。萬一想去洗手間那還得了。

那時全莫斯科的人都在上夜店。班上同學會去，但我從沒加入他們。其中一間夜店叫做天堂。那裡有個保安名叫帕夏，他總能看出你的衣服花了多少錢。我以為他一定有超感應。

有些裙子要價三百美金，也就是我博士學位的母親的三倍月薪，就像玫瑰色的鯨魚或會畫畫的大象一樣讓我驚奇。世界上有那麼多事物令人驚奇，而我居然就在這裡，生活在其中。

某年某月，莫斯科決定它令人驚奇的事物還不夠，需要更多。都市規劃者湧入這座城市：這些人相信只要改善城市環境，生活的其他部分也會跟進。他們把所有給小朋友搭乘的遊樂設施都踢出高爾基公園，只留下散步的功能。他們改造了博物館與博物館咖啡廳，年輕人開始相約在那裡。穿著一條三百美金的裙子不再時髦，因為現在的裙子要筆直、簡單而便宜，比如一百美金（跟我媽賺得一樣）。這稱為民主化。

大家看起老電影，戴起厚重彩色鏡片的眼鏡，頂著不對稱的髮型。莫斯科自我改造，以配合這些人——有錢人或為有錢人工作的人。莫斯科翻新了磁磚，種植新的花壇，讓它看來像蔓生的野生植物，還開設了新穎的文化空間。新裝的燈光在牆面上綻放，白的、粉的、紫的、紅的，一到夜晚，街道便有如變化多端的海市蜃樓般閃閃發光。專教莫斯科人怎麼像柏林人一樣生活的媒體和記者紛紛冒出頭。生活太美好，好到沒得批評。

我的記者工作發生在莫斯科以外的地方，報導莫斯科以外的生活。每當我回來，莫斯科人總問我，環狀公路以外的地方怎麼樣？可怕嗎？

我們都假裝那是玩笑話。

但是，環狀公路以外的地方真的可怕。生活捉襟見肘，暴力叢生。生活很多時候像在賭俄羅斯輪盤，只要哪個警察看你不順眼，你可能就會落到牢裡。媽媽還是不好意思買水果（那麼貴，我要來幹嘛），也不好意思到店裡買衣服（街頭攤販賣的就夠好了）。我回家時帶她上咖啡廳，她這才抹上口紅。

重點是，莫斯科的富裕是由各州買單，這是普丁做的第一件事。他改革稅制，讓各州必須繳稅給莫斯科，再由莫斯科決定要把多少錢還給各州。莫斯科還回去的錢是能少則少。那些磁磚、路燈、文化空間可都不便宜。我走路上班時踩過的路磚，是我在雅羅斯拉夫當老師的媽媽付錢。

年紀愈大，我愈不為這一切所困擾。如今我有了智慧型手機，上面有叫車APP，不再需要搭地下鐵了。我開始喜歡要價一百美金的裙子，喜歡去新的文化場所，也想有間可以騎車上班的公寓。我開始認為，因為我努力工作，報導的又是嚇人題材，我有權過著舒服的生活。如果誰有那樣的權利，那就是我。

其他莫斯科人大概也是這樣想的。關心社會（意思是定期捐款給不同的慈善機構）變成一件時髦的事情，一個月只要一杯咖啡的錢，你就可以當個好人。莫斯科人就是這樣撇清自己與那龐大可怕的俄羅斯的關係，而那個俄羅斯，就從他們公寓後面沿街轉幾個彎的地方開始。

莫斯科人注意到我的改變，接納我成為自己人。有一天，就在俄羅斯開始轟炸基輔前不久，我受邀參與一場晚宴。那棟建築很小，只有幾間住戶，就位在城市中心。做菜的是一位菲律賓籍管家。邊桌上擺了一瓶香檳。賓客全都在討論新聞。他們稱普丁為「沙皇」，這個詞也用來形容脾氣暴躁但備受愛戴的老人。寡頭巨賈在他們口中儼然獨具遠見，是重要當代藝術的重要贊助者。論及當代藝術，賓客們意見分歧。不同的名字紛紛被端出來。你知道他嗎？我可以介紹你們認識。那真是太榮幸了。我沉默地吃著。我剛從梁贊州回來，那裡有個村子沒有道路，當地人得用桶子提水才能撲救森林火災。食物很美味。

我想我學會莫斯科最重要的一課了：吃飯時永遠保持沉默。

這樣你才能欣賞箇中滋味。

俄羅斯人有個說法：「莫斯科不等於俄羅斯，俄羅斯也不等於莫斯科。」

每十個俄羅斯人，也只有一個住在莫斯科。

〈遊隼號沿線的生活〉

二〇一〇年六月六日

遊隼號[1]飛馳過楚普里亞諾夫卡車站，拉雅婆婆正照料著山羊。她在鐵路沿線放羊已有四十五年，讓牠們吃從礫石中長出來的草。有三隻母羊，名字都叫小白，還有兩隻小公羊，小兔和兔兔。山羊一直跑到緊貼著鐵軌的地方。

「別擔心，我不是傻瓜，我知道讓山羊跑到鐵軌上會被罰。可牠們還能去哪裡吃草？我自己的蔬菜園嗎？雖然頭上有角，牠們可不是沒腦，我這些山羊很聰明的。」拉雅婆婆說。

機械人聲警示高速火車正朝這裡駛來，拉雅婆婆用手杖用力敲打地面。「小白，是遊隼！遊隼號來了！上來這裡！遊隼號來了！」

山羊也真的爬上山丘，等待圓滑造型的白色火車飛掠而過。

莫斯科與克林之間的通勤鐵路

距離莫斯科十三公里，聖彼得堡六百三十六公里

1　「遊隼號」是二〇〇九年開始營運的高速鐵路，連接莫斯科與聖彼得堡。遊隼是一種猛禽，因而遊隼號有時也被稱為「鳥兒」。

辛基市，我們在紋風不動的火車裡等了四十分鐘。

車上的人靜靜坐著，沒人不高興，連往車窗外看一下都沒有。

遊隼號以四秒整的時間高速駛過，但這班通勤列車依然沒有動靜——十分鐘、十五分鐘、二十分鐘就這樣過去。

終於，拄著拐杖的老先生哼了一聲，走去對講機跟列車駕駛通話。他按下按鈕，「我們要走了嗎，還是怎樣？」

「再一分鐘就出發。」駕駛回答他。

話才說完，火車旋即啟動。

大家都笑了。「我們為什麼沒早點想到這樣做？」

休斯

距離莫斯科兩百一十二公里，聖彼得堡四百三十六公里

休斯由四棟一層樓的磚造建築和一座火車月臺組成，僅此而已。距離車站一公里左右的利茲哥里村隱蔽在森林後方，感覺起來休斯彷彿與世隔絕。事實也差不多如此。

如今只有一班通勤列車在休斯停留，從波洛哥耶開往特維爾的火車會在早上八點二十六分抵

達，停留一分鐘。已經沒有開往波洛哥耶方向的火車了。相較之下，每天有二十二班通勤列車、十六班遊隼號列車和十二班快車從車站疾駛而過。

「我們真的住在最外緣。」切斯拉沃芙娜說。

切斯拉沃芙娜就像庫斯托季耶夫畫中的商人婦。她身材豐滿，雙手從不隨意揮舞，而是從空氣中優雅滑過。百分之一百波蘭裔的她年輕時從沒想過，自己最後會落腳在俄羅斯的這處窮鄉僻壤。

她生在白俄羅斯的利達市，後來在克里米亞的費奧多西亞市嫁給一名軍人。「我被他肩章上的海洋和星星沖昏了頭。」長子滿三歲、次子一歲時，她「心中充滿了驕傲」。她帶著孩子前往莫斯科，但終究沒能抵達，最後落腳在休斯。

這四棟磚造建築人稱「軍營」。沒人記得它們真正的用途，連在這裡生活最久的居民也不知道。切斯拉沃芙娜剛搬進她簡陋的地下室房間時，「只是個占居者，後來才變成合法居住。」屋頂上有個洞，而建築內的暖氣由簡陋的爐子提供。「剛搬來這裡的時候，你不知道我哭成什麼樣子，現在沒那麼糟了。」真的沒有那麼糟。切斯拉沃芙娜擁有塑膠窗戶，三臺電視機，一臺洗衣機，還有一隻鸚鵡，「會說一句髒話和咒罵的字眼。」有一個蒸氣浴室，三隻貓，兩隻狗，十二隻雞，「其中三隻是公雞。」幾棵梅樹，一片菜園，裡頭種了甜菜、菜豆和豌豆，還有一座人工池，裡面滿是鯉魚。另有一個絕對是奢侈品的東西：磚造的戶外廁所。

切斯拉沃芙娜曾經是檢查員，也是「固定的軌道維護工人」。她負責三公里的鐵路段，但實際維護範圍達十四點五公里。「我會置換軌枕，還有軌道。」夏天時，她會確認沒有軌道「脫節」——天氣熱時，軌道會在高溫中膨脹，導致火車從軌道「飛出去」。二〇〇五年有項法律通過，「要讓所有女性遠離鐵路，」於是切斯拉沃芙娜被轉派去車站工作。她在特維爾的售票亭工作並擔任列車長，但她「不夠嚴格，不足以勝任工作」。於是切斯拉沃芙娜在特維爾的第四市立醫院找了份差，在開刀病房送飯。

可是，通勤列車卻開始對休斯視而不見。儘管沿鐵軌走三公里就能到達下一站洛克茨，且她過去半輩子的工作正是沿著那三公里的鐵軌行走，但椎間盤突出和二六〇／一四〇的血壓卻讓她無法再走那麼遠。切斯拉沃芙娜失業了。

「住在這就得願意做體力活。」切斯拉沃芙娜說。「種瓜得瓜。」

如今她的故鄉利達，甚至是費奧多西亞，似乎都像「白日夢」一般遙遠，是無可復得的過往遺跡。她整個人生都已經和鐵路綁在一起。

「我以前覺得鐵路是世上最安全的東西。它不是飛機也不是汽車，就只是兩片金屬和一輛火車。」切斯拉沃芙娜說。「儘管實際上這三種都非常可怕。」

歷數從前的工作職掌時，她淡然表示那也包括「撿拾被撞成碎片的屍體」。

服務的二十年間，她「撿拾了」足足一百人的屍體。「他們會在火車上睡著，錯過本來該下車的利科斯拉夫，然後在休斯跳車。他們不會等下一班車，而是試著沿鐵軌走回去。在我的經驗中，如果某人喝了一點酒之後沿著鐵軌行走，他有一半的機會回不了家。冬天更多，因為沿著路堤會有吹雪堆，於是他們只能走在鐵路上。如果有火車開來，不是每個人都能及時跳開。」

「這種事也在我眼前發生過。有個男孩跑過我的房子。我問他『你要去哪？』他說『利科斯拉夫』。我要他『等一下，火車馬上就來了，可以帶你回家』。他只回『再見，這位太太！』然後往下跳到鐵軌上。突然間，青年列車二十四班次來了，我只看到一道血色彩虹。他成了一袋絞肉。警察到場以前鳥兒就捷足先登，有海鷗和烏鴉，已經開始啄食。我告訴我丈夫：『我們蓋條布在他身上吧。』後來人們說當時他嗑了藥，身上沒有證明文件，什麼都沒有。他們把他和無名死者葬在一起。他母親和祖母從報上刊登的一張照片才知道。」

「記住，火車撞人後是不會停的，」切斯拉沃芙娜說。「沒必要。如果有人跳到鐵軌上，就在火車頭前面，通常駕駛根本不會煞車，因為多數火車都需要一千多公尺才能停下來。如果他拉下緊急煞車，車廂可能會從他頭上翻過去。他只會打給調度員說：『有個人在多少多少公里處被撞上。』不是說『我們撞了人』，而是『有人被撞上』。事情就是如此，火車繼續向前。」

二〇〇〇年，一八二號列車撞上她兒子吉納。事情就在她眼前發生。「吉納要趕通勤列車，跑過鐵軌。他以為朝他而來的是龜速行駛的通勤列車，哪知道其實是一列快車。」他頭骨骨折，右眼球掉到臉頰。他接受頭部穿孔手術和整形外科手術，三年下來輾轉於醫院之間。「這就是為什麼他們不讓他入伍，所以他從來沒找到專業，」切斯拉沃芙娜嘆道。如今吉納在莫斯科當建築工人，「賺到的都喝掉了。」

四年前她痛失長子彼得。他在莫斯科因為煞車失靈發生車禍。「他花了六個月努力復原，最後還是走了，」切斯拉沃芙娜說，看起來一臉頹喪。「我以為我也會跟著死去，但不知如何我還在這裡。」切斯拉沃芙娜每到傍晚接到電話時還是會脫口說出，「嗨，小彼得。」然後才想起現實。

切斯拉沃芙娜和丈夫與兒子同住在從莫斯科方向來此的第一棟房子裡，但只住半間。住在另外半間的是當地的瘋女寧卡，全名尼娜·斯米爾諾娃。她父母從前是鐵路工程師，過世後剩下寧卡一人過活。

寧卡穿著灰色大衣，也許是件雨衣，又或許是一襲袍子，頭上包著條粉紅色圍巾。她小時候患過嚴重的腦膜炎，現在的她會對著經過的火車大喊：「他們想幹嘛？為什麼要開走？我們應該把鐵軌炸掉！炸他們！把他們吊起來，審判他們！」

寧卡的那半邊房子感覺像是另一間房子。發著霉味，每個角落都有一堆堆破布，地上滿是撕碎的報紙。還有囤積的罐子，因為寧卡會收集罐子，把它們清洗乾淨。天花板上都是灰色的汙跡——以前這裡有個堪用的爐子，但她現在不用了。寧卡沒有柴薪，所以總是和衣而睡。桌上、櫃裡及床下都是一疊疊報紙。每當收到六二〇〇盧布的年金，寧卡就會到出門到利科斯拉夫，把書報攤的報紙全部買下。「她會花掉大概七百盧布。我有個朋友在那間書報攤工作，看到寧卡時她最開心了，」切斯拉沃芙娜說。「填字遊戲、運動報紙，她全都買下。」

桌上還有三束新鮮花朵，異常美麗而經過細心布置。寧卡所有的閒暇時間都用來採集花朵。不到凌晨兩點寧卡是不會睡的。「我漫遊！我散步！我看著他們所有人！」

「有時我在睡覺，她卻開始用瓶子敲打我家窗戶，」切斯拉沃芙娜抱怨。「我就說，『靠！寧卡你滾開，我頭痛！』她就會要求，『讓我進去，我想跟你說話。』所以我只好讓她進來，不然她會大爆走。」

寧卡會花好幾個小時觀察休斯的其他居民，也就是吉普賽小孩。[2] 吉普賽人住在月臺另一邊的兩棟建築裡。尼可萊爺爺和他的俄裔太太娜迪雅住在其中一間。另一間裡住著魯薩科夫家一大家子人：吉普賽人蓮娜，她丈夫沙夏，還有七個小孩，最小的二十個月，最大的十七歲。

「沙夏、瑪莎、可亞、絲薇塔，」蓮娜開始一一點名。「該死，還真多！」她手叉腰站在門前，髒兮兮卻好看到不行的孩子掛在欄杆上，或在籬笆上盪來盪去，或在高高的草叢裡四處奔跑。魯薩科夫一家沒有菜圃、花園或家禽。蔓生在他們土地上的是北艾與蕁麻。

「你問我們吃什麼？用盡一切辦法。我丈夫是建築工，我在別人的園子裡做工，另外還有四千盧布的育兒補助。這就是我們全家的事業。」

孩子們會採集蘑菇、樹枝、莓果和廢金屬。他們都沒上學。「一天只有一班火車能上什麼學！」蓮娜大聲感嘆。

她沒全盤托出：魯薩科夫一家一年前才從諾夫哥羅德搬來這裡，那裡可是有間學校。只是「那不是我們的生活方式。我只上到四年級，自己教他們一點」。魯薩科夫家的小孩不識讀寫。只有長女瑪莎例外，她知道怎麼拼寫自己的姓氏。房子的側面寫滿了粉筆字，那是瑪莎在練習寫字。

他們家有臺電視，關於休斯以外的生活，孩子們幾乎都是從電視上學習。比較大的孩子也去過利科斯拉夫，但沒有人去過莫斯科。「我可沒時間帶他們坐車！」蓮娜笑著說。

他們家沒有電話。以前有一支手機，但不見了。兩個星期前最小的孩子發燒，家人只能跑去切斯拉沃芙娜家才能叫救護車。救護車只願意開到有段距離的轉角。蓮娜懷裡抱著小兒子飛奔而去，跨過鐵軌再跑了一公里多。

切斯拉沃芙娜試著和他們一家保持距離。首先，「他們很髒。」再者，他們偷挖了她園子裡的

2 這是一家俄羅斯羅姆人（Roma），他們自稱為吉普賽人。原文與譯文中皆保留這個用語。

馬鈴薯。第三，「我殺了一隻小豬，把肉鹽漬後裝罐，結果他們他媽的偷了我一罐！」

事發經過是這樣的：切斯拉沃芙娜沒把地窖門關上。那地窖可不是普通地窖，簡直是個寶庫，裡面擺滿了多年存貨。「以前我會買南方來的火車送來的桃子和櫻桃，我還會自己種東西，你真該嚐嚐我的醃漬紅甜椒，還有蘑菇。我以前每個夏天都會做個兩百罐。」有一天，切斯拉沃芙娜下班回家後丈夫告訴她：「剛才有人從地窖裡飛快跑出來，經過我身邊，拿著一個罐子。」「我馬上去找那些吉普賽人。我一開門，他們全在那裡，圍著那個罐子坐著。那裡頭有大概十磅的肉，但只剩下最底下的一些。他們連麵包都沒有，什麼都沒有，就光是吃肉！沒配任何東西！」切斯拉沃芙娜的怒氣彷彿沒有邊際。「我開始大吼，結果他們家那個爸爸，沙夏，掄起一把鏟子，差點就把我頭骨砸破。我氣瘋了，把警察叫來，還好我在警隊上有朋友！那之後他們就沒再來騷擾，只是偶爾跟我要些蘑菇。」

休斯車站的晚間餘興節目是觀賞遊隼號疾馳而過，大家會特地提前半小時過來。每個人都來了：切斯拉沃芙娜、寧卡、蓮娜和她孩子、尼可萊爺爺和他太太娜迪雅。他們立刻從野生的紫丁香花叢折下枝條，用來做成防蚊花圈。「那些可惡的混帳。」

今晚，他們看見的不是遊隼，而是一隻有著紅色面孔的怪物。

「是調車機車嗎？」七歲的可亞問。

「不可能，你傻了嗎？那是軌道檢查車。」絲薇塔糾正。

尼可萊爺爺是位很有個性的吉普賽老人家，嘴裡叼了根白海牌香菸，[3]一邊吹噓：「我有三十個孫子女，是孫子富翁。從前我有四個兒子，不過現在只剩兩個，外加一個女兒。是個好家庭，真正的家庭，大家庭。」尼可萊當了十六年的鐵路檢查員，如今負責照顧小孩。「誰能照顧他們?!那些小惡魔最愛在軌道上跳來跳去！」小惡魔們在旁傻笑。

休斯的居民在沉默中看著兩列遊隼號駛過。瑪莎撥弄著脖子掛的繩子，上面有個十字架和耳環。之後，他們再抽一根菸，看著最後一列遊隼號開過。那是開往莫斯科的列車。

「他們那個莫斯科，付我錢我也不要住，」蓮娜突然說。「每天都有許多……你知道的……吵吵嚷嚷。」

「而且我們也不是住那邊的命。」尼可萊說。

「我們不是住那邊的命。」蓮娜同意。

卡拉希尼科沃車站

距離莫斯科兩百三十公里，聖彼得堡四百一十八公里

「九點零三分，遊隼號開走了，」凡亞對著無線電對講機說。「再幾輛我就可以睡覺了。」

凡亞的正式工作職銜是色柏洛斯。[4]

3　譯注：白海牌（Belomor）是白海—波羅的海運河開通的紀念香菸。這條運河經常簡稱為「白海運河」。

4　譯注：色柏洛斯是希臘神話中看守冥界入口的惡犬。

這不是簡單的工作，大家都對他們深惡痛絕。不是因為他們負責保護遊隼號，而是他們的薪水以當地水準來說特別高。色柏洛斯上一輪班可以賺一千三百盧布。「我工作十五天、休息十五天，每兩週就有兩萬盧布輕鬆入賬，」凡亞解釋。「還有哪裡可以讓我賺這麼多？」

凡亞來自坦波夫。他待過軍隊，後來以每月一萬盧布的薪水擔任警衛，再後來他交上好運，被招募到莫斯科工作，從那裡被派去卡拉希尼科沃車站來保衛遊隼號。

「工作不難，但很無聊，」凡亞說。「要放行讓遊隼號通過，用無線電把時間通報給下一站，監測火車通過前後的情況。這裡還沒人丟過石頭，但曾有人嘗試跑到火車前面。你要做的是以武力制止他們，或說服他們等待火車通過。」

色柏洛斯就住在車站轉轍軌道上的火車車廂裡。那裡沒水沒電，他們「多少習慣了」蚊子，要洗澡就去卡拉希尼科沃的澡堂，熱水則跟車站的出納員要。

「我一次要忍受十五天，但之後就可以回家。」凡亞微笑。

雖然家裡並沒有人在等他，他無妻無子。

「我還沒想清楚要這麼多錢做什麼，」凡亞坦言，「但擁有工作是一種奢侈，不能拒絕。也許有天我會變成一個旅人。去年我到過烏克蘭海邊，我很喜歡那裡，可以再去吧。我從沒去過聖彼得堡，聽說那裡的女孩在白晝之夜會戴著太陽眼鏡出門，是真的嗎？」[5]

出納員烏里安娜從車站裡走出來，默默倒了些葵花籽到凡亞手中。她站在他旁邊，兩人開始一起嗑葵花籽。

「你又在發牢騷？」烏里安娜故意逗凡亞。「你要是發牢騷就太過分了，吃太飽的蠢漢！」

他們笑了。

烏里安娜住在格里斯特維揚卡村，地圖上找不到這個地方，可能只有軍用地圖例外。每一天她都得「行軍」十一公里到車站，回家又是十一公里。「是很棒的運動，」烏里安娜說，「冬天時我體重破百，現在掉回七十幾公斤了——很不錯！」

烏里安娜其實有兩個學位：一個是「林業領域經濟勞工」的職業學位，另一個是「文化工作者」的大學文憑。但這些都比不上出納員的薪水。

「我在特維爾、卡拉希尼科沃和利科斯拉夫都找過。青年劇場、文化之家、文化宮、演奏廳。我的職業，薪水上限是一個月五千盧布，」烏里安娜說，半是嘲諷半是憤怒。「當時特維爾劇院在招聘總監，一個月四千三百盧布。在卡拉希尼科沃文化宮，他們說以我的情況他們最多付五千盧布。我問他們：『那我可以找第二份工作嗎？不行？那好，謝謝再聯絡了！』」

當出納員，烏里安娜的薪水「將近一萬二」。雖然她試圖說服自己這是份好工作，「沒什麼好難過的。」但她當然難過。

「我是真的想當文化工作者，為此在學校讀了六年，寫了本好論文。我讀了那麼多書，但我的國家更需要出納員，」烏里安娜笑了。「明年我要試著進ＶＧＩＫ[6]學劇本寫作。」

5　譯注：白晝之夜（White Nights）指聖彼得堡每年五月到七月底白晝漸長的日子，夏至過後白晝時間更長達 23 小時，每年此時都有各種慶祝活動。

6　ＶＧＩＫ是俄羅斯國立電影學院，也是該國最著名的電影學院，位於莫斯科。

卡拉希尼科沃只有四千七百名人口。「當地人靠自家菜園生活，」凡亞說明。「再來他們會砍森林裡的樹——有些人有許可證，其他人是做黑的。他們也會盜獵，不是為了消遣，也不會把獸皮展示在牆上，更不會當野味在市場上出售。一頭駝鹿就有兩百二十磅的肉，足夠在整個冬天餵飽一家子人。」

卡拉希尼科沃周圍的森林裡有野豬、熊甚至猞猁生活其中。「兩年前費朵斯奇諾有位老太太去森林裡找蘑菇，從此沒有回來。」烏里安娜嚇唬我們。「被找到時已經被啃光了，大家一直沒找到她的頭。」除此之外，還有雪鴞會飛過森林，雖然很罕見，但冬天時確實有過。

比雪鴞更罕見的是當地警察的身影（他們通常躲在警局裡）。「今天我們在月臺上目擊兩個警察，」烏里安娜說。「女出納員都從櫃檯後面跑出來好看個清楚。」

鎮上的廣場離車站走路不到五分鐘，那裡有幾條長凳和一片草坪。

還有萬年不變的列寧雕像。

當地人告訴我，也稱不上萬年不變。卡拉希尼科沃列寧雕像的胸膛上，其實有焊接的痕跡。那是一個月前，有個傢伙試著把偉大領袖當成廢金屬賣掉所留下的。

「他想把雕像上半部鑿下來，結果卻被掉下的列寧砸到，」名叫艾蓮娜的微醺女子把她兩歲的外甥女抱在腰間，一邊解釋給我聽。今天是小女孩生日。「那尊列寧撕裂了他的胃跟脾臟，他還在特維爾的醫院裡。列寧幾天前才被修好，重新焊接起來外還新上了一層銀漆。」

修好之前的那三個星期，領袖雕像的下半身立於原地，只用條被單覆蓋。

文化宮也以列寧命名。它的每一根圓柱旁都有人聚集。濃妝豔抹的一群女孩用綁成束的樺樹枝為自己搧風，不然就會被蚊子找上。每個入口處都丟滿了空瓶。

卡拉希尼科沃的青年還有一項消遣活動，名為「火牌」。誰玩牌輸了，誰就得放火燒一棟建築。「這些日子，卡拉希尼科沃的消防局簡直成了這一區訓練最精良的。」烏里安娜說。

再往前走有間學校，校舍有一百二十年歷史，接著是另一間「新」學校，只有七十五年歷史。再過去是燒毀的舊醫院殘骸，蔓生著紫色花朵。烏里安娜說，每個選舉季都是以重建醫院的承諾揭開序幕，只是目前還沒人蓋到地基以上。卡拉希尼科沃的人只能去六十公里外的特維爾醫院。

醫院廢墟的對面，則是緊急照護中心，到那裡還能獲得緊急照護。戴著白色方巾的兩名看護倚著柵欄談笑。一名老婦也站在附近，那是七十三歲的米海洛芙娜。她聽說緊急照護中心裡面不久之後會開設養老院，她是來「排隊」的。「我自己一個人且身體不大好，也沒人可以照顧我，所以我打算來這裡。挖完我種的馬鈴薯之後就來。」

卡拉希尼科沃到盡頭了，林間道路從這裡開始。但聽烏里安娜說，這些道路不久之後就會變成「無法通行的濃密樹叢」。烏里安娜得回去上班了。我得徒步六公里多到布哈洛沃村。

我試著留自己的電話號碼給烏里安娜，這樣她來申請VGIK電影學院時就能有個落腳的地方。但她不要我的電話。「沒事的，其實我不適合你們那個莫斯科。到那裡好像就該四處請託，汲汲營營，欠人情債。像電視上說的，要靠『關係，關係，關係……』。以我的自尊心可能做不到。我想要待在我熟悉的環境裡。我會有間裝設太陽能板和水管線路的房子，有馬和狗，還有一輛休旅車。我知道為了擁有這一切必須努力工作。」

「我很努力。我二十六歲，一天到晚在工作，」烏里安娜說。「但如果我真的想要那一切，我可能得住在另一個國家。」

接著，烏里安娜告訴我，如果碰到熊，我應該「拿根大棍子，把手舉高在頭上揮動，讓熊以為牠面對的是一隻很大的動物。那樣牠可能就會自行離去。」她在離開前最後補充道：「千萬別尖叫，尖叫只會惹惱動物。」

布哈洛沃隘口

距離莫斯科兩百三十五公里，聖彼得堡四百一十四公里

從卡拉希尼科沃鎮到布哈洛沃村，我走了將近兩個小時。

林間道路一開始還好，卻隨著每一步而愈來愈難走，直到轉個彎後遇上一片草地而完全隱沒。之後，路徑僅由零星深陷的凹痕指引，顯然是卡車留下。我的步伐必須輕快，否則雙腳就會陷入地面。雲集的蚊子也催促我前行。這些昆蟲侵入我的耳鼻，也輕易穿透我的帆布球鞋。我只能低頭看著自己的雙腳，確保自己不會扭傷腳踝或在泥濘中滑倒。跌入一條水深及膝的溝渠後，我就不在乎能否找到可以落腳的乾燥地面了。我失去時間感，只是一路走啊走啊走。道路再次隱沒在森林之中。

抵達布哈洛沃時已近晚上。兩排木房子上方有兩座手機訊號塔，還有唯一的一根路燈柱。旁邊有輛曳引機，生鏽而覆滿泥土，雜草在上面蔓延生長。

布哈洛沃有六十五棟房子。說來很難相信，但這裡曾經有一座家禽養殖集體農場，一間學校，

一家商店，一間夜店，還有個醫療中心。當然，當時這裡也還有一條道路。

如今，小村和外面世界唯一的連結只剩鐵路。以前，開往斯匹洛夫、阿卡德米切斯基、維什涅沃洛茨基和博洛戈耶等地的通勤列車都會在這裡停留。自從有了遊隼號，在這一站停留的通勤班次就砍半了。現在他們還把開往博洛戈耶的早上首發班次及所有的晚間列車都取消。

布哈洛沃隸屬於克拉斯諾達爾斯克村，村理事會的行政單位位於另一座村子別爾迪切沃村。每兩年一次，他們會乘坐曳引機前來布哈洛沃，還帶著一個投票箱好進行選舉。兩年前，喝醉酒的當地人憤怒地追逐「帶箱子的傢伙」跑過整個村子，此後，行政單位的人再也沒在布哈洛沃露面。

五月三十日，全名瓦倫蒂娜・阿列克斯娃的瓦雅阿姨退休。三十九年來她一直在特維爾棉紙廠擔任維修工人，夠久了。她決定為全村辦一場派對。他們派人去車站張羅食物，布置好桌面，各自入座，突然間，她的爐子垮了。

「就像有個炸彈爆炸了！」瓦雅阿姨笑著回憶。「然後灰塵落下……我們全都狂咳一陣，大家就這樣全身灰撲撲的，所有食物上面也落滿了瓦礫。」

爐子還沒修好，建材只能靠通勤列車運來村裡。當地人想知道，「我們還要仰賴這些通勤列車多少年？」

生鮮食品也只能靠通勤列車運送。之前還有輛生鮮卡車會設法開來村上。英勇的達吉斯坦人拉金會駕著他的吉普車，開四到五個小時從卡拉希尼科沃抵達布哈洛沃。他甚至幫自已鋪了條類似軌道的東西。但伐木卡車又會把軌道壓壞。拉金受夠了，他說每來一趟之後修車的錢「比我在這裡賣食品賺的還多」。就這樣，從此他不再來了。

如今，村裡唯一賣的「生鮮食品」是私酒，也就是稀釋過的防凍劑。以城市的標準而言，這裡稱不上有月臺。因此最困難的事，當然就是怎麼登上火車。「用手、用下巴——為了爬上那些階梯，能用的你都會用上，只要能上到火車裡面都好，」瓦雅阿姨說。「運氣好的話會有年輕男性在車廂間的通道抽菸——他們會從你後頸抓住你，再把你拉上去。老婦人通常會被從背後推一把，她們已經沒辦法把腿抬那麼高了。」嘗試把老婦人拖上通勤列車總是以「出局」收場：「她們會跌下去，背先著地，揮舞著手臂，像甲蟲一樣。」

村民可以從電視的雜訊知道遊隼號何時經過。他們這裡只能收到兩個頻道：一號與二號電視臺。「至少若爆發戰爭，我們會知道。」布哈洛沃人嚴肅地說。

唯一真有人看的節目是醫療談話節目 Malakhov Plus，村民會把裡面的藥方認真記下。主持人掛著憂心忡忡的表情一邊說明，「接下來要見到的這位來賓相信，榕葉毛莨和款冬花混合的配方，幫他治好了無藥可治的胃潰瘍。」上一次有醫生來村裡是兩年前。「我們全部聚在一位奶奶家，醫生幫大家都看了診，量了每個人的血壓，開立處方。」村裡如果有人生病就會被裝上「牛車」，也就是平常用來運糞肥的手推車，再送到車站去。到了車站後，病人會被送上第一列到站的火車，村民再請駕駛透過對講機呼叫救護車到下一個大站。駕駛都很熟自己的路線，也會幫忙呼叫。

有一次，瓦雅阿姨從火車跳到凹溝時摔斷了腿。「那是末班車，」她回憶。「我只得等到早上。夜裡，我的腿腫脹得很厲害，連橡膠靴都穿不進去。他們把穿著白色風衣的我放進牛車裡。我像個遊民一樣坐在車廂間通道，一路到了特維爾。救護車在那裡接我。」

如果患者或傷者無法搬動，人們就只能採取最極端的手段：電話治療。

三年前，安納托利中風。「他頭痛得厲害，於是上床睡覺，」他太太瓦雅說。「我去看他，見到他眼睛上翻，下巴脫臼。」瓦雅叫了救護車。值班醫生花了很多時間詢問症狀後下了結論：不能搬動他。醫生建議他們把村裡所有藥物都搜集起來。多少有幫助的藥物是可瓦樂、硝苯地平、利血平、呋塞米、和依那普。他們幸運地找到了一些。醫生把劑量告訴他們，要他們每半小時回報一次。一天後，同樣是在電話上，醫生決定他們可以「嘗試運送」病患。於是安納托利被帶去斯匹羅沃，照樣是搭上第一列行經的火車。他活了下來。

基本上，安納托利與太太瓦雅就是村裡掌握大權的寡頭。他們擁有唯一一匹馬，維納斯，還有一輛敞篷馬車。他們靠自己就可以前往卡拉希尼科沃。

克魯札諾娃沒趕上火車時，他們就是這樣送她去卡拉希尼科沃的。當時她已經死亡，是她親戚苦苦懇求他們才肯幫忙用馬車載。若非如此，通常屍體運離布哈洛沃也是搭乘火車，擺在車廂間通道上。

萊昂季耶沃

距離莫斯科兩百九十三公里，聖彼得堡三百五十六公里

遊隼號經過萊昂季耶沃站時非常安靜，簡直是龜速前進。這兒正在修理通往莫斯科的鐵路——十七名穿著橘色連身衣的男子正在把軌道切斷。之後，看起來很像蜘蛛的一臺特殊機器會把還連著

枕木的一段段鐵軌撿起來，扔到一旁，接著會有人用挖土機把舊礫石清走，鋪上新的礫石，再鋪設新的軌道。他們工作速度很快，首先是因為他們得在兩點前完工好讓火車通行。再來是因為廚師柯亞今天要做香料飯，而大家都知道裡面只會有十四塊雞肉。

一月十二月，萊昂季耶沃一名三十五歲的待業男子米哈伊爾朝行經的遊隼號丟擲冰塊。他命中目標，擊碎了第六節車廂的一面窗戶。俄羅斯鐵路公司估算的損害金額為十二萬盧布。

「我不相信是他做的，」他母親費朵羅芙娜說。「警察從車站抓了一群喝醉酒的男子，只有他沒帶護照，所以他們就把事情全怪在他頭上。」

費朵羅芙娜住在與萊昂季耶沃隔著鐵軌相望的索爾涅奇內村，在學校當老師，帶的三年級班有八名學生。她先生薩瑪爾采夫說他得先告退，去菜園裡幹活了。為了填飽肚子，薩瑪爾采夫一家自己種馬鈴薯，還兼養羊。

「米夏[7]把我們的東西都偷光了，」費朵羅芙娜抱怨。「濾盆——那能有多少金屬？連濾盆都不放過，還有所有的平底鍋。然後他還來跟我要吃的。我跟他說：『我要用什麼幫你熱東西吃？』我先生責怪我，但真是我的錯嗎？看看我女兒蓮娜，他們兩個我可是一起養大的。」

蓮娜是這對夫婦的驕傲和喜悅。她是特維爾州立大學的畢業生，拿的是「偏向生態方面」的生物學位。她向來對哲學很感興趣，「亞里斯多德與康德是她的最愛。」她參加過會議，會講義大利文，也寫詩和小說。

蓮娜在瓦爾代工作，擔任生物研究站的簿記員。她利用閒暇時間翻譯年輕義大利詩人馬切洛・門尼的作品，發表在網路上。

或許，不要奮鬥最好，
把希望遺留在後方
霧氣迷濛的無垠中……

費朵羅芙娜想找張米夏的照片。最近一張是十年前拍的。「也許他就是不夠堅強？」她試著解釋他的人生。「我是說，沒有堅強到足以生存。他學過吹玻璃，想去紅色五月工廠工作——就在附近，克里姆林宮塔樓上的五角星星就是他們做的。但後來工廠關門了，米夏就是那時開始喝酒。但不能就那樣放棄啊。或許每個人擁有的力量本來就不一樣？」

費朵羅芙娜覺得自己再也沒有力量的時候，便會回想去年畢業的那一班。「有二十二個學生，每個人都很棒，彼此都是好朋友，非常善良。其中兩個人還接著上了中學！」但一回憶起那些曾在課堂上的孩子，她就停不下來了。「我曾經歷過這樣的事。最初某個男孩不來學校了，據說是因為有些費用他媽媽負擔不起，後來有人在穀倉閣樓找到他凍死的屍體。隔年，兩個小孩活活燒死，是對兄妹，分別是九歲和七歲。他們的媽媽是我樓下鄰居，在公路旁招攬男客。有天她出門時沒有電，就幫孩子點了盞煤油燈……如今她埋頭喝酒。」

「經過這樣的事情，該怎樣理解生命？」費朵羅芙娜思忖著。「有些人得救了，有些人沒有。

7 譯注：米夏（Misha）是米哈伊爾的小名。

為什麼？如今我相信有摩伊拉，盲眼的希臘三女神。她們隨意用手邊材料編織人的命運，又任意把線剪斷。現在我只能以這種方式理解所有事情。」

「我不認為米夏能重新振作，」費朵羅芙娜說。此時她已經不自覺的流淚好一段時間。「如果連身為母親的我都說：『來，這根繩子你拿去……』」

一群年輕健康的男子正在商店外喝酒，他們花的是真亞的薪水。真亞擔任鐵路伐木工，負責砍倒生長在軌道十五公尺內的樹木。有時他每天能砍光二十平方公尺內的樹（工作十到十二個小時），這樣到了月底可以賺到堪稱天文數字的四萬盧布的。這群男子就是要把這些錢喝光。

真亞走向我，提出一個要求。「告訴莫斯科那些人，他們全是死娘炮！」真亞對政府有一些意見。首先，他是個孤兒，應該分配到一間公寓，但他從沒分到公寓，而是跟祖父母同住在一間木屋裡。其次，當地行政首長尤什科娃讓萊昂季耶沃的兩間澡堂都關門了。「現在要叫老人家到哪裡洗澡？」真亞醉醺醺地大吼。「我要到哪裡洗澡？結果那個婊子尤什科娃卻在湖邊有棟私人住宅！」（後來我實地走訪，那棟房子沒有想像中那麼好，是棟很老的木造結構，旁邊也沒有湖。）

「我不打算當兵！而且不覺得丟臉！我不欠這個國家什麼——什麼都不欠！」

真亞帶我去見他的朋友安東。

安東和他的祖母莉迪亞坐在一條長凳上。安東參與過兩次車臣戰爭，可以延續當兵的話題。

「莫茲多克、坎卡拉、阿爾坎–尤特、可姆梭莫斯可耶、徹爾夫勒諾。」安東平靜地列舉車臣地名。

「我兄弟跑去車臣打仗！」真亞大叫。「有一次他心情很差，把太太釘到牆上，用叉子刺穿她的手腳，把她釘在牆上！都是因為操他媽的普丁！他無法保衛自己的人民！」

「兩次腦震盪，四個傷口，兩個來自砲彈碎片，兩個來自子彈。」安東繼續講。

「我需要一輛戰車！我要把尤什科娃的行政大樓轟碎！」真亞哭嚎。「接著是克里姆林宮！他們把我關進牢我也不在乎，我要殺了普丁！還有梅德韋傑夫！我們的老人家為什麼沒地方洗澡！」

「沒錯，親愛的，我們沒地方洗澡。我得把水槽裡的水加熱後再擦洗自己，」莉迪亞加入話題。「他們應該想辦法把那個尤什科娃弄走，換個比較好的人來！」說完她開始哭泣，一直在自己胸前畫十字架。

「好了好了，奶奶。別激動，」安東摟住她肩膀試圖安慰。

「這個國家都是些他媽的混帳在管！」真亞又大喊。

不管是真亞或安東，其實都是身強力壯的男子，他們就跟一起在商店門口喝到爛醉的朋友一樣，都沒有想過大可以自己蓋一間澡堂，或是雇用工人來蓋。更糟糕的是，莉迪亞也從未想到可以要求自己的孫子這樣做。

遊隼號上：行經烏格洛夫卡

距離莫斯科三百八十公里，聖彼得堡兩百六十九公里

速度並不像他們說得那麼快，或是像從外面看來那麼快。平均時速是一百九十公里，只有一次

加速到兩百二十公里。座位有柔軟的頭墊，全景式的大面窗子，電視上播放著電影《黑色星球》，還可以用耳機聽音樂。列車長穿著好看的灰色制服，名牌上有名字和一個國旗，通常是英國國旗。國旗代表他們會說的語言。如果你上前問他們：「你會說英語嗎？」他們會回答你：「一點點。」

咖啡要價五十盧布，午餐近五百盧布。

車上禁菸，所以癮君子會在難得靠站的一分鐘裡跳下車，貪婪地抽幾口。身上掛著托盤的人立刻湧向乘客兜售商品：煙燻鰻魚、霍赫洛馬的彩繪木湯匙、鹽漬魚、葵花籽、伏特加、杏桃。列車長很焦慮，開始大喊：「各位先生小姐，火車即將離站！」但總有乘客有時間買個陶瓷鈴鐺或是一條歐鯿。

記錄一下車上的談話：

「我們本來應該一個星期戴七十五個人，至少上頭派的任務是這樣。我心想：這是在鬼扯什麼？不靠直升機怎麼運輸鑽孔工……」

「你想要保險的話，我們可以提供，趴數可以按照你的需求。」

「嗨，我親愛的維托．伊凡諾維奇！」

某個小孩說，「四加四……八加六……十二加七……三十加七……」

「這將是俄羅斯造船業的突破：一艘船光靠船尾螺旋槳就可以在十小時內直達……」

「老實說，那個節目沒什麼了不起，加上又有政治意味。」

「你先一個人待著，等我跟這些男士交涉完畢後再請你回來。」

衣著昂貴的一名有錢孕婦慵懶地敲著她閃閃發亮的 Vaio 筆電，接著開始閱讀列印出來的某篇文章，標題為「ＡＡ案，或如何處理相悖的疾病理論」。她皺著眉頭，在頁緣寫下筆記。這篇文章講的是莫斯科與聖彼得堡的精神科醫師之間，關於是否該擴大思覺失調症定義範圍的爭議。

（休斯站的吉納說：「悲哀的是，他們不只是在他們的宮殿裡飛馳而過，而是連窗外都不看一眼，連轉個頭都懶。」）

我試著往窗外看，但其實非常痛苦——一定是因為速度太快了。

火車在四小時十四分鐘後抵達莫斯科。

第四章 正義與恰當

我想，打電話給我的應該是我朋友，人權工作者艾琳娜。她告訴我，住在她宿舍的瑪娜娜遭宣判遣送出境。

說「我想」，是因為我對這段日子的記憶非常模糊。二〇〇六年十月七日，安娜・波利特科夫斯卡婭遇害，在她住的大樓電梯裡遭到槍殺。一共五槍命中。是安娜的報導讓我想成為記者，她是全世界我最敬重的人。我的辦公室就在她隔壁。有時我會留幾顆蘋果在她桌上，但我們從沒交談過——我心想，我還年輕傻氣，這件事不急，我還有時間。我從來沒容許自己想過她可能會死。她被謀殺後，我花了好多個小時與死亡討價還價——如果馬上找到兇手，能不能讓她復活？如果我承諾把所有我想說卻不敢說的感謝話都告訴她，說她如何改變了我生命和許許多多其他生命，她能不能死而復生？她不能。我受到痛苦折磨，那感覺在我體內如火焰般燃燒，轉瞬間又變成冰冷的仇恨。懷抱著仇恨的生活和工作簡單多了。早上睜開眼後的第一個念頭就是工作，晚上睡前就在心裡自忖：我要休息，這樣才能做更多工作。

我的工作夠多了。喬治亞以間諜罪名驅逐了幾名俄羅斯軍官後，俄羅斯決意報復。還有很多喬治亞人住在俄國，包括從我們還是同一個國家的蘇聯時期遺留下來的人，逃離戰爭而來的人，以及為了工作而來的人。這些人開始被搜捕和遣返出境，即使有身分文件也一樣。他們沒被帶去移民法庭，而是由警察直接發出遣返文件。兩個月內，超過兩千五百人以這種方式遭到驅逐。

電視上說喬治亞人一直以來都是俄羅斯的敵人，人們切斷與喬治亞之間的所有運輸和郵件往來，也不再銷售喬治亞酒類。警察要求學校交出喬治亞學生的名單。莫斯科的市場遭到臨檢，有著喬治亞姓氏的人被警察聚集逮捕起來。瑪娜娜就在一次臨檢中落難。

五十歲的瑪娜娜，是為了逃離戰爭而來到俄羅斯的難民。她在喬治亞沒有家也沒有家人。她的家人就是她兩個兒子，其中小兒子尼卡就讀於莫斯科國立法律大學，是她這輩子的摯愛與驕傲。警方逮捕了所有喬治亞商販，超過二十人，包括瑪娜娜在內。沒人察看她的身分文件。尼卡帶著食物到警察局想探望母親時，他們不放他進去。在牢籠度過一個晚上的瑪娜娜只能挨餓。次日，納加廷斯基地方法院判決將她與另外六個人遣送出境。決定七個人的命運只花了十五分鐘。瑪娜娜拒絕簽署判決書，但有人代她簽。

她被送去拘留中心等候發落。預計會在九天內遣返，沒有上訴機會。但我朋友艾琳娜得知此事後，打電話給我和莫斯科赫爾辛基小組。[1]小組成功讓法院將瑪娜娜的判決書交給她兒子。我們只有一天半可以提出上訴書狀，但我們設法完成了。

法院沒有排定新的審理日期。生活在牢籠內的瑪娜娜開始絕食抗議。這對心臟不好又有高血壓的她而言相當辛苦。他們幾乎每天都得叫救護車到監獄，這讓獄警很不高興。索科洛娃督察帶來撤銷上訴書狀的文件給她，指示她簽名，這樣即可直接將她遣返回國。瑪娜娜拒絕了。索科洛娃問她，你是個成年女性，為什麼要這樣折磨自己和你愛的人？這太不恰當了。

在此我想談一下什麼叫恰當，俄羅斯人又如何理解這個概念。恰當與道德不是同一回事——事實上正好相反。一個恰當的人會遵循既有規定。舉例而言，他們會賄賂警察好逃掉超速罰單，因為每個人都這樣做。他們聽長者的話，也不堅持自己的權利（尤其若他們是年邁的喬治亞難民）。法院說要遣返你，你就乖乖被遣返，不要惹毛比你有權力的人。

瑪娜娜太不恰當了。她沒有認命，而是讓自己挨餓，激怒把她關起來的人，引起人權工作者和記者注意，證明道理站在自己這邊。

我們也不恰當。人權工作者舉辦記者會，我寫文章。最後，她終於獲得審理日期。艾琳娜和我及瑪娜娜的兩個兒子（都是高大成年男子）全都出席了審理庭。他們把瑪娜娜從拘留中心帶來，那是我第一次見到她。她是個矮壯的女子，有張柔和的面容，溫暖的棕色眼睛，以及滿頭的灰色捲髮。大家都為了她而來到這裡顯然讓她很過意不去，她努力把身體坐得挺直，話講得盡量清楚。穿著袍子的法官悶熱難當，很快解決了這個案子——結果一如預期，法官發布判決，撤銷遣返令。

但他們不讓瑪娜娜回家。審理的那一天是星期四，而星期五誰要上班呢？星期五就算是週末了。她被送回拘留中心，他們答應在星期一釋放她。把她帶走以前，負責押送的警衛讓我們和她一起在法院外的階梯上合影。艾琳娜說，我們拍張照片好永遠記得這一刻吧。照片裡有瑪娜娜、艾琳娜、我。瑪娜娜面露笑容，看得出來那個笑容的代價高昂。

1 莫斯科赫爾辛基小組（Moscow Helsinki Group, MHG）是俄羅斯歷史最悠久的人權組織。二〇二三年一月，莫斯科市法院以違反非營利組織規定為由，迫使該組織永久關閉。

她被關回牢籠裡。據獄友說她笑著，甚至跳了點舞，還說獲釋後一定會帶好吃的來給大家。她在週六死去。單純是睡了就再沒醒來。女性獄友們用力敲打獄門，大喊大叫直到獄警前來。他們沒有馬上告訴她的家人，一直要等到好幾個小時過去，等到他們把文件都填好之後。那天早晨，瑪娜娜的兩個兒子正在莫斯科四處尋找喬治亞禁酒，準備慶祝媽媽重獲自由。尼卡打電話給我的時候，我還以為我的電話壞了。話筒裡只有嗚咽和哭號。

我們在拘留中心碰面。黑暗中正落下初雪。喬治亞領事帕塔瓦澤和瑪娜娜的兒子站在一起，他們未獲准進入拘留中心。我開始對著領事尖聲大叫——你為什麼現在才來？在她人都死了以後才來？他用雙臂環抱我，我用力掙脫了他的掌握。他說，沒必要再叫。他說，讓我送你回家，這是個嚴酷的冬天。

瑪娜娜在死後回到喬治亞。她的葬禮在喬治亞最大的聖三一主教座堂舉行。國會議員、部長、被俄羅斯遣返的喬治亞人，或是剛好經過的人，都來對這位難民致意。她兒子站在她的棺柩邊，他們再也沒回到俄羅斯。

第一個告訴我瑪娜娜的事並挺身捍衛她的艾琳娜，四年後在波多斯基的法院走廊上死去。她為了捍衛可能遭驅逐的人而來，可惜心有餘而力不足，在那裡倒了下去。大家幫她叫救護車，但她已經沒有脈搏。她心臟不好，但她從來不提。我心目中的她是全能的，總是抹著最鮮豔的口紅，有著全世界無人能比的笑聲。必須與她周旋的警察、法官和官僚都認為她有黑幫暗中相挺，因為她誰都不怕，也盡力為所有人奮戰。他們渺小的心靈無法瞭解實際上她有多脆弱。

艾琳娜葬在佩洛珀金斯科公墓。那裡的地面全是黏土，寸草不生。曾經受她幫助的人，都出席了葬禮。

我還記得她的電話號碼是八｜九一六｜九二六｜二七〇六，有時我渴望撥出那個號碼。那些年間我曾多次打電話給她，在窗外一片漆黑，下著惡雪，當我再也沒有餘力，一切都沉甸甸壓在我心頭的時候。她總會說，別害怕任何事情，永遠不要恐懼任何事情，我們什麼事都做得到。於是我不害怕了，我從不害怕。如今，艾琳娜、瑪娜娜和安娜都不在了。當事情開始讓人害怕，我只能持續往前奔跑。

〈從日出到日出〉

二〇〇九年五月二十六日

我以見習刑事鑑識員身分臥底的警察局，是一棟典型的三層樓建築，就位在莫斯科某區，但距離市中心很遠，幾乎可說不在城市裡。

一樓是主要的辦公區，電話都打到這裡，快速應變小組和訊問室也在這一樓。二樓限制最嚴格，這裡有外勤員警、檔案室和刑事鑑識員。三樓是調查員辦公室。

早上九點是換班時間。執勤的警衛為大家登記到班，檢查武器，部門主管在旁觀看——主管似乎純屬裝飾。他消失在自己的辦公室內，此後再也沒有出現。

負責站崗和巡邏勤務的警員睡眼惺忪地驅車離開，前往哨點。我未獲准隨行，因為「他們有特殊的運作流程」。會剝削移工、強行索賄和捏造報告的就是這些勤務員警。唯有確認見習生的忠誠度後，他們才會讓見習生在勤務員警出車時隨行。

勤務指揮辦公室是每個警察轄區的心臟。在這間警局，勤務指揮辦公室是一個大房間，一面鐵窗占了半堵牆，有個簡陋的廚房（冰箱、桌子、微波爐），還有一個小邊間，裡面有兩張沙發，讓分派勤務的行政警員可以輪流睡覺，外加一個彈藥櫃。菸霧中，電話總是響個不停，空氣中瀰漫著起床氣。正在大吼的是沙夏[1]——今天由他分派勤務。在他喝到啤酒以前，早上的每一件事情都能讓他怒氣橫生。大家在背後都說他是個魯蛇。他以前是軍事情報局的特種部隊成員，但不知如何來到了警隊。沙夏也是《魔戒》的超級粉絲，最愛大談良善如何總會戰勝邪惡，但這不妨礙他在看到俘虜遭毆打時漠然以對。所有被他們逮捕的人一律稱為「俘虜」。

有電話進來的時候，分派勤務的警員便透過對講機呼叫他們要找的人：警探，警員，有時候是刑事鑑識員。正要出勤的人想知道：「是明的犯行嗎？」

「又是個暗的。」

「那應該會變成懸案。」

「明的犯行」是指受害者有目擊到犯罪者，暗的表示沒看到。

警察都自稱為警官。一名警官為另一名警官什麼事都能做：幫他擋子彈，在管理層面前挺他，在捏造的報告上簽名，把他兒子弄進大學。在分局以外，世界分成兩種人——稱為「犯罪人」的嫌犯，以及稱為「被害人」的受害者。兩群人與警察都有對立關係。這種感覺是互相的。

不接電話的時候，警察消磨時間的方式是收看永無止盡的刑偵劇，看它們讚揚俄國警察有多偉大。最好的是《破路燈大道》第一季和《冷案》，這些是比較寫實的選擇。警察沉迷刑偵劇有種扭曲的感覺，因為這種節目的存在正是為了說服大眾他們真的需要警察。更有甚者，刑偵劇裡的警察自己就總是在違法，而根據電視劇的邏輯，這不僅無可避免，還正當無誤。

我貼身見習的人是刑事鑑識員伊果，我們已經連看四集《警察》了。伊果很像劇中的一個警察：為了逃避兵役而加入警隊，開始相信這一切，真心投入工作，變得專業，後來幻滅，但如今已

1　本篇所有姓名皆為化名。

無法脫身，因為「哥兒們」就是不讓他走。

一個會掩蓋所有罪行，篡改證據幫忙把嫌犯關到牢裡的刑事鑑識員，要讓他們放他走真的很難。

「我也不是害怕，好嗎？我不怕他們，只是他們真的非常需要我。」

辦公室來了一通呼叫。

「這裡有一名受害者，下來拍他車子的照片。」

「我們在看電視，叫他等一下。」

「他已經等了兩個小時，快抓狂了。」

「那就讓他抓狂啊！」伊果大發雷霆，從沙發上起身。備受需要的男子偶爾也要發洩情緒。

我們下樓去拍受害者車子的照片。車子上全是屎——完完全全，徹徹底底，直到車頂都是屎。

受害者是個穿著高檔西裝的年輕男子，一臉震驚。「你相信有這種事嗎？」他哀怨地訴苦。

「我住在一間學校旁邊，那些小痞子居然是這樣找樂子。他們通常是對 Zhiguli 汽車下手，不然就是 Lada。我這車很貴的！」

「你的保險理賠有針對汽車沾滿糞便的突發狀況嗎？」振亞警官喜歡在傷口上灑鹽。

「問題不是錢。我要他們受到懲罰。你們能找到他們嗎？打電話給學校……」

「老子我老實告訴你吧，」振亞不打官腔。「我們不會去找他們，也不會打電話給學校。這件事太難證明了，最多只會判罰鍰，讓他們有紀錄在案。你就把車洗好，停到學校前面。找個地方坐著自己監視，這樣你就會看到是誰幹的，然後你就可以讓他們吃屎。」

＊＊＊

一通電話打來。今天的第一具屍體。不是刑事案件的屍體，所以不需要刑事鑑識員，然而警員們還是堅持要我去。車裡坐著兩名警員，還有一名穿著黑色西裝的陌生男子。

「他是警員嗎？」

「對啊，編制外的。」

原來這名年輕男性來自殯儀館。這是由來已久的辦法：每有一具屍體，值班警員都會私下通知殯儀館，讓他們的人隨警車一起前往。每一具屍體可以為值班警員掙得三千五百盧布。

我們在門口和救護員打了招呼。公寓多少有裝潢過，一名四十歲女性橫躺在沙發上，用一條毯子蓋住。

她兒子二十歲，環繞在他身邊的朋友面露迷惘，一眼即知他們都喝醉了。他媽媽死去的同時，他們在廚房裡喝啤酒。他平靜地重述事情經過。

「我聽到她叫我，我以為她拉在自己身上，這幾天她都這樣。她說：『我想吐。』於是我拿了個盆子給她，喏，就在那邊。然後她咯的一聲，死了。」

四十天前這孩子才埋葬了他父親。他父母都喝酒。

「來幫我把她翻過來。」

警員粗魯地檢查遺體。她的手臂和腿從沙發邊緣垂掛下，警員隨意地把毯子蓋回她身上。

死者兒子有位朋友跑出房間，是個女生。

我們開始記錄：沒有暴力跡象。

我們寫下幾個辨識特徵。

「這裡太暗了。見習生，去看看她是什麼髮色。」

我走向她，仔細看了一眼。

「栗子色，染過。」

「眼睛呢？」

「灰藍色，瞳孔幾乎與虹膜一樣大。」

「有剃腋毛嗎？」

「空白欄沒有這一項。」

警員們互看一眼，然後大笑出來。

「不錯嘛見習生，一點都沒在怕。做得好。」

＊＊＊

還沒回到警局，新的電話又來了。

警員對著電話發出一長串咒罵。

「小孩的腳踏車？他媽的一輛腳踏車？你他媽是瘋了嗎？」

他沉默地聆聽後掛掉電話。

「操他媽狗屎蛋，受害人是一名警官的太太。」

警官太太在她的大樓門口等待我們，一臉焦慮。

「他們偷了我兒子的腳踏車。他才四歲，那是他的生日禮物！就停在這邊大廳裡。鄰居說是隔壁棟的酒鬼偷的。」

酒鬼是個灰髮老人，連走路都不大行。他公寓裡滿是髒汙，小孩的腳踏車真的在那裡。

「老爺爺，你要腳踏車做什麼？」

「什麼？」

「那輛腳踏車！你打算拿來騎嗎？還是賣掉？是要送給誰嗎？」

「我不知道，我看到就把它撿回來了。」

隔壁房間裡，一名警員在翻查抽屜和櫃子。他在找啤酒錢，但沒找到。一番咒罵。

把老人帶下樓花了不少時間。他似乎不懂我們要帶他去哪裡，開始對著我們大喊大叫。一名警員還算溫柔的用拳頭頂了一下老人的肚子。老人安靜下來。

把他推進車子裡也費了一番功夫。回到警局後，還得有人帶著他進入拘留室。

＊＊＊

晚上七點左右是上商店採買的時間。食物和飲料：啤酒、伏特加、干邑白蘭地。女警探則買了葡萄酒。過檢查哨時我們的瓶子哐啷作響，但執勤的警察只跟我們要了兩瓶啤酒。交涉完畢後，我們順利通過。

女警探已經做了沙拉，我們把葡萄酒倒入馬克杯。「動作快，」她們警告，「我們忙翻了！」部門得呈報數字。警探每個月必須送四十件案子到法院，否則拿不到獎金。

女警探說調查部門的七個人裡，只有三個人真的有在工作。那三個人已經連續第四晚要在警局度過，中間只能回家沖澡跟換衣服。辦公室的窗臺上有一箱快空了的紅牛飲料。

「趁大家都在，要不要討論一下三月的案子？」

「三月的案子」是全警局下上現在最頭痛的事。三月八日國際婦女節當天，兩名男子都去造訪同一名女性，祝她佳節愉快。都想博取她青睞的兩人先是口角，繼而扭打起來，最後變成砍人事件。受傷的男子聲稱他被對方拿刀攻擊。砍人的男子說他拿出刀子只是為了嚇唬對方，好停止打鬥，結果受傷的男子卻試圖奪下刀子，最後刺傷自己。

他們一直到三月九日才打給警察。那時，女主角已經把地板、桌子和牆壁都洗乾淨了。他們沒找到刀，也沒有證人——在激烈的打鬥中，嚇壞的女主角跑出門外。傷口是刺傷，跟兩名男子的說法都吻合。這看似是明顯的懸案。

但受傷的那名男子有些親戚非常投入此事，於是案子成形。警員找到符合傷口的刀子，偽造指紋，並引導了一名證人。犯罪現場報告已經進入第五稿。同時間，警員對被逮捕的男子下功夫，不過他還沒有認罪。

「三月的案子」是所謂的「零案」：純屬虛構。他們要呈交給法院的其他案子則需要修正。刑事鑑識員當著我的面簽署了一堆空白的犯罪現場報告。

「現在可以真的開喝了！」

染著金髮、全身掛滿金色首飾的歐克薩娜再一次告訴大家，六個月之後她就要進入稅務單位。「你們也知道我叔叔升官，現在是全莫斯科稅務部門的二把手。他答應會幫忙。」大家專心聽著，沒人打斷她。幾乎每一個警察都夢想成為稅務員。

一名警員跑進來，眼睛瞪得跟銅鈴一樣大。「什克爾！是什克洛夫斯基！」什克洛夫斯基是調查單位的頭頭。

眾警探熟練地把杯子藏到椅腳後面，還有個警員把酒瓶塞進外套。大家匆忙點燃香菸，說起笑話。

矮壯的什克洛夫斯基晃蕩進來。

「很開心是吧？」

他站在房間中央，臉上帶著猙獰的微笑。除了歐克薩娜，所有人都起身離開。

隔著門仍能聽到他的吼叫。

「你他媽要害我們不能達標！一塌糊塗！我會在你拿到肥缺前就開除你！」

幾分鐘後歐克薩娜哭著跑出來，滿意的什克洛夫斯基跟在後頭。

「實習生你看什麼看？覺得她可憐嗎？」

「對。」

「沒必要。她早上晚上都上班你知道吧，整個月都在那兒扭她的屁股！然後直接進稅務局！」

什克洛夫斯基餘怒未消，派我和警官振亞前往一名毒販的偵訊室。押送受訊者是很不愉快的工作，什克洛夫斯基心知肚明。

偵訊室外聚集了一小群人，有兩名男的和幾名女性。他們喝著啤酒和罐裝調酒，一邊聽手機播放出來的音樂。

「我們的證人老班底。」振亞解釋。

老班底都是因為輕罪被捕的人。也有些心理病態的人自願參加，但這樣的人不多。

我們讓負責押送的警衛離開，取代他們站在偵訊室門外。門裡，訊問已經開始。

毒販年約三十，眼神充滿睡意。戴著手銬的他正試著揉搓手腕，手銬互碰下鋃鐺作響。他手指細長，上面滿是新的傷口。和他同坐在訊問室裡的是一名個頭嬌小的棕髮警探，手邊一罐紅牛，還有一位年紀較長、神色疲憊的律師。律師提供公益辯護，是警局打電話叫來的。

「他們對我施壓，心理上施壓。」嫌犯說。「我的證言是警察自己寫的，他們說只要我簽名就放我走，只會限制出境。」

「那是嚴重不當行為。」律師說。

「你為什麼要幫他辯護？」警探帶著微笑問。「這不是很清楚嗎，無辜的人不可能用承認罪行交換限制出境。」

「因為你們不會輕易放人走。」律師露出和警探一樣的笑容。

「我確實不做那種事，」她說，接著轉向嫌犯。「警員想跟你說什麼都可以，反正一切都是法院決定。而且你怎麼知道那些人真是警察？要你指認也辦不到吧？你有問到他們姓什麼嗎？」

「你知道十二月的時候，中央有些警員因為使用假自白而被帶走嗎？」律師若有所思地問。

「對啊，結果一月馬科洛夫就被殺了[2]。」警探延續這個思緒。「所以我們是要把這事喬好，還是只是在這裡他媽瞎搞？」

「我沒辦法說話。」嫌犯忽然吐了一口氣說。

「所以你是拒絕？」

「不是，給我水。」

他一口氣喝掉一瓶半公升的 Bon Aqua 礦泉水。接著又要了一瓶。

「你上一次喝水是多久以前？」律師問。

原來嫌犯從當天下午兩點被帶來警局之後，就沒有喝水、進食或上過廁所。

「我操，你們是在跟我開玩笑嗎？」律師平靜地問。「如果他的膀胱脹破怎麼辦？」

我們領著嫌犯去廁所，在水槽把他的水瓶加滿水。回去的路上我把口袋裡的一片餅乾給了他。他貪婪地大口吞下，然後舔了舔掌心。振亞很震驚。

「喂見習生，你他媽瘋了？」

我們把證人叫進來當面訊問。警探很生氣，因為證人的證言過於一致，一字不漏。她於是重新寫過。

證人們遮住眼睛，花很長時間回答問題。他們的說法開始出現不一致。

律師精神來了。「你真的有看到毒品易手嗎？你有親眼目睹嗎？」

---

2 斯坦尼斯拉夫・馬科洛夫（Stanislav Markelov）是《新報》律師，二〇〇九年一月十九日遭謀殺。

「沒有，」一名證人低聲說。「我沒有。」

「他沒看到！」

「你說什麼？」警探又問一次，狠狠盯著這個老班底證人。

他喃喃低語，聽不出來說了什麼。

「他什麼都沒看見，他說他什麼都沒看見。」

「他什麼都看見了，只是現在累了。」警探讀出另外一份一模一樣的證詞。「你能確認這個內容嗎？」

「可以。」

我們又領著嫌犯回到拘留室。

＊＊＊

大家正在統計當天成果，這些數字之後會送到區辦公室。他們忙著總結報告。

「桑雅，給我幾個證人。」另一名輪值分派勤務的警員迪馬說。

他把通訊錄裡的一些名字和地址抄寫在犯罪現場報告的空白欄中，這些子虛烏有的「死靈魂」[3]將成為檢方的呈堂證供。

「那個毒蟲有親人嗎？」

「有個媽媽吧。」

「有人聯繫她了嗎？打給她。」

他們打電話給她。

「你兒子在這裡，他被逮捕了。你可以過來但要快點，他很快要移送到別的地方了。」

警員立刻開始填寫文件。「由於被捕者在莫斯科沒有親人，無法提供換洗內衣或當季衣服。」

「我們打回去給他媽媽吧，」我說。「告訴她需要帶哪些東西過來。」

警員笑了。

「這是標準作業，見習生，」迪馬說，在場的人當中他最資深。「每個人都適用。」他壓低聲音繼續說，「不要去想，連這個念頭都不要有。你會發瘋。」

嫌犯的母親在十五分鐘後跑進警局。我們領著她到探訪室。五分鐘後舍赫拉查達出現了，她是值班的中央總署警員，負責移送「俘虜」。她身材高挑，一頭黑髮，美得讓人難以置信，穿著絎縫菱格紋外套。她一邊吞雲吐霧，一邊抱怨堆積如山的工作。現在到了繳交季度報告的時候，大家好像這才想起自己的工作，認真抓起壞人。她把嫌犯帶走了。

我們準備用晚餐，把餐具在桌上擺好，切了莎樂美肉腸片，將可樂倒進干邑白蘭地裡面。

很快就要放假了，警察各自講述精采的兼差故事。低階警察靠薪水是填不飽肚子的，即使收賄都不夠。警員瓦斯亞不當班時在花店上班。他為大家說明，最美麗的「大男孩」花束是用垃圾做的——也就是沒人會單買的花。多數警察的兼差是當保全。幾乎每個人都想在其他地方工作。他們

3 譯注：此一典故出自俄國作家果戈里名著《死靈魂》（Dead Souls），原指已經死去但在官方認定中仍活者並被買賣的農奴。

最遠大而最難以企及的夢想，就是到稅務或海關單位工作。

在警隊上已經七年的迪馬分享他最美好的回憶。

「我記得有個建築工地全是塔吉克人。他們經常偷女性的錢包，每天晚上總有兩三個受害者跑來警局。我們沒辦法把那些混帳吊眼仔全都抓起來。長官為了這事緊盯我們不放。後來有一天風和日麗的，我們下班後換上便服，把朋友都叫上，掄起棍子，把他們痛打一頓。結束後他們夾著尾巴走了。從此以後那個建築工地附近再也沒有犯罪案件。」

其他警察讚許地笑出聲。迪馬繼續說下去。

「但那還不是最棒的一次。兩年前我們在一條橋上列隊，因為有個區警督來視察。他大找我們麻煩，說我們看起來很沒用，是群蠢貨。那時是十一月，天下著雪，但河水還沒結凍。就在那一刻，有個女孩決定從橋上跳下去。我沒時間思考就已經邊跑邊扯掉衣服，那混蛋在我後頭不知嚷嚷著什麼。跳進水中時我都以為我要心跳停止了。我拼命游，但她的頭已經沉到水裡。我也潛下去，冰水刺痛我的眼睛，幾乎什麼都看不見。但我找到她了，已經沒有呼吸。我抓著她的頭髮把她從水裡拉出來。上岸後我把她丟在柏油地上，自己也癱倒在旁邊。最後我們兩人都進了醫院。他們跟我說她活下來了，但我不確定——她沒有來看過我，也許是不好意思吧。那次之後我被罵得很慘，因為我把槍套丟到地上，還違反長官命令。最後他們沒收了我的獎金。」

我們陷入沉默。

「那是我最好的回憶。」迪馬說。

＊＊＊

警員們拿出一包大麻，還沒抽就已經癡癡傻笑。我被差遣去刑事鑑識辦公室拿錫箔。他們用空瓶做了一個水煙筒。

「你害怕嗎？」

「沒事，這裡大家都是朋友。」

他們跟區警員有個協議，如果督察出門巡視會警告他們。

派遣員試圖呼叫我們，但我們沒聽到。最後，我們當中最清醒的一個人爬到電話旁邊，開始朝著話筒裡傻笑。其他人也跟著傻笑。

「你們這些王八蛋又嗑藥嗑到茫了嗎？」電話另一端的聲音大吼著。「接電話！」

我們努力想寫下街名，但真的沒辦法，一點不假。

沒人回應那通呼叫。

迪馬跟我拖著步伐來到走廊的公佈欄前，俄羅斯聯邦內務部長發給全體警員的信件此時讀來感覺出奇而莫名的好笑。我們狂笑到肚子痛。

＊＊＊

接連數小時的狂歡作樂之後，我們在沙發上睡去。最清醒的警員沒睡，負責接聽電話。我們幾乎立刻又被叫醒。

有個穿著套裝的金髮美女站在警局辦公室的窗口前。她剛在居住的大樓門廳遭劫，皮包被搶走。她冷靜得出奇。

「皮包不重要，但我的護照在裡面。我兩天之後就要飛了，我明天能拿到新護照嗎？」

「除非你直接打普羅寧[4]的手機。」

「普羅寧嗎？他早上的會議到十點結束對吧？」

原來受害人是Gazprom[5]子公司的經理。

她讓我們搭她的保時捷Cayenne前往犯罪現場。看到大樓的那一瞬，警員們都倒抽了一口氣。

「呃，小姐，你想過搬家嗎？」

「為什麼要？」

「因為你隔壁就有楚卡在推貨，販毒。毒蟲需要錢，所以他們會對居民下手，你不是第一個。你應該搬家。」

「的確，」她改用英文說。「我想我是該搬家，謝謝你的建議。」

她沒問他們為什麼不乾脆徹底掃蕩毒品生意。

＊　＊　＊

我們在早晨七點回到警局。

拘留室的地上有位頭破血流、眼神瘋狂的男子。兩週前他因搶劫被判兩年緩刑，今天他喝茫了，打破九輛車的窗戶。警方在他對第十輛下手時逮到他。他試圖逃跑時被他們踢了個半死。

「你為什麼要幹這種事？」迪馬突然問，邊在牢籠旁坐下。「澤維奇克，你為啥要這麼做？」

「我他媽不在乎。」

「你有未婚妻欸，現在你得去坐牢了，澤維奇克。你會死在裡面。」

「我他媽不在乎。」

迪馬跑回辦公室拿鑰匙，開始急切地想要打開牢門，擺明想好好訓澤維奇克一頓。行政警員阻止了他。

「我們還是得把他交出去，以他現在這種狀態他們不會收他的。你是跟他有親戚關係還是怎樣？幹嘛這麼生氣？這一翻兩瞪眼就是流氓罪。幹得好啊澤維奇克，你真棒，幫我們保持業績！」

澤維奇克咧嘴而笑，醉態可掬。

外頭，天色已亮。

4 弗拉德米爾·瓦西里耶維奇·普羅寧（Vladimir Vasiliyevich Pronin）當時是莫斯科市警察的頭號人物。

5 Gazprom（俄羅斯天然氣工業股份公司）是開採、加工並販賣石油與天然氣的俄國能源公司。俄羅斯百分之六十八的天然氣都由 Gazprom 開採，占全世界產量的百分之十二。該公司過半的股份都掌握在俄羅斯政府手中。

第五章 無助之境

那應該是我看的第五十間公寓。裡面沒有陽光，簡直像晚上。屋主讓我進去之後便在走廊上等我。裡面沒有人住，空氣聞起來像甜美的灰塵。壁紙龜裂，鑲木地板走起來哐啷作響，得小心絆倒。有一面很大的窗戶。窗外，長長的椴樹枝椏伸展擁抱紅色的天空，那是一片閃耀的寂靜，街對面有座建築廢墟。

不，不是寂靜，有鐘聲，但我感到不可思議的平靜。我仍記得那份感覺。

媽媽偶爾會說我瘋了卻不自知，但我完全知道自己在做什麼。我做了選擇，而且是最好的選擇，只是有些事你不會告訴媽媽。

如果我能和我母親誠實對話，我會告訴她：當你決定在俄羅斯當個獨立記者，你的生活就多了新的界線。你不能樹敵、行賄或撒謊。你不能與同事陷入長期爭執——或者說，你可以，但如果他們死了，那傷痛將永無止息。你是媒體圈的邊緣人，淪為笑柄。在天真無邪的二〇〇〇年代，大眾把我們當瘋子，為了沒人瞭解的原因而報導美好生活中殘酷的事情。克里姆林宮開始接二連三關閉獨立媒體時，大眾視我們如邪教，執迷地追求在一片荒原中樹立一間大報，而不是尋求自保。但你不會去想自身安全，你想的是如果自己身陷囹圄、流亡海外或埋骨地下，你愛的人要怎麼辦。

當然還有錢的問題。錢不是很少，就是一點都沒有。這事可以習慣，畢竟我國有一半的國民都這樣生活。

這也是為什麼我從未指望有一個自己的家。

但有段時間我拿了兩個國際獎項，工作上多了一點額外收入，於是銀行同意考慮以嚇人的利率貸款給我。

我開始看房。

必須盡可能便宜，但也必須符合我的要求。我的房仲很快就放棄我。我只能走過最破爛的街坊，讓自己做起美夢。如果有間公寓，我就可以生個寶寶。我想像自己生了個女兒。我會買上面有公主的筆記本，在裡面寫下每個選項並仔細研究，比較優缺點、離地鐵多遠、附近的幼稚園與學校，還有採光位置。我想要被陽光喚醒。

那股平靜的感覺充滿我時，我拿出手機，打開指南針APP。窗戶是面西南的。

我買下那間公寓。

不久我就發現那裡根本不能住人，因為管線太糟糕。於是我請人重新裝修，是德尼斯幫我做的。我一直沒弄懂他為什麼願意幫我。他通常做檢察官、警探、電視主播和石油業高管的生意。我付他的錢少得可憐，而且即使那麼少他也不一定會收。他會去做些別的工作，賺了點錢之後再回來繼續做。他總是在幫牆壁塗抹灰泥，安裝飾條。我們會一起抽菸。他是信奉俄羅斯東正教的民族主義者，也許他覺得在《新報》工作的女同志記者一定需要他幫忙吧。他想得沒錯。

我前往頓巴斯工作，報導我的第一場戰爭。在旅程的空檔中我尋覓磁磚、油漆、電燈開關。我往還於建築市場和戰爭前線，管路和地雷，水管與屍體之間。德尼斯從不問我戰爭的事，但每次我啟程他就會上教堂，請神父為我祈禱。德尼斯總說，「別丟了小命，牆壁現在好漂亮，你住在這會很開心。」德尼斯是烏克蘭人，我是俄羅斯人，而我的工作是描寫烏克蘭人與俄羅斯人如何互相殘殺。我們盡己所能試著讓世界變好一點，就在莫斯科郊區一間小小的公寓裡。

有一陣子，德尼斯變得緊張起來。他告訴我這公寓裡有某個東西或某個人存在。他碰上的靈異現象包括：從浴缸底下滲出來的藍色液體，他最喜歡的一把刷子憑空消失。他會收集證據然後拿給我看。我也緊張起來——萬一德尼斯拋下我怎麼辦？我也感受到某種奇異的存在。那存在並沒有侵略性，但總是在那。我深信我可以跟這個鬼魂融洽相處。

大約過了一年後，我們進展到天花板的儲藏間。原來賣方懶得收拾，沒有清理這個空間。我們找到皮革碎片、木頭模具、刀子，還有頂端包著橡皮的棍子，看起來像支魔杖。「從前一定有個鞋匠住在這裡，」德尼斯下了結論。在一堆破布後面的某個皮箱中，我們找到一疊蘇聯時期的債券——如今只是無用的祕藏。另一個皮箱裡擺著修鞋子的收據，還有一張收據背後寫著某張申請文件的草稿。

那名男子寫道：我是X號公會的鞋匠，名叫某某某。我太太是家庭主婦，名叫某某某。我們有一男一女兩個孩子。我們把兒子送到孤兒院由蘇聯政府養育，因為我們餵不飽他。我們想為女兒申請托兒所的名額，否則我們也得把她送養。

女兒的名字是塔瑪拉。

他們一定是申請到了名額，因為塔瑪拉在這裡長大，後來成為屋主。鄰居說她不愛社交。她在汽車品牌「莫斯科人」的工廠工作，獨居，一生未婚。她有腎臟病，後來失明。她從未有過小孩，再也沒見過她三歲時去了孤兒院，從此消失無蹤的哥哥。

「現在我們的鬼魂有故事了。」德尼斯安心地說，我也安心了。有時候德尼斯會跟塔瑪拉說話，請她把他最喜歡的一把刷子還給他。

有一天，整修工作結束了（但戰爭尚未結束）。德尼斯和他的烏茲別克朋友談過後，帶了一鍋芳香的抓飯給我。我邀請我愛的人前來一同慶祝。我們享用抓飯和其他菜餚，有很多歡聲笑語。我應該要感到快樂的，也確實如此，但那是一陣一陣的，因為快樂被焦慮淹沒了。我不明白焦慮源自何處，我以為它浸透了我，而我只是需要時間把它排出，這樣快樂就會取代它的位置。

六個月後，政府決定要穩定受到震盪的經濟。他們也開始進行一輪整修，拆除舊建築，把土地交給建商，並打算將居民遷入工業區。我家就在預定拆除的建築清單上。

我試著組織反抗力量。我的鄰居說我瘋了，居然想和政府對抗。他們的一切經驗和家族歷史都告訴他們，如果你反抗，最好的下場是關進大牢，最壞的下場是一命嗚呼。「如果他們叫我們去火星，我們也會去。」他們在會議上對我大喊。「如果政府已經決定要這麼做，那就表示這是最好的選項，你他媽憑什麼反對？」一名年長婦人勸戒我，她只希望在他們拆屋子之前死去。一名年輕爸爸連看都不願看一眼那些文件，只說：「我很害怕。」我五樓鄰居說一切只能交給上帝，如果天主要我們的建築保存下來，它就會保存下來，但如果祂有別的意旨，我們也不得違背。

我到法院上訴，輸掉了每一場官司。

拆除日期確定了。

我把自己鎖進我美麗的牆壁之間。我經常哭泣，蒙頭大睡。我在廚房和臥室來回踱步。我躺在地上。外頭有孩童的笑聲，他們要去上學，上我女兒永遠也不會去上的學校。想著現在和未來都讓人難以承受，我把思緒轉向過去。

我想起我的家庭。我想到我們有多幸運，整個二十世紀沒有失去一個家人，革命、內戰或政治迫害期間都沒有。第一次世界大戰吞噬了我的曾祖父，然後又把他吐出來。第二次世界大戰沒有吞噬我任何一個親戚，而是把他們含在嘴裡。阿富汗戰爭、兩次車臣戰爭、喬治亞戰爭、烏克蘭戰爭或敘利亞戰爭，全都和我們擦身而過，沒人因此喪命。

我想起我祖母，她那麼剛強又不苟言笑。農民出身的她在工廠上班，先生過世後養起蜜蜂，好餵飽我母親和舅舅。她一輩子辛勞工作和存錢，然後把所有積蓄都存入我名下。「你女兒將永不欠缺，」她對我母親說。「只要她想要，住在莫斯科都沒問題。如果不想結婚，一輩子不嫁人也可以。」這許多錢在她死後一個月變成了廢紙。我長大後把錢提出來，一共一千盧布，可以買兩雙襪子，兩條內褲。

我想起我母親，這個在雅羅斯拉夫眷村長大的女孩，是家族中第一個念到高中，也是第一個大學畢業的人。她也想到工廠工作，但後來一輩子都在設計油漆配方——直到我們的國家崩解為止。蘇聯瓦解後，她靠著洗地板和教中學維生。她的夢想是擁有一棟鄉間小屋，也為此努力存錢，但這些積蓄在一九九〇年代全都變得一文不值，只夠她買一臺冰箱。那臺冰箱還在，那是她工作一輩子物質成果的總和，她無法丟棄。

我想起塔瑪拉。她曾看到寫在那張收據背面的文字嗎？她知道父母在她和哥哥之間做了選擇，然後選了她嗎？她知道自己的哥哥還活著嗎？

為什麼我會以為我的人生將有任何不同？

我站起來，從美麗的牆壁之間走出去。我賣掉了公寓。雖然所獲不多，但我辦了新的貸款。如今我在整修新房，德尼斯仍與我合作。我們是好朋友，每當我出門採訪，他依然會為我上教堂。

塔瑪拉留在那棟公寓裡。她未曾再現身，但我感覺到她消逝前的最後氣息。她留下了她的遺產，由我繼承。

我非常幸運，我和家人在一起，生活待我們不薄。

「生個寶寶，」媽媽說。「沒有比現在更好的時候了，生個孩子。」

〈數字〉

二〇二一年，俄羅斯法院審理了七十八萬三千人的審判。其中，二一九〇人獲判無罪。兩千一百九十人。一個人被以某項罪名起訴後，無罪釋放的機率是百分之零點二八。

第六章　身為女人

那是我休假前最後一天上班。我穿著一件白洋裝，不是全白而是有些泛黃，彷彿從舊皮箱裡拿出來。那是件細肩帶蕾絲洋裝，是我自己一個人去購物中心買的。我用一雙彩色扣帶的白色厚底涼鞋搭配它。

我想讓編輯室的大家看看要去度假的我有多美。

沒什麼工作可做，我在走廊上閒晃。那時是夏天，氣候炎熱。我想著要買便宜機票飛去埃及的海邊。我的白洋裝，白涼鞋，八月，等待著我的海洋，我的第一次度假（我這份真正的工作的真正的假期），這一切讓我覺得頭暈目眩，骨頭都軟了。這才是生活，我希望永遠都能這樣。我的工作都完成，文件也簽妥。我坐著瀏覽自家網站上的新聞，一邊挑選旅行社。

夏日傍晚緩緩降臨。薄暮時分，天空變成紅色，然後是深深的藍色進駐。我還是回家好了。

我的編輯打給我。小維舍拉有一列火車脫軌，是恐怖攻擊。二十五人受傷，可能有死者。得有人到現場。

當然，我去。

我渴望報導恐怖主義，這將讓我更靠近和安娜一樣在北高加索地區工作的夢想。我很高興編輯是打給我而不是其他同事，這表示我真的有我的價值。現在我得做出成績。

小維舍拉是莫斯科與聖彼得堡之間的小鎮，那裡沒有火車開往，鐵軌也已毀損。但有火車開往特維爾。我看了地圖，小維舍拉距離特維爾四小時車程。公路也許沒有封閉，我可以碰碰運氣。

我把初步的相關報導列印出來，去自動櫃員機提了六千五百盧布現金，那便是我的所有財產。然後我一路跑去火車站。

火車上，我一邊閱讀印出來的文件，一邊祈禱火車不要在抵達特維爾之前被迫停下。我無法想像恐怖攻擊的現場和他們要如何修復鐵軌。如果他們強迫我們下車怎麼辦？其他乘客已經聽說攻擊事件，開始議論紛紛。主流意見認為下手的是楚卡或車臣人，總之是我們的敵人幹的。我帶著優越感旁觀他們——你們這些人什麼都不知道，而且永遠都會如此，除非我告訴你們是怎麼回事。我才是會去查清楚一切並告訴你們的人。有幾個時刻，我甚至感覺好像有電影配樂在背景響起。年輕的記者正前往恐怖攻擊現場。她非常美麗，穿著白色洋裝——這畢竟是一部電影，她一定會成功。

火車抵達特維爾。我跑向站前廣場，走向路邊排隊的計程車。第一位駕駛拒載，但第二位同意了。我們談好四千五百盧布的車資——當時已經入夜，車程很長，而且我們可能會遇上警察。才剛出城，駕駛就把格紋頂燈取下。他說公路巡邏警察總會攔下行駛於城市之間的計程車，為了索賄。哇，我驚嘆。接著我們聊了一下賄賂。

車子開上公路。燈光，汽車，速度。駕駛自信地握著方向盤。他一頭紅髮，身形微胖，年齡介於四十到五十歲。你開車很久了嗎？可以說從小就開始了，我愛車。但現在不比從前。有很多楚卡，載了客人後卻不知道路怎麼走。有人就這樣不見了。像你這樣的年輕小姐，晚上還在公路上不怕嗎？當然不怕，怎麼會怕呢，我在你車上，我看得出來你很專業。難道我不是嗎？當然是，當然。

你打哪兒來？雅羅斯拉夫。我來自特維爾地區，你這可是跑了好遠，到過特維爾嗎？只有路過。太可惜了，這城市很美。你家人住在這裡嗎？是，我太太和女兒，你有家庭嗎？還沒有。你幾歲，可以透露嗎？雖說我們不該問女士這種問題。沒關係，你可以問我，儘管問——我十九歲，九月就滿二十了。我不曉得這麼年輕就可以當記者。有些人比我還年輕，我從高中就開始工作。那你喜歡嗎？當然，可以旅行，可以認識很好的人。可是你做的工作，我不會讓我女兒做，像這樣晚上出門。可是你就晚上出門啊。是啦，但我是男的啊，女人不一樣。

我們停下來加油。駕駛要我先付錢好讓他加油。我把錢交給他。他似乎不大滿意，頻頻皺眉，彷彿他頭痛。我想問他是不是哪裡不舒服，但又怕得罪他。他買了咖啡，我們很快在加油站裡喝完。巨大的卡車疾馳而過，城市已被遠遠拋在後頭。

我們坐回車上，在沉默中行駛了一陣子。

你還真是大膽，上了陌生人的車，讓他載你上路。但我看得出來你沒問題，有什麼好怕？那可說不定，你跟我說說你們女孩子怕什麼，你比較清楚——還有你那件洋裝是怎麼回事。我本來明天要去度假的，沒人想到會有恐怖攻擊。這樣啊，那你薪水多少？老實說沒多少。那是多少？我是特派員，幾乎是最低階的記者，一個月一萬兩千盧布加上車馬費。哇，還真的等於沒有。就說啊。

我跟你收太少了。什麼意思？這個嘛，你想想，從一個城市到另一個城市，至少要六千，我只是看了你一眼——覺得你看來像個好女孩，應該要幫你，但現在想想我這趟根本沒賺錢。什麼意思？什麼意思，你知道汽油多少錢嗎？還有維修？這是我的計程車，我得自己修理，你連修汽車是什麼意思都不知道吧。不知道，我連駕照都沒有。我就是這個意思，你一點概念都沒有，然後就想用四千五百盧布打發我，以跑這趟來說等於沒付錢，另一邊等著的還是恐怖攻擊現場。但這車資是我們講好的。那又怎樣！誰在乎我們當場講好什麼？我現在告訴你，我算過了，這不划算，我講俄國話，你別裝一副聽不懂的樣子，我看了討厭。

六千塊，否則我就放你在路邊，你愛去哪就去哪，但不管怎樣卡車司機都會當你是妓女，把你拖到樹叢裡——所以說，我會把你載到目的地，但要用新的價格，好嗎？我沒得選擇。我又有選擇了嗎？這輛車不是馬，吃草是不能跑的，我有家人，我是為了她們打拼，你懂什麼叫養家嗎？你能懂什麼，你自己都說了你才十九歲，還是個學生。

我看得出他愈說愈激動，我把錢拿給他。我們陷入沉默。

怎麼這麼安靜，我傷害你的感情了嗎？沒有。你說沒有是什麼意思，我看得出來，不要難過，我跟你說，維修汽車要多少錢你知道嗎？我沒意識到那裡有這麼遠。什麼叫你沒意識到，是你自己同意那個車資的。呃，反正我就是一時沒想那麼多。我把我所有的錢都給你了。總之你需要到那個什麼維舍拉的，所以我會載你去。

來，跟我說，你有男朋友嗎？有。他讓你這樣出門？哪樣？他讓你像這樣在晚上坐車跑來跑去？當然。哇，那是因為你還年輕，不知道外頭世界是什麼樣子，如果你知道我知道的事，就絕不會這麼做。你知道什麼事？我跟你說，計程車司機什麼事情沒聽過？這條公路上有女孩失蹤過，可能有連續殺人犯，也可能是酩酊大醉的普通人，現在的年輕人不大聰明，跳上車就開走，然後砰！

怎麼，你害怕嗎？我說連續殺人犯只是開玩笑的，這裡沒有連續殺人犯。我只是不懂——你出現在這裡，大半夜的，還穿著白色洋裝，真是瘋了。

你跟你男朋友至少一起睡過吧？你說什麼？沒什麼，好奇罷了。

沉默。

不是我要吹牛，但我還行喔，我說床上功夫——你知道我太太說什麼嗎？只要有你我就不需要其他男人，而且她可是很飢渴的那種，女人只要嚐過滋味後都很飢渴，但不是每一個都那麼幸運，你呢？你喜歡嗎？喜歡什麼？性啊。我不想談這個。哦，意思是你是那一種。哪一種？不幸的那種，沒關係，你還年輕，以後有的是時間享受。

他笑了，露出金牙。

你要笑就笑吧，但我一眼就能看出來誰是不幸的女人，我為那些男人覺得丟臉，因為我認為男人就該滿足女人，這是最重要的，你知道我都會做哪些事情嗎？說出來你一定不相信。你怎麼學會的？怎麼學會的，太太教的啊。那你是個幸運的男人，她叫什麼名字？你要知道幹嘛？只是問問。只是問問，哼，我家人不干你的事。確實不干我的事，抱歉。

你抱歉什麼，我又不在乎。我對你沒意見。我對你沒意見、你對我也沒意見，對吧？不然我們到不了那裡，路還很遠。

他邊把車開下公路邊說：「這裡我們穿村子過去。」我把手放進皮包，裡面沒有可以保護我的東西。一個筆記本，口述錄音機，列印的文件，一支筆，空盪盪的皮夾，幾枚硬幣。我把筆用拳頭緊握。

我們在靜默中穿過兩座沉睡的村落。駕駛喃喃自語是不是應該問一下路。夜色深沉。我們開上一條碎石路，通往黑暗的森林。樹枝擦過車身兩側。

車子停下來了。他開始把椅子往後放倒，我用力打開車門跳出來。

他也從駕駛那側下車。

怎麼了嗎？你在做什麼？我累了，我需要睡覺，你不會指望我開一整晚吧。我得趕路。趕路?!我告訴你，司機疲累的時候趕路不安全，所以你聽好，我要睡覺，你要睡在我旁邊。不要。什麼叫你不要？我待在外頭，你睡就好了。外頭有蚊子。沒關係，我在這裡等，你要休息就休息。

他回到車上。我往樹叢走了幾步，思忖可以跑到哪裡。森林在我背後沙沙作響。我全身發熱。

他又走下車來。你改變心意了嗎？什麼？你也該睡一下，我看得出來你已經眼神渙散。不用，我不想睡覺。你想。我不想。你怕我嗎？你好像覺得我要把你拖到樹叢裡了。你那什麼表情。沒什麼好怕的，我只是個普通男人。

我不怕，你為什麼覺得我害怕？

我一眼就看出來你是那種天不怕地不怕的人，一個普通女孩絕對不會晚上坐上我的車，你為什麼不等到早上？因為我要趕路，發生恐怖攻擊，可能有人遇害。你要讓他們復活嗎？我不懂你們這些記者，活像大便上的蒼蠅。

那好吧，我們走吧。你不睡了？你在這邊我怎麼睡？走吧，我帶你到維舍拉。

半個小時後，天色漸亮。我們還在森林裡，然後終於開出來，到達一個鐵路聯軌站。

「維舍拉就在另一側，你從這裡用走的。」駕駛說。「幹，這什麼樣的一夜啊，就為了六千盧布那點雞巴毛。你沒有話要說嗎？好吧。看你這樣穿著白洋裝實在是。我有個女兒你知道吧。我想跟你們編輯談一談，怎麼這樣派一個女孩出來。你真的運氣很好碰上我，我不是瘋子。你很幸運，不是每個人都像我人這麼好，你最好學到教訓，大記者。」

他坐上駕駛座，把車掉了頭。看著他駛遠後，我走到鐵軌上坐下。我在等待有人來告訴我怎麼前往那一列被炸掉的火車。

〈公路旁〉

二〇一〇年十月七日

她們在下午五點左右醒來，但薇卡根本沒睡——她一直躺在廚房地板上跟安德烈講電話。安德烈在離區中心不遠的地方坐牢。薇卡趁妮娜睡覺時摸走了她的電話，好跟安德烈通話。

「有一天晚上他來到站點，」薇卡說起他們的愛情故事。「他帶我出場了兩個小時，現在我們已經在一起整整一年半了！」

這「一年半」裡，他們真正住在一起的時間只有一個月。是，有喝酒，對，有吵架，但回顧起來，薇卡認為這是她最快樂的四個星期。薇卡等待安德烈出獄已經等了一年又四個月，她把錢都花在前往他服刑的流放地，幫她的寶貝買些「可愛的T恤」、香菸和食品，還要為他的電話儲值。過去這一年半她喝酒喝得很兇，門牙也掉了。薇卡很會賺錢，每個月四萬盧布，是當地平均的四倍，但她說修補牙齒的事可以等到「晚一點」，等安德烈出獄之後。

「我的小寶貝！」好不容易打通電話的薇卡對著電話大喊。「你在裡面都好嗎？我好想你！」

但與其互相說些甜蜜而不著邊際的話，薇卡現在必須交代自己的行為：安德烈跟薇卡的老闆絲維塔通過電話，發現薇卡昨晚沒有上工。

「我的臉灼傷了！沒辦法工作！」薇卡解釋。她為了講電話時潤喉而買的一點五公升裝啤酒，正迅速從我們眼前消失。「我回家就睡著了！如果你關心的只是這個，我可以告訴你我沒給別人幹。」

薇卡當妓女兩年，安德烈清楚知道幫他購買「可愛T恤」和其他物質享受的錢從哪裡來。事實上，他不覺得那有多少錢，所以如果薇卡沒工作，那一定是因為她不是真的愛他。而如果她不愛他，那他媽他為什麼還要這樣一個女人？他掛了她電話。

薇卡馬上打回去，「安德烈！」

對話持續了兩小時，中間因為哭泣而數度中斷。最後，薇卡在鏡子前坐下，開始仔細遮蓋遍布她下巴的棕色斑點——那是她喝茫時過氧化物造成的化學灼傷。從背後看，薇卡就像一尊凹凸有致的雕像，只是她紅著一張臉，酒氣十足，眼神渙散，嘴巴像一個黑色深淵。她的專長是吹喇叭。

妮娜與絲維塔輪流淋浴。浴室牆上滿是陳年黴菌，臥房的壁紙剝落，整間公寓髒得驚人。三個女孩要付租金，而這間公寓就和她們工作的地方一樣，都是瑪莎的。「她就像我姊姊，」絲維塔說。「我都這樣叫她。」著裝完畢，絲維塔叫了計程車，六點時我們已經在前往站點的路上。

18：30

站點在小鎮外六公里的「市場」。長條狀的市場位於聯邦公路兩側，由石膏板牆和稱為「拖車」的金屬亭子組成。大約五十個拖車裡有修輪胎的，賣咖啡的，兜售女孩的。女孩們占了五個拖車，但也有人和她們打對臺：「誰幫她們買杯酒就跟誰走」的售貨女，還有獨自在路邊攬客的公路女。絲維塔的拖車是市場公認最好的一個。

絲維塔實際上掌管兩個拖車，一個「用來打炮」，一個是「主車」。用來打炮的拖車有兩間房、兩張床，此外別無一物。主車除了有張床，隔板後還有一間小小的咖啡室。有吧臺、兩臺冰箱及碗盤。

絲維塔戴上假睫毛，在嘴上塗了厚厚一層珠光唇彩。女孩們正在清掃拖車，換床單，把桌椅搬出去擺在沙地上。接著是音響和喇叭，「您現在收聽的是俄羅斯電臺，一切都會棒得不得了！」桌上擺了兩顆瓜，馬上被公路上開車經過的一家人買走。絲維塔又擺了兩顆出來。

「我什麼都能賣，」絲維塔說。「一賣再賣。」

絲維塔四十一歲，是真正的老經驗。一頭金髮的她個子矮小，眼神懾人。她在市場工作已有十五年。這之前她經歷了很多，先是與一名毒販陷入熱戀，結局是被賣入性奴隸產業，以一週半償還了他的債務。後來嫁給一個達吉斯坦人，當了一陣子夫妻：「但我跑掉了，因為誰也別想管我。」她也在卡拉恰伊—切爾克斯共和國（簡稱卡切共和國）的山區餐館當過服務生。絲維塔最喜歡回憶這段時期，「我還幫卡切共和國的政府做過事！某年新年，我光是小費就賺了五千盧布！」但現在的她也很快樂。她自豪地扳手指數著：「兩整櫃衣服、一整櫃鞋子，有三次我把乳液全都丟掉，只是因為膩了。」絲維塔有一兒一女，都已成年。她女兒和她基本上不碰面。「她是受過教育的女孩，在當老師，不菸不酒。」絲維塔帶著驕傲逐一列出。

絲維塔還有個夢想。她的夢想有個名字，叫做歌手瓦蕾莉雅。「她只是個來自薩拉托夫的普通女孩，但看看她現在的成就！」絲維塔跟兩臺拖車的主人瑪莎一起去當地首府看了她的演唱會。這是她人生中另一個高潮。她到了最接近舞臺的地方，遞給瓦蕾莉雅一束綠玫瑰，還拿到簽名照，現在和她女兒的照片一起掛在鏡子上。

絲維塔拖車裡的妓女幾乎每個都有孩子。吹喇叭專家薇卡有個六歲兒子，妮娜有個十二歲女兒，兩人的孩子都住在祖父母家。塔雅有兩個小孩，女兒三年級，兒子剛要上學。塔雅來到拖車後就在客人陸續抵達前先去睡覺。她很美：暗金色的頭髮波浪般鋪散在她肩膀上，臉上有憂傷的微笑。她非常安靜。加入絲維塔旗下之前，塔雅是海洛因注射成癮者，所以大家才叫她西西。「她沒在打海洛因了，不過，講起這些人，誰知道呢。」絲維塔說。「她是個好員工，不會彆彆扭扭挑三揀四。」

彆扭的人是妮娜。首先，「不吹喇叭，多少錢都不做。」再來，不接楚卡，妮娜出於她認為是意識形態的理由而痛恨楚卡：「我看不起他們，他們認為女人比男人低等。」

妮娜不是典型的公路女：她年過三十，短頭髮，身材微胖，非常聰明，口齒伶俐——她還有個沒讀完的經濟學位。妮娜的朋友在大約十年前帶她來到這裡。「我想賺點錢買機票，但後來就繼續做下去。如果在這之前，就算是一年前有人告訴我我會當妓女，我一定不會相信。」繼續過著公路上的生活是為了女兒。妮娜剛開始做的時候女兒兩歲，父不詳。如今女兒上五年級，是演講比賽的常勝軍。她是妮娜的掌上明珠。

妮娜快結婚了。她的未婚夫瓦斯契卡小她十歲左右，目前人在莫克斯的某處建築工地工作。她經常發些甜言蜜語的簡訊給他。小瓦以前吸毒，妮娜說是他們的愛情治好了他的毒癮。雖然她對他的感情主要出於母性，「但我想我們會幸福。」

19：30

第一個客人開過來停下，車牌上寫著第五區，是達吉斯坦人。

「Mamen kuments！」妮娜用達吉斯坦語大叫。「願你平安！[1]以綿羊、乳酪和聖豬耳朵之名！快叫鎮暴警察！」

「吹喇叭三百，後庭花兩百，做一次——二十分鐘——五百，一小時一千，整晚四千，」絲維塔連珠砲似的報上價碼。短暫交涉後，「萊拉，這你客人。」

萊拉從椅子上跳起來，把不能再緊的洋裝往下扯，露出笑容。萊拉自己有一半的達吉斯坦血統，女孩中可能只有她真心樂於接待高加索來的客人。「他們很好合作，每次幹起來都好像這是他們的最後一次，」她說。「他們放進去，用力插幾下，就結束了。」萊拉追求速度，一個晚上可以接待多達二十名客人。來自一座小村子的她得意的說，她曾經花一萬七千盧布買過一臺新冰箱，也買過電漿電視，「老家每個人都嚇呆了。」

「光我跟萊拉就可以賺兩萬盧布，就我們兩個喔！」絲維塔吹噓著。「我們那時真的召集了很強的團隊。」

從村裡招攬姑娘到公路旁上班是例行公事。瑪莎的手下會去比較遠的村子，把家中食指浩繁的窮人家女孩都找來。大家都愛這裡的鄉下女孩，工作勤奮又樸實，「工作動力很強。」有些人自己找上門來。她們會受到詳細身家調查，這樣才能把用毒成癮者抓出來淘汰。其他人是為了替人清償債務，被塞在汽車行李箱裡載來的。如果想要買下這種來歷的女孩，你最好很知道狀況。有一次絲維塔新買來的女孩隔天就逃走了，「不知感恩的小賤人。」

20：00

天漸漸黑了，客人隨之抵達。兩個男的買了一罐一百盧布的啤酒分飲，試著跟絲維塔講價。兩人和女孩們一起坐下來，什麼都不說，也不回答她們的問題。其中一人若無其事地摸了摸薇卡的大腿。「要不要幫我們買隻雞？」絲維塔反過來推銷。「女孩們餓了，可以吃點肉。」其中一名男子回答，「這裡最好吃的肉就在這輛拖車裡！」一陣大笑。他們各自點了薇卡和塔雅，一人一次。

隔壁拖車的媽媽莎夏來了，她與絲維塔得談談與她們同為老鴇的垃圾堆佐卡。佐卡出賣繼女的身體來賺錢，但問題不是這個：問題是她的拖車對一千盧布的場地維護費沒有貢獻。

莎夏自己招募手下的女孩。「我跳上車，在鎮上到處開。她們不是在文化宮前面的廣場就是在公車站，看也知道那種女孩。腆著肚子，手拿啤酒。我停下白色馬自達，下車後走向她們說：『你們坐在這兒釣男孩，喝啤酒，只是在浪費錢。我們做一樣的事，但我們才是會拿到錢的人。你們會有喝不完的酒。來看看。』」

---

1 編注：此處原文是 As-salaam aleikum，這句阿拉伯語為穆斯林的常用問候語，妮娜因為達吉斯坦人主要信奉伊斯蘭教而有些嘲諷地使用這個問候。

莎夏得意地說，連當地市警局副局長的女兒都在她手下做了一年。「她父母不給她錢買她那些小玩意，所以她自己跑來這裡。我不會對當地人洩露她的祕密，也不會讓她坐在外面的桌子，這樣他們就不會發現。她待在拖車裡。如果客人乾淨也不是當地人，我就會交給她。如今她是經濟學院的一年級生。」

他們談到為什麼「市場」有女孩的拖車那麼少。這是行賺錢生意，日常開銷也很低：一臺拖車的費用介於五萬到十五萬盧布之間，加上一個月一千五百盧布的租金和三千盧布的水電費。拖車都由當地警察管理，但他們多數時間不會干涉商家。他們只會每個月來一次接受志願勞動。[2]好處是不用以現金賄賂他們。所有鴇母一致認為，「沒有更多人做這一行只有一個原因，那就是實在太讓人精神緊張了。」

20：30

一名頭頂漸禿的矮小男人從計程車裡出來，咧嘴笑著。他是軍人，剛獲晉升為少校，特地來這裡慶祝。

「喂絲維塔！」他大喊，「給我來隻全雞，伏特加，還有啤酒！不然我們就要掃射整間店！」

女孩們笑了。

「付錢。」絲維塔要求。

「什麼，難道你不認識我嗎？」少校帶著一絲驚訝問道。

「先付錢，」絲維塔說。「你這種人我認識很多。」

少校讓妮娜看他手機上的照片，是一臺全新日本跑車，他便宜買到的。他強迫症似地把玩鑰匙，想要引人注意他的鑰匙圈，上面有軍方外國情報單位的蝙蝠標誌。他跟大家分享他的大計畫：四個月後退休，然後他要開設自己的偵探社。「我叔叔是區稅務辦公室的少將，我阿姨在最高法院，他們可以直接讓你無罪脫身。」

「我的小天線寶寶。」妮娜諂媚地說。

他們喝光了一瓶伏特加（三百盧布），他又要了一瓶。「我跟女友吵架了——也不是吵架，我只是實話實說，然後就跑出來了。」他帶點驕傲的說。

「打給她。」妮娜說。

「不了，我是男人，她會打給我。」

一會兒之後他的手機果然響了。少校懶懶地把手機放到耳邊，接著突然跳起來高聲咒罵。他負責的基地有個義務兵開槍自殺，就在他站哨的地方。

「娘炮！」少校大喊。「有個婊子甩了他，那又怎樣！我被甩的時候可從沒把自己的腦子轟掉！操他媽的玻璃心，這些九〇、九一年生的小伙子——根本不是男人，遇到危機根本就像巨嬰。還有一個人在操場上中暑，體溫過高……這菜鳥現在還在加護病房，醫生說他活下來的機率是一半

2　志願勞動（subbotnik）是公民活動，參與者為社會公益從事志願工作，規定在週末進行。志願勞動制定於蘇聯時期，實質上是強制活動，內容通常是由民眾清掃街道。今天，任何沒錢拿的勞力行為都可被反諷地稱為志願勞動。

一半。太陽那麼熱又不是我的錯！」

大叫大喊之後，少校這才發現他真的得走了。他正要打電話給司機，卻臨時停手：他喝醉了，現在大半夜，而他人在「市場」——這傳出去可不好聽。他決定打給一個叫做沃洛迪亞的男子。

「真是夠了！我今天可是休假！」他大吼。「誰敢打擾我試試看！我哪兒都不會去！早上八點就把報告放到我桌上！要我簽什麼就簽什麼！」

「呼！」他笑道。「緊張死了。塔雅，我們來個一小時吧。」

少校遞了一千盧布給絲維塔，和塔雅兩人一起離開。

23：00

又來了一輛車。一個男人帶著看來大概十四歲的男孩。

「我帶我外甥來，」男人解釋著。「讓他嚐嚐女人的滋味。」

男孩很明顯覺得尷尬，喝下伏特加後眼神變得迷茫，就和塔雅一起走了。他叔叔開始回憶自己坐牢的經歷。原來他最近才出獄，關進去的罪名是搶劫。

「裡面的人都很正常，乾乾淨淨，不像你們。」

「再喝一點吧，」妮娜很快說。「要我幫你倒一些嗎？」

「你用這個杯子喝過嗎？我不能用婊子的杯子喝酒。」

「我可是讀過中學，」薇卡突然插嘴。「德國一所學院。」

「不要亂編。」前科犯說。

「我沒有。先是我媽媽因為吸毒坐牢，然後我被留校察看……但你知道，die Liebe ist ein Glück, die Liebe—Schicksalsschmuck. Die Liebe ist ein Traum, die Liebe—Sonnenraum。」[3]

絲維塔走出來，默默把伏特加倒到地上。

「你這賤貨！」薇卡大喊。「下地獄去燒死！」

「他想喝伏特加的話最好用買的，」絲維塔吼回去。「他這是第三次跑來已經擺好的桌子邊了！市場裡沒有什麼東西是免費的！」她飛快衝向處於震驚中的男子。

「給我三百盧布！外加沙拉的兩百！」

00：10

戴眼鏡的老先生沒有走出計程車——他是跌出來的。

「喂喂！斯塔西克！」絲維塔喊道。「來這裡，到桌邊坐下。」

斯塔西克艱難地坐下來，但嘴巴從未停下。「雅羅斯拉夫那些教堂的磁磚你知道吧？有陶土的、綠色的、上釉的、還有琺瑯的，上面都是動植物圖案。以前的東西有靈性之美！那種靈性今天在哪？那種力量呢？」

3　此為德文，翻譯為「愛情是幸福，愛情是命運的項鍊。愛情是一場夢，愛情是日光照耀的房間」。

他邊說，絲維塔邊把他的皮夾清空，「幫女孩們買食物和酒。」只留下一百盧布讓他可以搭車回家。

斯塔西克在當地某所大學教書。在絲維塔這邊，「大學」有特定含義。老闆瑪莎的兒子在那裡就讀，當地老師有時會來這裡享用志願勞動。但斯塔西克總會帶著錢來，於是妮娜和他跳起舞。半個小時後，絲維塔已經在打發斯塔西克回家。

「他愛上我好一陣子了。」絲維塔炫耀。「他會來這裡點些東西，但他總是用那種眼神看我！」據絲維塔說，大約三分之一的客人都戀慕她。她得意地逐一列舉：誰邀她搬去一起住，誰求過婚，有兩個男的還想跟她生小孩。有一個人來到這裡對她說：「你不屬於這裡，你是乾淨的。來幫我工作。」

「什麼工作？」女孩們想知道。

「你們知道是什麼嗎？編織喪禮花圈！還有那傢伙也迷上我了，」她朝著少校點點頭，他的頭正埋在妮娜的胸脯裡。「我在他手機裡的名稱是愛人。」

01：30

雷沙來坐了一會兒。他是市場的常客，在女孩旁邊的拖車經營輪胎修理生意已經快二十年。他對每個人都大加讚美：「是你們女孩撐起一切！你們是最辛勤的工作者！」

他這話主要是對著薇卡講的。她遂其所願，坐到他大腿上。

「給我下去！」絲維塔大喊。雷沙笑了。

「我知道你為什麼要笑，」絲維塔回擊。「我昨天早上看到她進你的拖車。」

「她是拿現金給我！」

「然後她就被鎖在裡面了嗎？少騙了！」

雷沙把絲維塔帶到輪胎修理店「談一談」。她回來時跟我說了她的想法。

「我愛這份工作是因為可以讓男人知道自己有幾斤幾兩重。他愛她，說要娶她，想幫她贖身。但我絕對不會讓他們結婚的。我永遠不會原諒薇卡對我做的事。」

去年，絲維塔又開始酗酒，喝了個酩酊大醉。那一夜很漫長，最後她和客人有了衝突。薇卡害怕之下打電話給瑪莎。瑪莎出現後很快把男人打發走，罰了絲維塔兩萬四千盧布。絲維塔被迫加入在公路旁賣身的行列以清償債務。

「我兩個星期內就全部還清了，但我不是妓女。因為這樣，我永遠不會原諒她。」

03：30

「我今晚已經做到第十二號客人了，但我還可以繼續。真的，我可以做到十七號。我只是累了。」萊拉說明。我不清楚她在對誰辯解。「上一個客人還不錯，他親了我，說我很酷。他們通常都不怎麼說話。」

她抽起菸。

「打炮時我會在心裡分配那五百盧布，」萊拉後來說。「這些錢給牢裡面的爸爸，那些錢給媽媽——她剛中風，現在在醫院。這些用來付房子的錢，那些來買衣服。我有一個弟弟一個妹妹，妹妹也剛開始在市場上班，當收銀員，而且馬上就要結婚了。打炮時一邊想錢怎麼分可以打發時間。我是我們家唯一在賺錢養家的人。」

「唯一的好處是我不孕，」萊拉說。「我永遠不可能有孩子，如果我也有小孩要照顧……」

「萊拉！」絲維塔大喊。「這你的客人！」

一個看起來疲憊不堪、眼神凝滯的男子說，「走吧。」

「喔好，等一下。」萊拉說，一口吞下一杯酒。她的手在抖。

他們很快就回來，男的跟她一起走到他車旁合照。他抓住她，想強迫她坐在引擎蓋上。萊拉掙脫他的掌握，過程中不小心用鞋跟刮到了他的車子。

「什麼鬼？」男子低聲說。「你知道你做了什麼嗎？」

「老兄，我懂你！」少校大喊。

桌旁的人全為了修起來要多少錢爭執起來：五千到七千盧布之間。男人們把彼此弄得情緒高張。絲維塔從拖車裡跑出來。

「你什麼毛病？是你硬把她拖上去的！是你自己幹的好事！」

「你們這些婊子……」

「婊子？你是為什麼來的？」絲維塔大喊。「你來找這些婊子是想幹嘛？」

「要我打給區長官嗎？把這件事弄清楚？」

「你打啊！我來打！你試試看啊！誰怕誰！」

女孩們平靜地坐在客人腿上。那名男子真的走去車上打電話。他又走回來。

「這麼辦吧，我提供一個和平解決方式。不要的話，七天後你的爛屋就沒了，你自己決定。」

「給我滾！」絲維塔大叫，開始在他的車子上方比畫十字架。「你開不回家的！祝你好運，老兄！」

男人走了，絲維塔開始大笑。

「那根本不算什麼！我記得有次來了一個小偷。他說：『把手放在桌上。』我照做，他就把刀拿出來，然後——碰！我差點沒來得及把手縮回來。他評論：『你反應很快。』我們後來跟他喝酒，又多賺了他幾千塊……有次還有一個男的帶著手榴彈出現，完全茫到失心瘋了。他一直把保險栓拔出來又插回去，玩弄我。他又拔了一次，這回我把手直接放在上面，用力抓住後說：『我們一起炸死吧！』他馬上清醒。在市場不能邊喝酒邊工作，一定要保持清醒，不然我手下的女孩就會在泉水旁被人發現，像去年那些女孩一樣。」

「我更討厭你了！」少校說。「喝一杯？我請客。」

「倒酒！」

所有杯子都斟滿了，絲維塔暗中把她那杯倒進土裡。

04:00

前科犯出去小便時碰到幾位卡克，他們是載運西瓜的卡車司機，把車停在公路邊睡覺。「五卡車的西瓜，每輛卡車裡面都坐了兩個畜生，只有一個給了我一顆西瓜！在我們俄羅斯的土地上！」

大家都同意那些卡克應該「被狠揍一頓」。少校和前科犯從桌邊站起，但沒走多遠，前科犯就倒在地上。少校把他拉起來，扶他坐回桌邊。前科犯還是想找人打架。

「要我揍哪個混帳，尼諾奇卡？如果是為了昇華，殺戮亦可……」

「喲！還是個詩人呢！」妮娜打斷他。「再跟我們講講你那臺很酷的新車吧。」

公路女安卡來拖車找東西吃。她才二十三歲，但看起來老得多——深深的皺紋、一頭糾結的髒髮，乾枯的身體。她毒品成癮很久了。

「我是帶鋸操作員！我在第一工作隊上班，值A班！」安卡大聲宣告。她不停地對我們這樣說。

狼吞虎嚥吃完後她很快走了。

「她一定是還沒達標。」絲維塔為我說明。

安卡的目標是七百盧布——夠她打一針。

04：30

絲維塔派薇卡跟一個客人出場兩小時到城裡去。萊拉接著離開，她要搭便車去一座村子，再趕一班行經的火車。

不久，塔雅也叫了計程車準備離開，她兒子昨天在咳嗽，早上她得幫他貼敷布。「她總是把事情搞砸，」絲維塔說。「她先生也在坐牢，她跟一個警衛搞七捻三之後，她先生想去揍他，結果一隻眼睛被挖出來……別被她甜美安靜的外表騙了。她受到詛咒。」

在公路上工作的每個人都很迷信。絲維塔的兩臺拖車裡都有神像。詛咒、作法、觸霉頭、護身符咒……這些女子相信，世界由凡人無法控制的隱形力量所統治。也許唯有如此相信，她們才能在這裡生存。

計程車猛然煞車，揚起的塵土朝四面八方飛去。來的是兩個盛裝的男人，他們從夜店來，完事後打算馬上回去。其中一人硬逼自己喝了一杯，另一人已經喝醉。這是他們大喝特喝的第五天。喝醉的那個需要出來透透氣——他太太死了。

「病了六年，然後四天前……我不曉得怎麼了，睡不著。」

「來點伏特加？請女孩們喝點酒？」絲維塔提議。

「不了。」

「那你來幹嘛？」絲維塔大吼。「想要來一炮免錢的嗎？」

妮娜的眼神制止了她，她很快走開。

「我爸爸在二〇〇六年走的，」妮娜說。「我過生日時一直開趴，一個星期後他們打電話來叫我回家。」

眼淚沿著她化了妝的臉頰流下。太突然了，大家都別過頭去。只有剛死了太太的男子摸著她的手。「我祝福你們都健康。那是最重要的事情——健康，健康。」

妮娜喝光了她的伏特加，走回主車睡覺。

「該死的酒鬼，」絲維塔說。「她爸死了以後，他們從此不讓她踏入家門，他們那樣做沒錯。瑪莎跟我還在陪客時，我們會一直叫客人加點，再到拖車後面塞兩根手指到喉嚨裡催吐，靠這樣保持清醒。她啊……很多人來我們這裡工作是為了控制自己的酒量，但根本不可能。瑪莎試過讓妮娜接受厭惡療法，[4]她有一個星期沒碰酒，但也就那樣了。妮娜沒興趣戒酒，她總認為，『我沒有喝酒問題。』」

「她們當中沒有一個人會有好發展，因為她們沒腦子。如果有，她們的人生不會是這樣。有人試過雇用她們收銀，但她們結帳時永遠現金短少……這就是為什麼現在她們成了妓女，她們唯一的用處就是讓人從她們身上賺點錢。」

「這裡有個修輪胎的曾想要娶妮娜為妻。她跟他住在一起，兩人有未來計畫。後來有天她走上公路，坐上一個人的車跑了。她三天後回來，但她已經玩完了……那個男的現在要娶我們這裡另一個女孩，也是妓女。想要有人娶你，你得要值得人家娶。現在這個新的女孩喔，我跟你保證，她頂多一個月就會回到這裡。公路不會那麼輕易放你走。」

05：00

六個男的從一輛車子裡出來（他們是怎麼全坐進去的？）全都肌肉結實，超短髮，走九〇年代風格。「小鎮少年，」絲維塔壓低聲音說。「很瘋，他們會喝個爛醉然後直接到這裡來。」

「有女孩可以陪我們嗎？」

「沒有！都走光了。」

「你最好對我們禮貌一點，媽媽……」

「誰是你媽媽！走開！去十二號或三十七號！」

「我們去啦！他們那兒也沒女孩了。」

其中一名男子服用了安非他命。他一直繞著桌子跑，一邊尖叫。

「他媽的要把我逼瘋！這裡所有人我都討厭！」

「你再繼續這樣表現，以後別想這裡再有女孩陪你。」絲維塔告訴他。

嗑藥的那個人被帶去桌旁坐下，有人斟了伏特加給他。但他馬上又跟靜靜在一張椅子上打瞌睡的那個十四歲男孩打起來，還揍了他的臉一拳。桌子被翻過來，鮮血、果汁和伏特加流淌到沙地上。

4 厭惡療法（aversion therapy）或「編碼」（coding）在蘇聯發明，用於治療酒精依賴。治療者會嘗試說服患者相信，他們如果攝取酒精就會死亡。患者也被給予和酒精混用時會產生嚴重副作用的藥物，有時候是將含有這類藥物的膠囊植入患者肌肉內。當代科學並不支持編碼療法的效用，但在後蘇聯時代國家，這仍是廣泛使用的成癮療法。

「我要叫警察了！」絲維塔大叫，一邊在頭頂揮舞手機。「你們剩下的派對就去關醉鬼的拘留室裡開吧！」

男孩和他的前科犯叔叔很快離開。

「我們在這裡坐一會兒，」那群小鎮少年說。「拿啤酒來。」

氣氛愈來愈緊繃。一輛計程車載著薇卡回來，她已經爛醉如泥，只穿著胸罩。

「喔嗨！男孩們！」她跌坐到某人腿上。

「哦，我記得她，」某個小鎮少年說。「大家，就是她打了我的手！她不大聽話。」

「這表示她能力不足！」穿著橘紅色襯衫的一名男子說。「妓女的工作就是像木頭一樣躺在那兒，閉上嘴巴。我在租用一個產品，它的工作就是要讓我愉快。如果不以它該有的方式運作……」

「沒錯，那才算婊子，老兄，」另一個小鎮少年也發表意見。「婊子都沒什麼現實感，加上每個晚上二十根……」

「是啦，但你不覺得人應該要愛自己的工作嗎？假設我是個陪睡的，我每一輪班要陪二十個人睡。這時若有人要我陪第二十一個人睡，我願意，不會嗤之以鼻。我們每個人都只是機器人。她有什麼不同？她的工作就是能接多少客人就接多少。何況，如果願意，性是可以很享受的！如果她花痴呢？也許她還會高潮哩。」

他的幾名同伴若無其事地撫摸薇卡的胸部，一邊咧嘴淫笑，互相以眼神示意。爛醉的薇卡漠然地盯著前方。

「喂！你到底是為什麼活著？」橘紅色襯衫男俯身朝桌子另一邊的薇卡問。

「我他媽也不知道我為什麼活，」薇卡突然口齒清晰地說。「但你他媽是哪位，憑什麼問我？」

「好了，現在就去睡覺！」絲維塔把薇卡從桌旁拉起來，推她進拖車，再把門鎖上。「我陪你們坐坐。」

小鎮男孩努力喝著啤酒。流放地警報的哀鳴聲從遠方傳來，瀰漫在空氣中。天空很快亮起。馬和牛緩緩沿著公路另一側行走，趕牛的尤爾卡騎著一匹紅色母馬，揚起他的鞭子。「再兩個月我就自由了！」他朝著我們這邊喊。「再兩個月，絲維塔！等我！」

小鎮少年終於站起身。

「如果我們有什麼不對請見諒，媽媽。我們明天還會再來，不會瘋瘋癲癲的。」

然後他們才發現鑰匙鎖在車裡了。設法打開車門時，用了安非他命的那個少年撿起一塊石頭，砸破駕駛側的窗戶。他把玻璃碎片撿出來，割破了手，到處都是血。

「絲維塔，拿水來！」

坐上車之前，吸食安非他命的少年花了好一陣子仔仔細細地把靴子上的血跡和灰塵洗掉，一直到靴子發亮為止。

05：50

絲維塔喚醒妮娜和薇卡。她們把桌子收進去，絲維塔把沒喝完的啤酒放回冰箱，「我可以再賣。」她們把廣播音量開到最大，俄羅斯國歌的流行樂版本流瀉在市場上空。女孩們隨音樂起舞，舞蹈裡包含了她們所有的疲憊、憤怒和對世界的厭惡。

「祖國，榮耀歸於你！」她們齊聲大喊。

一輛沒有任何標記的拉達一一〇汽車就伴著這個主題音樂進場。車上有兩名男子，其中一人在車上等待，另一人下車亮出警徽——是市警局的人。

「我喜歡那個。」他朝薇卡點點頭，然後猛然抓住她的腰，拖她到車旁，同時對開車的大喊：「開門！」

薇卡試圖掙脫。女孩們尖叫著撲向男人，拯救薇卡脫離他的掌握。他沒能把她推進車，於是衝著絲維塔而來。

「你是這兒的媽媽，你要為你女兒的行為負責。」

「你為什麼不先問我？這件事不是這樣辦的。」

他們進了拖車，小聲談判。妮娜追上去。

「你們瘋了，混帳！你們以為她是個東西，隨便你這樣丟上車嗎？好像她是物品？」

「妮娜，住嘴！」絲維塔大喊。

「我們明天還會再來，」警察沉默一陣子後開口。「我跟我朋友一共三個人。我們要一桌，還要女人，聽懂了嗎？」

他朝著薇卡眨眨眼，平靜地坐回車上開走。

「幹，你頭腦不清了！」絲維塔對妮娜開罵。「他們大可以把我們全拖到車後座。他媽酒鬼！」

「別激動，沒那麼嚴重。」妮娜倚著牆壁說。她在發抖。

「你這他媽的酒鬼，你不是妓女，你是婊子。給我一根菸。」

「這他媽的酒鬼沒菸，」妮娜平靜地回答。「至於婊子嘛……你跟我們沒兩樣吧，公路女。」

「我？我人生已有很多成就，謝天謝地……」

「至少我還是個人，你是狗屎老奶奶。」

「你會後悔說了這種話。」絲維塔在片刻沉默後吐露。

06：20

叫計程車前，絲維塔取出一本大大的筆記本，開始認真記帳。那天晚上她們總共賺了一萬三千六百七十盧布。女孩們賺了八千盧布，其中四千盧布歸她們。絲維塔拿四千六百七十盧布（賣東西的佣金），其他的歸瑪莎。

女孩們待在車裡，只有絲維塔走去瑪莎那裡。眼神如動物般警戒的一個胖女人把錢數出來，分疊擺好。她喃喃說著，「錢歸錢，傻子歸傻子。」隔壁房間裡傳來她十八個月大的女兒在睡夢中嘆息的聲音。

瑪莎把發給每個女孩的各五百盧布遞給絲維塔，「給她們花用。」剩下的份由瑪莎代為保管。

絲維塔花了很長一段時間抱怨妮娜。

「我們再想辦法。」瑪莎說。

她們想了一下要不要去沃爾加河邊，後來決定還是回家。妮娜馬上打開電視，晨間卡通已經開始，「我很迷這些節目。」薇卡到廚房裡打電話給安德烈。電話裡傳來的不是撥號聲，而是沙啞的歌唱聲。「年復一年沒有止盡，但他們還是不放我們的朋友出來。」

「他是為了我放那首歌！」薇卡悄聲告訴我。

「安德烈！」她對著電話裡大喊。「安德烈！你還好嗎我的小寶貝？你睡得怎麼樣？」

隔天晚上，為了懲罰她喝醉酒，實際上卻是因為她那句「狗屎老奶奶」，妮娜被派去跟小鎮少年出場一整晚。

第七章 我隱匿而真實的愛

安雅和我在一間女同志夜店相遇，那時，莫斯科還有這樣的地方。那是我第二次去。不久前我才對自己出櫃，陷入戀愛，告白，被拒，哭泣，Google 搜尋如何治癒我的同性戀。結果是，沒有任何辦法。我的眼淚夠我哭一個星期又兩天。然後我決定振作，擬定新的生活方式，就像坐輪椅的人，或是糖尿病患者或愛滋病帶原者。我必須學習如何當個女同志。我是抱著這個目標去夜店的。我們一起觀賞電影《意亂情迷》，之後進行討論。討論後我們玩了一場遊戲——每個人分到一個編號，接著寫下心儀女生的編號。如果配對成功，就可以拿到彼此的電話號碼。我什麼都沒拿到。

不知為何，我跟安雅最後一起走到地鐵站，聊起政治。安雅顯然比我大，但問的都是些極為天真無知的問題。我以為她在取笑我，對她愈來愈反感。我們在沉默中上了地鐵車廂。經過幾站後安雅要下車，她出了車廂後從月臺大喊：電話號碼給我！我大聲唸給她。後來她傳簡訊給我，我回了。

我們很快就同居。那是我第一次與人認真交往。說來好笑。我會比她早兩個小時起床，幫她熨襯衫，做荷蘭醬水波蛋。一個月後我才明白，她喜歡穿著皺皺的襯衫在外活動，愛吃通心粉跟熱狗。安雅總是買最便宜的生鮮雜貨，會清洗、晾乾並囤積塑膠袋。她年紀比我大，記得的不只是九〇年代（犯罪、貧窮、對未來的恐懼），也記得八〇年代（什麼商品都缺，糧票，國家即將崩潰的感覺）。

我們很窮，租居套房一角。我加薪後租了一間屬於我們的單房公寓。週末時我們在家睡覺看電影，有時候會去公園。如果是夏天而我們也有精神，偶爾也會坐火車去莫斯科近郊的小鎮。我在某座小鎮看到一幅畫，畫的是一枝紫丁香，安雅為我買下來。我們把紫丁香掛在床頭上方。

安雅有著曬成古銅色的肌膚，充滿笑意的榛子色眼睛，和參差排列宛若一棟小房子的門牙。她最愛的藍色毛衣因為年代久遠而帶著灰色。她有四個大學學位：數學與物理、翻譯、經濟、法律。她是石油與天然氣產業分析師。

一個藍色的冬日早晨，我醒來後感覺到腹痛。我無法辨明疼痛的確切位置。我仰躺著，用手撫觸自己的身體，突然間察覺到我有多愛安雅，用我全部的身體真心愛著她。從那天起我就開始思考未來，想著我們可以一起養育孩子。

二月十四日，阿爾法銀行[1]公告一項行銷活動，要幫助任何一對戀人買間房子。活動口號是「愛最大」。不管一對愛侶是否有婚姻關係，銀行都會以優惠利率讓他們共同貸款。我在上班時看到廣告後立刻打給銀行。這是真的嗎？是真的。銀行問我們交往多久了，我說一年半。哇，電話上的女聲說，而你們已經準備好一起買房？是的，我們深愛彼此，我告訴她。我幫你找經理，我們可以進行初步估算，她說，我需要你們的姓名。我給了。結果她說，這樣的話不行，行不通。一對伴侶是一男一女，不是像你們這樣。銀行的政策如此。我還在想該說什麼時她就掛斷了。

我不敢相信。我又打給其他銀行。我從大家共用的辦公室打這些電話，根本沒想到應該去走廊上打。我覺得自己好像自由落體般下墜。我說我們兩人都有工作，都大學畢業，現在住在一起，但他們總是說，這不重要，不重要，再見。有家銀行說利率百分之十八點九。我問，你說多少？那個男人說，其他銀行壓根不會考慮，你自己也明白。

在那之後，我開始多方閱讀婚姻及它所賦予的權利。我還閱讀其他國家的婚姻平權情況，以及那些國家如何決定每個人都可以結婚。我閱讀LGBT倡議活動的相關消息，然後Google搜尋俄羅斯的LGBT倡議人士。他們似乎都沒什麼魅力，粗魯無禮而瘋狂。接著我又花了一年跟我最要好的朋友抱怨，抱怨俄羅斯的LGBT倡議分子有多不好，完全不懂怎麼捍衛我的權利。我朋友什麼都沒說。我開始覺得不好意思，愈來愈感到羞恥，但我無法解釋這羞恥感從何而來。

一年後的二月十四日，安雅和我坐在一間咖啡廳裡。我想告訴她我愛她。但我脫口而出的是，安雅你知道嗎，我們必須去參加同志遊行。她說好，我也一直在想我們必須去。

當年的同志遊行是這樣的：倡議者（不超過十個人）會來到莫斯科市中心，舉起彩虹旗。民族主義者，哥薩克人及俄羅斯東正教信徒，則會來到LGBT倡議者事先公布的地點攻擊他們。警察會等到倡議者被毆打後再進行逮捕——逮捕被打的人，不是打人的人。記者袖手旁觀，笑著拍照。我曾以記者身分去過同志遊行。對記者而言，去這樣的活動就是可以好好笑一場。

安雅和我去了同志遊行。我們在彩虹旗上寫下「仇恨很無聊」。我們把旗幟展開，舉著它站在原地，大概十秒後我的太陽穴就被打中，安雅遭逮捕。我住進醫院，逐漸喪失聽力。記者打電話來問我的說法。之前，同志被毆打時他們只覺得好笑，但換成同事被毆打，一個和他們身分一樣的人，就沒那麼好笑了。

1　俄羅斯最大的民營銀行。

在那之後我們每年都去參加同志遊行。我們被毆打，被逮捕。有次我的洋裝被人扯下，留下我赤裸地站在莫斯科市中心。我和 LGBT 倡議者結為朋友。原來他們不是瘋了，只是非常累了。

後來國家杜馬（即俄羅斯下議院）提出《反同性戀宣傳法案》，法案中言明我們在社會上沒有平等權利。我沒有平等權利。我決定我不要再只是舉著海報和旗幟站在那裡。我說我要和安雅一起去國家杜馬前接吻，並邀請任何想要在那裡接吻的人加入。

接吻活動持續了四天，我們不斷被毆打和逮捕。

東正教激進分子帶著尿液和臭雞蛋前來，還朝我們潑糞。他們把小孩也帶來，讓他們一起毆打我們。你不能對孩子還手，他們還太小，你可能會打傷他們。國家杜馬通過了這項法案。

俄羅斯主辦奧運時，我決定到紅場上舉著彩虹旗唱國歌。每一個去的人都被逮捕，並在警局遭到毆打。有個警察朝我的臉上吐口水。我用手擦掉，然後在褲子上抹乾手。哇，我褲子上都是警察唾液，我笑了。

還發生了很多事情。

這段期間安雅一直在我身邊。我也在她身邊。我們快要耗盡力氣，但我們沒有察覺。然後有一天，我們的力氣耗盡了。我們不再相愛。

我會察覺到，是因為腹中本來充滿愛的地方如今變得空虛了。我們又同居了一陣子，直到安雅離開。那是我愛情的盡頭，也是我們未來孩子的盡頭。我不再有力氣為了共同利益奮鬥。我不當倡議者了，不當那個被毆打和逮捕的人了，那個總有一天會被殺死的人。

我把我的愛浪擲到哪裡去了，我納悶。

一個人的愛到底浪擲在什麼上面？愛不斷燃燒，直到燃燒殆盡。有時它會照亮你生命的某一塊，一如那枝紫丁香，生命隨之從黑暗中浮現，展露它所有的色彩。但黑暗總會回來。

〈懷著愛與傷悲〉

二〇一九年二月二日

伊利斯基鎮覆蓋在柔軟的新雪下。每道線條都鑲著白色滾邊——每根枝條、生鏽的廢棄公車、綠色圍籬、種植在輪胎裡的幼小櫻花樹，還有活色生花小賣亭。

水沿著街道流，匯流入湖，在街溝裡流動，進入排水溝。每條街都有自己的排水溝。狗兒爬過，孩童飛躍而過，女人們從臨時搭建的小橋走過。但水壩和水溝無法容納一切，水依然不斷流淌。

七十歲的杜本左夫和六十四歲的高爾定在一月十日傍晚被人發現。他們屋旁的雪地裡已經兩天沒有行跡，而且安靜異常。

「我下班回來時只覺得太安靜了。我從圍籬探頭望去，門上的掛鎖不見了，但他們出門時總會把鎖掛上去的。我們找到杜本左夫妹妹的電話，她卻說『我不曉得他們在哪裡』。如果他們是普通人，跟大家一樣會和鄰居講講話，我們會更早警覺和通報。但大家都想，『他們不與人往來，這樣最好。』後來她先生來了，他說，『我才不要進去他們的院子。』好吧，於是我們幾個人去了。都是煙味，我猜兇手是試著燒房子。還好沒燒起來，不然也會燒到我們家。我們叫警察。高爾定就倒在門邊。我們沒再往裡面走，也沒碰任何東西。這裡顯然有命案。」

街坊

謀殺發生在無產階級街，這條街不算短，但被克拉斯諾達爾通往諾沃羅西斯克的公路截成兩半，因而有十棟房子與其餘房舍分隔開來。轟轟車流聲中夾雜著流水聲——那聲音在這裡經常聽到，不難想像自己離海濱不遠。

杜本左夫家住在最破落的一棟。磚造房子漆成紅褐色，有個木造閣樓，外牆上遍布汙漬，窗戶覆蓋著塑膠膜。帶斑點的小狗從狗屋探出頭來。土堤支撐著綠色圍籬，圍籬厚厚地塗了好多層漆，那是老人抵禦水流的嘗試。幾年前，其他鄰人都把自家土地抬高，如今所有水流都淹到這裡。

鄰人埃迪克正在清理從他家旁流過的水溝，用一根長柄鋤頭在水裡戳探。

「大家對他們被殺害都很難過！難過到簡直要手舞足蹈了！」

他邊講邊咯咯笑，逐一舉出他的不滿。

「首先，他們會丟釘子到路上，會倒水在圍籬上。一天到晚跟人吵架，所有鄰居都是狗屎，所有女人都是婊子。在街上看到我太太時，杜本左夫的男友高爾定會對她說：『哦，又回家了是嗎？你個母狗，婊子。』我孩子都從小就知道有同性戀，也知道他們都幹些什麼。這告訴我們什麼？那兩個人根本懶得掩飾！難怪會被殺。如果這裡有人想殺他們，在他們的伏特加裡下毒就好了！我跟警察也是這麼說的！」

還有另一位鄰居尼卡諾洛芙娜。「叫我尼卡就好，」她說。「我這輩子都在經營幼稚園，這樣小孩才會念。」「怎麼可以就這樣殺掉人？我是說，打架，好吧。但殺人？我不懂。」

「杜本左夫跟什麼人都稱不上友好。以前住這裡的佩特羅娃跟他是朋友，但她一年多前就死了。不過他經常來找我，他們跟鄰居起劇烈爭執後他會來找我談。怎麼會這樣，活得那麼辛苦，然後又那樣死了。」

她的曾孫女艾芙琳娜待在旁邊，偷聽我們說話。她是街坊上對這兩名年老男子開戰的幾個孩子之一。她絲毫不受曾祖母在場影響，告訴我他們怎樣在這對伴侶的前院布置陷阱。

「你知道有一種管子嗎？煙火用的那種，我們用那些管子做了小炸彈。以前基里爾還會把垃圾從他們的圍籬丟進去，往縫隙裡塞堅果或其他東西。」

她回憶這場衝突的時間點。「今年夏天，去年夏天，還有之前的那一個夏天。」「你們為什麼要那樣做？」「因為沒別的事做。」

「要是被我抓到，看我不扭斷你們的脖子。」她曾祖母不悅地說。

「隨便啦奶奶！你以前根本什麼也沒說！」

她十一歲的弟弟在隔壁房間，抱著一隻無毛的中國冠毛犬。「牠的皮膚就跟人一樣。」

他們是誰

我一片片拼湊出杜本左夫和高爾定的生平，即使如此仍然殘缺不全。

杜本左夫的母親尼基蒂奇娜打過蘇日戰爭。「她在一九四五年被徵召，當時他們住在遠東。她在海軍擔任無線電操作員，也隨船艦參與戰鬥。因此她是偉大衛國戰爭的退伍軍人，只不過不是與德國人交戰，而是在東方參戰。日本人也曾攻擊我們。」杜本左夫的表妹伊琳娜告訴我。

杜本左夫的父親是軍人，在他出生前就過世了。杜本左夫和母親與同為二戰退伍軍人的繼父一起搬到庫班地區。他畢業自師範學院，在伊利斯基和鄰近的色佛斯卡亞小學任職。四十二歲時，他取得殘疾年金的資格。

這裡所有人，每一個人，全都認定他的診斷一定是精神相關。「他們一定是兩個人都有精神疾病。」大家提到各種特定病症，只是最後證明都不是事實。醫師確實開立了藥物給杜本左夫，但所有醫療院所都表示，「不是什麼特別的藥物。」

他也會買骨頭，用來燉湯和餵狗。他能用來過生活的錢很少，也經常抱怨。

他是透過當地報紙認識高爾定的。

「那份報紙我有訂，所以經常看到那則廣告：『尋覓男性同住一戶，飲酒者、有前科者勿試，可為合適對象在此地址正式設籍。』」他的鄰居瓦希里耶芙娜說。「他需要幫手打理家中和院子，但他不想找女人，他不需要。高爾定就是這麼來到這裡。」

關於高爾定的線索更少。他來自卡涅洛夫斯卡亞村一帶，也曾提到梅德維多夫斯卡亞村。「也許他一度在那邊住過，或在那裡有親戚。」他開卡車，做過保全，後來退休。

他們十年前開始同居，此後再也沒有分開過。

他們並未遮掩彼此的關係。「親啊抱的，摸來摸去。」他們家務分工，杜本左夫買菜、出門辦事，高爾定整理住家和院子。

每位鄰居都提到高爾定每天早上清掃房子前面街道的事。「家裡乾淨的不得了。」他們很有戒心，幾乎不與人往來。

但過去五年來他們與鄰居開戰了。他們所有行動都同步。「如果你跟高爾定有什麼不愉快，他就會讓杜本左夫找你麻煩。大老遠就能從街那一頭聽到他大吼大叫。」兩名老男人堅定互挺，彼此照應。

他們同時與市政局開戰，「行政單位、住房與社區服務處、村議會、警察。」在法律當靠山下，杜本左夫提出告訴，要求他們應得的服務與福利，包括設置垃圾箱，接通瓦斯與電表，挖一條水溝。行政單位首長也親自來了。「他知道他有哪些權利，迫使市政單位善盡職責。」

村民最不諒解兩個老人申請公共住宅的方式。「挑得很！」「杜本左夫的媽媽在世時，我們還給了他們一個房間哩！」該區的住宅長官可可列娃說。「對啦，浴室是共用的，但我們這兒有些老師連浴室都沒有。那兩個人還不要哩！」

偶然的話語中浮現了清楚的圖像，顯示大家不滿杜本左夫已經很久。「最早開始在他家圍籬上塗鴉的孩子現在都大了。」他們寫的是「直的圍籬，歪的屋主！」杜本左夫和高爾定也曾數度遭到襲擊。

鄰居也談起杜本左夫與當地哥薩克人[1]的衝突。身為二戰退役軍人的兒子，他想要參與五月九日勝利日遊行，但他們不讓他加入。「說他不是男人。」（哥薩克人堅決否認這一切，「大家都抹黑我們。」）

提到霸凌的人都要求遮去自已的姓名。但真正讓他們感到羞恥而不願談論的，並非兩個老人遭到霸凌，或他們遭到殺害，而是有「那種」男人住在他們村裡，就在他們街上。

霸凌似乎證明了兩名男子的「異於常人」，因此不需要被提及。「何必跑那麼遠來這裡就為了寫這種事呢？」

杜本左夫的表親伊琳娜是醫護員。她不願與我碰面，「我不想談這件事，還是太難受了。」據她說，她只知道高爾定是她表哥的房客，「我從來沒與他交際過，對他不感興趣。」我問她覺得住在這裡如何。「每個人我都認識，他們也都知道杜本左夫是我表親。大家都習慣了他的奇特行為，也都表示遺憾和憐憫。」

她否認發生任何霸凌。「如果有他會跟我說的，不是嗎？」

哥薩克村

色佛斯卡亞調查委員會資深警探芬柯告訴我，他們已將恐同症列為重大潛在殺人動機。他對案

1 哥薩克人（Cossacks）是從俄羅斯帝國中部逃到南部與東部邊疆的農民以及加入他們的非斯拉夫人後代。哥薩克人耕作土地、從事貿易，並受僱於沙皇與王公貴族。他們幫助俄羅斯人征服了高加索、西伯利亞和遠東地區的民族。他們參與戰爭，曾幾度反叛沙皇，與俄羅斯軍隊作戰。到了十九世紀，官方與哥薩克人建立起關係，提供某些特權以換取他們的軍事服務。哥薩克人成為俄羅斯主要的軍人階級，特色是效忠官方，沒有任何政治信念，負責鎮壓民間騷亂。一九一七年革命後，哥薩克人與白軍（the Whites）同一陣線對抗布爾什維克勢力，後來落敗，許多人逃離俄羅斯。蘇聯末年，哥薩克人宣告自己是受迫害的民族。一九九九年通過一項法律，允許哥薩克人取得土地，為政府服務。大約十九萬哥薩克人聚集起來，形成軍事社會。他們的正式任務是「維持公眾秩序」，包括驅散抗議人潮。自認為哥薩克人的俄國人達五百萬。

情樂觀看待，「我們一定會偵破此案。」

當地警局已經組成全天候調查小組。村警隊副隊長主動告訴我，他們已經找出並訊問了當地所有同性戀。

「我壓根沒想到我們這兒有這麼多，而且還是那種年紀。」他咧嘴笑開來。

他是這麼描述這起謀殺案的：「有人拿一根棍子重擊他們頭部，顯然也打了其他部位。兇手可能是單獨犯案。」接著他試圖開玩笑地說，「也許是情殺？」

兩名男子當時都剛領取了年金，但兇手並未拿走任何錢財，家裡一樣東西也沒少。

上星期他們接獲克拉斯諾達爾警方的消息，一月十二日，以棉被包裹的一具男性屍體在河岸上被人發現。後來證實，這名男子也是同性戀。

「有人專找娘炮下手，」副隊長說，接著又為使用娘炮一詞道歉。

當地年輕人也在進行調查，但純粹是出於好奇。「我們查了我們覺得可能的兇手，特別是坐過牢的傢伙。但看起來不是他們，那天他們都喝醉睡倒了。」這一帶沒什麼娛樂活動，可能是街坊混混間來一場鬥毆（「其實今天就有一些人要過來揍我們一頓」），或是在當地酒吧「七七七」與夜店晃晃。你也可以邊抽水煙邊在村裡賽車甩尾。年輕人說這裡沒有新納粹或任何青年團。他們是不曉得有那些同性戀老男人存在，否則「也會去揍他們幾下」。

阿塔曼（哥薩克首領）皮卡洛夫證實了這一點：「我們這兒沒有哥德風或暗黑風的青少年。」這裡規矩不同：「前陣子有些車臣人跑來要揍我們這邊的小伙子——而且有正當理由，於是我跑了一趟克拉斯諾達爾，跟漂泊到那裡的車臣人談了一下。我說，你們是要來尋仇的，但何必帶槍呢？

不值得為了兩個笨蛋打一場槍戰，我們已經教訓過他們了。」

他很遺憾我錯過了哥薩克人的舞會。

外頭一片漆黑，阿塔曼讓三名哥薩克人在村行政大樓前排成一列。每週三至週六都有哥薩克人在村裡巡邏，他們要搜捕不良少年——在庫班地區，未成年人十點之後就不得在街頭逗留。他唸出指令：街頭巡邏，定點盤查。我們一行人坐上兩輛車。阿塔曼要我不用繫安全帶，「坐我車沒必要。」但我們沒有依循規劃的路線行駛。

阿塔曼滔滔不絕講述自己碰上現在的行政長官有多幸運，「我們對每件事都看法一致」，並為我指出街道上雖然淹水，水卻非常乾淨。

我們停下車去訪視一個「失能家庭」。阿塔曼大叫著要男主人開門，我們在門邊等了許久，一名光著腿的小個頭女子才出門走入雪地。

自己的家庭被認定為「失能」讓她深感憤慨。她先生打了她，她「沒有多想」就打給警察。

「那是什麼時候？」「夏天的時候。」

「為什麼打給警察？你應該打給我就好。」阿塔曼埋怨。

十一來歲的孩子也跟著她走出房子。「回去裡面！」母親與阿塔曼同時喊道。

不知為何，我們開到了從前的工廠宿舍。阿塔曼敲了敲其中一扇門，探頭進去，又把門關起，大叫一聲：「穿上衣服，你有訪客！」

穿著黑色毛衣的年輕男子走出門來，滿臉驚恐。

「在室內抽菸喔？」阿塔曼痛斥，「還在二樓，現在是在開狂歡派對嗎？」

年輕男子和阿塔曼一起走到出口。

「之前就有關於他的謠言，」阿塔曼對我解釋。「但現在我可是親眼看見，他床上躺了個沒穿衣服的男的，我一開門就跳到衣櫃後面。」

「那又怎樣？」

「不怎樣。我不會再跟他握手了，就這樣。不過那是他自己的事。你也知道，民主什麼的。」

帶我看過真實生活中的同性戀，以及哥薩克人對待他們有多「講道理」之後，阿塔曼帶我去看軍隊風格的打鬥：年輕小伙子扭著彼此的手臂，把對方拋擲到墊子上，練習飛踢。接著我們前往森林：游泳處是一片方形的冰冷青綠色水池。

「往山坡上去就是印度教克里希那派信徒紮營的地方。再過去還有護樹者、異教徒，他們不讓任何人進入森林。我告訴他們：『我會安排人馬包圍你們的營地，你們不准踏進村子一步。』」

嫌疑犯

次日早晨，兩位受害者的東西堆滿了家門前的院子：一包包衣服、書籍、行李箱、舊靴子、罐子，生命的可悲遺物。小狗有所感應，哀號著。

隔壁，一名婦人小心翼翼地從自家門口探看，也跟著哀號起來。昨天，警察來把她五十三歲的兒子亞歷山大帶走了。八十二歲的瓦希里耶芙娜非常害怕。

「現在我們什麼人都怕！我好難過，一刻也沒睡。我們從來不去那邊，跟他們一句話都沒說過！這件事我們毫不知情！但警方從十一日開始就盯上他了，還把他從工作的地方叫出來！他有C型肝炎還有骨關節炎，在阿菲普斯卡亞的磁磚工廠當搬運工。警方一大群人晚上跑來這裡，開始搜索家中有沒有武器，還帶人來見證搜索過程。他昨晚餓著肚子回家，因為什麼也沒吃。結果警方又來了，這次把他帶走。我打到色佛斯卡亞村，對方告訴我『對，他在這兒。我們以流氓罪拘留他。』他可能大吵大鬧在抱怨吧。今天開庭審理，但審什麼呢？我就問！他有工作！他連隻蒼蠅都不會傷害！『你拒不吐實，』警方還威脅他！『我們會把你跟那些娘娘腔關在一起，到時候你就會說了！』我該怎麼辦？為什麼他們不放過我兒子？」

此刻，搜索兇手的範圍僅限於無產階級街上兩名坐過牢的男子。

亞歷山大在二〇〇〇年因持有毒品被判刑入獄，兩年後獲釋。獲釋前他失去一隻眼睛，另一隻眼只能勉強看見。

他們一貧如洗。瓦希里耶芙娜切了幾片麵包配茶，然後開始哭泣。她深吸一口氣後繼續說，「他有類風濕性關節炎，靠那些藥丸才能撐下去。如今他們連他的年金也扣住。你去取得殘疾證明啊，他們說。但他們不給他證明！只要有吃藥他就還過得去。他從來不會在外面過夜，他不與人往來，連女朋友都沒有，跟我住一起。他還會怕黑！警察來告訴我們發生什麼事的時候，他把外面的燈全打開，一整晚沒關。他告訴我：『待在房裡不要出去！』」

她打電話去警察局，「你們別想在裡面揍他！他得幫我洗衣服、倒尿盆！我是老人！」

亞歷山大在三天後獲釋。他說警方沒有打她，但「就差一點」。

「他們說：『認罪！』要我認什麼罪？」他擔心自己會被解僱，會有「謠言到處流傳」，他要求我不要將他與被謀殺的男子混為一談。

「自己住又怎麼樣？我是沒太太也沒小孩，但又不是我不想要，我才不是那種人！」

墓園

近年來，兩名老人只會為了喪禮「出去外面的世界」。「應該說，是杜本左夫會去，高爾定不去。如果有人過世，杜本左夫會出席。他總是會確認日期與時間，這樣才不會錯過喪禮，因為那樣他就能飽餐一頓。他總會打包一些回家，這個一點、那個一點，幾個餡餅。因為他還要餵飽他朋友！我的意思是，男人喔……這兩人能煮得出什麼東西？」

「不過，十三日那天，我走路去市場時看到他們門上綁了一條毛巾。那是我們這兒的風俗：死人離家後，最後出門的人要綁上一條毛巾。之後任何人都可以把毛巾取下來帶回家。有錢人會綁上一條厚布料的好毛巾，沒什麼錢的人就用品質比較普通的，量力而為。他們綁的是有條紋的毛巾布料。白綠條紋的吧。」

只有杜本左夫入土為安，高爾定的屍體還在該區停屍間。杜本左夫的表妹說她「想把另一個人的屍體也帶走，畢竟他也是個人」。但她把高爾定的護照弄丟了。如今警方正在尋找他的親人。

兩名年老男子不會葬在一起。

尼卡諾洛芙娜覺得這樣才對。

「我把我先生葬在車諾莫卡，因為他第一任太太和兒子都在那裡。所以我想……把他葬在那合情合法。我們在一起十九年，但從未正式結婚，所以我們彼此什麼也不是。別人是這麼看我們的。」

「他在兩年前的春天過世。當時太奇怪了！他住在阿菲普斯卡亞的醫院。有天早上我去探望他，醫生也在，他說，拜託讓我出院，我想家想死了！我會喝點羊奶然後睡覺，在這裡吃不下也睡不好。醫生說，好吧，我可沒有要硬留你！然後就讓他出院。我打給他在克拉斯諾達爾的弟弟，要他載我們回家。他們用輪椅推他出去，安置在後座。我也鑽進去坐在他旁邊。他弟弟轉過頭看他，說著，喂，有點不對勁，他看起來沒什麼生氣。我跟他說可能只是睡著了。他弟又回過頭問，也許該叫輛救護車？我們開到伊利斯基的醫院，有個醫生走出來，聽了聽他的心跳後說，他死了。」

「他把頭枕在我肩膀上，就那樣死了，靠著我的肩頭。」

「他叫葉戈爾，我很想他！他是個好丈夫，很體貼。他讓我覺得家裡有個男人，可以出去處理事情。他讓我覺得自己不是獨自一人。一個人很可怕的，愛人很重要。」

伊利斯基有三座墓園：老的，新的，最新的。杜本左夫葬在新的那座墓園。這是好事，因為最新的那座淹沒在水下，而這一座在厚厚的黏土地上。他母親尼基蒂奇娜的墓就在旁邊，上面有她的肖像，她眼神剛毅，嘴唇緊抿。我想著她如何在戰爭中倖存。白雪覆蓋了杜本左夫的肖像，只有眼睛還露在外面。我用手把雪抹去。肖像裡的他大約四十歲，神情和他母親一樣：他試著微笑但徒勞無功，下巴往後微收。

花圈上寫著：「懷著愛與傷悲。」

墓園外，馬匹啃著草，水流依舊。

＊＊＊

又及：本書付梓時，我們得知有一名凶殺嫌疑犯已遭逮捕及起訴。是二十三歲的歐格利夫，也是伊利斯基的居民。他有竊盜前科，在市委會服過一刑期的苦役社區服務（「在墓園砍樹」），後來留任成為一般勞工。他參與當地的哥薩克人活動。但阿塔曼皮卡洛夫說，其實歐格利夫的父親才是成員，不是歐格利夫，「他不在我們的名單上。」當地報紙有篇報導對歐格利夫大加讚揚，因為他和其他哥薩克人在一次洪水後前往克雷姆斯克投入援助工作。他本來考慮成為傭兵，而根據一些消息來源，他的合約期原本預定在二月一日開始。他在前一天遭到逮捕。

歐格利夫認了罪。他的說法是他和兩名老人一起喝酒，他們試圖挑逗他發生關係，所以他奮力抵抗。「看來是抵抗過頭。」警方表示。

第八章　不是俄羅斯人

一名英國人、一名法國人和一名俄國人被外星人綁架。外星人把他們關起來，給每個人兩顆金屬球。外星人說，「我們一小時後回來，你們得做些什麼讓我們佩服，否則你們就會被解剖。」一小時後，外星人回來察看英國人做了什麼。他在房間裡讓一顆球滾去撞另一顆球。「你們看，」他說，「我做了撞球。」外星人看了一會兒，並不覺得這有什麼厲害，解剖了他。接著他們去察看法國人。他在拋接兩顆球。這沒什麼好佩服的，他們解剖了他。最後，外星人來到俄羅斯人的囚房。他睡著了。外星人叫他起來。

「你的球呢？」

「一個我搞丟了，一個弄破了。」

哈哈哈，再說一個。

我是俄羅斯人。我生在俄羅斯，母親與生父都是俄羅斯人。我的名字伊蓮娜在俄羅斯人中很常見。有時人家會叫我艾蓮娜，叫這個名字我也會回。我的姓是烏克蘭姓氏，源自我母親的第一次婚姻。我們的家族姓氏則是馬雷謝夫。我有著斯拉夫人特色的藍眼睛白皮膚。我總是將長頭髮綁成辮子。我的母語是俄語，說起來不帶任何口音。

我從未在自己的國家感覺像個外國人，我屬於這裡。

大家總說我們的鄰居瑪莉亞「小心翼翼」。我以為這指的是懦弱怕事。天然氣公司的人來我們大樓時，她不讓他們進公寓。她害怕「國家」，害怕所有官僚，任何有點官方意味的人，軍方，警察。她從不參與大樓會議，總是獨來獨往。然而她非常喜歡我，會讓我去她家裡。裡面從地板到天花板滿滿的都是書，還有光潔明亮的木頭地板。瑪莉亞在大學教授拉丁文。

媽媽告訴我瑪莉亞有次來到我們家的故事。當時媽媽還是個小女孩，那是蘇聯時代，所有報紙都在譴責嗜血的醫生，說他們全是猶太人，每一個都與國際猶太復國運動牽連緊密。瑪莉亞帶著報紙來到我們家問：你還視我為朋友嗎？即使我是猶太人也一樣？外婆說是。

我開始參與同性戀權利示威活動時，瑪莉亞再次來到我們家。這時的她已經很老了。她對我媽說，別讓你女兒去，她不瞭解成為國家公敵代表著什麼。

我當時真的不瞭解，就像我也不明白為什麼在莫斯科受教育的瑪莉亞要回到雅羅斯拉夫教書。後來才知道他們不讓猶太人進首都的大學，稱這是在進行「反世界主義戰爭」。[1]在蘇聯以前的俄羅斯帝國，猶太人只能住在隔離屯墾區，這片區域由烏克蘭、白俄羅斯、波蘭、立陶宛、摩爾多瓦、拉脫維亞和俄羅斯的部分土地組成。但如果猶太人夠有錢，曾在軍隊服役，或是擁有實用的專業，便可在任何他們想要的地方生活，就和俄羅斯人一樣。

當個俄羅斯人很好，想住哪裡就住哪裡。

媽媽對我唱起搖籃曲：

噓，小寶寶，搖啊搖，

噓，小寶寶，別哭鬧，
不然小野狼會來在你身上咬，
牠會在你身上咬，把你拖到森林裡，
拖到安靜的森林裡，拖到一株柳樹底。

我躺著，臉頰枕在雙手上，想著那隻野狼把我帶去濕漉漉的夢中森林。

媽媽來自拉林諾村，她父母和她父母的父母都來自那裡。他們都是農民。

拉林諾是雅羅斯拉夫的一座小村子。媽媽說那兒有二十棟房舍，還有沿河的唯一一條街。

我們的房子以原木建成，有三扇窗戶。有個房間裡面有座暖爐，大家就睡在上頭。角落裡有幅煙霧燻黑的聖母像和一盞油燈。白色窗簾，白色桌巾，一袋白麵粉。他們在房屋後面蓋了畜欄。馬雷謝夫一家養了雞、鵝、鴨、綿羊和一頭山羊。沒有牛。媽媽總說，如果我有一頭牛就好了。我問她打算在城裡養一頭嗎？媽媽嘆口氣，回憶起牛的味道，還有那對眼睛。

外公以前養蜂，生產蜂蜜。他在打完二戰返鄉後過世（心跳停止），外婆接手照料蜂巢。她已經搬到城裡生活，但總會趕在河面還有冰的時候返回村裡（一旦河冰裂解就無路可到村裡了），一

1　譯注：世界主義（cosmopolitanism）認為每一個人都是「世界公民」（citizen of the cosmos），對於外來者抱持一視同仁的態度，視天下為一家。蘇聯時期以猶太人為「無根的世界主義者」為由，質疑猶太人對國家的忠誠度，展開迫害，其實只是以此為藉口發動又一波反猶運動。

直待到五月。她在市場上出售蜂蜜，靠此餵飽一家人。媽媽說他們養了一隻燕子和一隻刺蝟當寵物。後來燕子飛走，刺蝟因為偷吃雞飼料而死在鄰居的乾草叉下。牠能吃多少飼料呢？媽媽嘆息。牠又不會讓鄰居養的雞餓死。媽媽覺得那隻刺蝟很可憐。

流經村子的帕赫馬河和緩美好，繞過一道河灣。河裡曾經水流充盈，蓋了水壩，還有座磨坊。以前大家會乘船到鄰村博戈斯洛夫上教堂。河裡有淡水龍蝦，大家總在晚上捕蝦。媽媽很害怕在船底刮擦爬行的淡水龍蝦——萬一牠們用螯夾她的腳趾怎麼辦？有一種叫做 vyurok 的小魚住在沙質的河底。你要是踩到牠，牠會從你的腳底扭動脫身——很好玩，癢癢的。

村人砍下並耙平乾草，接著堆起來，做成一捆捆乾草堆。每家人都養了牲口，需要很多乾草。「沒有一片土地不割草。」他們連在森林裡都要割草，這些林地裡長滿了輕軟低矮的草。小孩子會跑去林子裡採集藍靛果——村裡叫它們 voryanishki。這些漿果可以用來做果凍和無酵糕餅。他們也採覆盆子，還有乳牛肝菌，採的時候很好玩，但清理起來極惱人。黏黏滑滑的菌蓋會從手裡溜出來，滿噁心的。

媽媽有次在林子裡看到一頭駝鹿。「我們彼此對看後便各走各的路。」

從雅羅斯拉夫到拉林諾的路程是這樣的：首先搭上公車，接著徒步兩小時穿越田野。田野豐美而多彩，長滿了燕麥、豌豆、小麥、大麥、甘藍和大麻。你永遠不會孤單。塵土飛揚的路徑上有小辮鴴蹦跳，雲雀在空中啁啾。小辮鴴有羽冠和彩虹色的羽翼。

我小時候媽媽會帶我一起去。

我記得田野上蔓生的鐵鏽色雜草，沒有鳥的身影。

村子日漸凋零，鮮少看見人影。

野草朝天空蜿蜒而上，長得比我還高。我得很費力才能穿過。

我們的房子沒有地板了。為了避免房子腐壞，媽媽的第一任丈夫想過要加一層地基，將房子抬升起來。但他們分開了。

房子正在腐壞。

地板如今已被高高的野草取代。走在屋內的感覺很奇異，沒有屋頂可言，牆壁直接連接天空。下雨時我們便在爐子的遺跡裡面避雨。我唱著：讓雨下，下下來，下在我們每個人身上，還有一桶淋在巫婆巴巴雅嘎頭上。我在對雨水下魔咒，希望它不要再下了。

我們去那裡不是為了好玩。當時是九〇年代，我們的糧食不夠，所以媽媽在一小塊地上耕作，想要種植蔬菜。但雜草總是會占據嬌嫩的幼苗生長空間，我們的收成很少。

我們將幼苗周圍的雜草拔除，把手指都割傷了。為了抵禦毛蟲，我們會把灰燼倒在甘藍菜上。我們到河邊汲水。帕赫馬河上已經沒有水壩，變得很淺。還是小女孩的我走入河裡，水深只及我的腰。我心想：河流覺得人們已經離開它，它不再屬於任何人了。

務農的工作結束，我們在院子中間那張大木桌旁坐下。媽媽會餵我吃罐頭羅宋湯。要隨時注意罐頭，因為村裡住了一隻老烏鴉，是偷竊慣犯。有天我們逮到牠用嘴喙在罐頭裡翻動，想找肉吃。但裡面沒有肉，烏鴉叫了幾聲表示不滿。

在黑暗的房子後面是荒廢的田野，然後是森林。朝灰色天空生長的白赤楊不斷緩步向前，每年夏天，森林都變得更近一些。

我眼見它朝著我們進逼。

最後，我們不再去拉林諾，媽媽已經沒那個精力。

不過，在城市裡，媽媽始終沒放棄取得地契，設法讓那塊地成為我們正式所有。我們的國家改了名稱後，如今土地是私人財產。我們不得不付錢請了一位專家，但專家也幫不上忙。根據既有文件，那塊土地上應該有棟房子，但沒有爐子的房子算不上房子。「建一個爐子，隨便哪種都好。」

但媽媽沒錢請專家，也沒錢蓋爐子。

幾年後我們得知，拉林諾村已毀於祝融。每棟房子都燒掉了。

森林終於一路長回了河流邊。

媽媽不敢回去。

我不怕，我只覺得土地彷彿從我腳底消失了。

三十歲生日時，母親給了我一本大而空白的書，用來黏貼和標示照片。

我們要把照片都用文字標示，以這樣的方式保存它們。

等待標示的照片黑白而模糊。媽媽告訴我該寫什麼：這是你外公費奧多爾，那是外婆伊芙朵奇雅。你曾祖父名叫帕維爾，但沒有他的照片。

三年前，他們在網路上公布了一批第一次世界大戰的文件，可用地點進行查詢。我輸入「拉林諾」，找到我曾祖父的名字。當年他是個大兵，如今他留存於世的東西只剩下一紙文件：軍隊核發的藍色退伍令。一九一六年六月十二日他在維爾納一帶受傷。這裡現在叫做維爾紐斯，是立陶宛的首都。

他的全名以黑色墨水書寫：帕維爾・奧西波維奇・馬雷謝夫。在他的父名奧西波維奇[2]旁有一條紫色註記寫著約瑟夫維奇。

這表示我的高祖父其實名為約瑟夫。

我打電話給我母親。

媽媽，我們是猶太人嗎？

當然不是！她說。我們是俄羅斯人，全都是俄羅斯人，回溯到最早的祖先都是，是你能想像最俄羅斯的俄羅斯人。

2 譯注：父名（patronymic）源自俄羅斯人的命名習慣，男性以父親的名字加後綴 vich 或 ovich 的形式出現，女性則加上 avna 或 ovna。以帕維爾・奧西波維奇為例，即指「帕維爾，奧希波的兒子」，約瑟夫維奇則為「約瑟夫的兒子」。

〈最後的直升機〉

二〇二一年三月十九日

在河邊

尼娜坐在河岸上。河是阿瓦姆河，廣闊而灰沉。在她後方有個混凝土的星形戰爭紀念碑，上面刻著陣亡將士的姓名；在她前方是河岸與水面間的高低落差。下方有船隻，更遠處有些孩童正忙著把漁網收回。凍原正從鐵鏽色轉為黑色，落雪尚未沉積下來。

尼娜說，「我們的神明有蘇迪恩古，無所不在的疾病源自於祂。科陀拉是自殺之神，有人舉槍自盡的時候，那是祂在作祟。多數人都是這樣自殺的，這就是科陀拉的作為。還有孤兒神戴巴，可能自己也是孤兒。我們會向這些神明祈禱嗎？不，我們不會。」

七十三歲的她有過兩任丈夫，如今皆已過世。她有六個小孩，也都不在人世。其中四個年幼時就死去了。這裡的人會在早夭孩子的襯衫縫上鵜的翅膀，將他們葬在樹裡。死去的孩子會化身為鳥。

以前她從窗戶就能看見埋葬么女的地方，但後來有人蓋起一棟房子，遮蔽了視線。有一天那棟房子燒掉了，如今，尼娜想看女兒多久都可以。

她兒子連亞活得最久。「他本名叫恩哥特西亞，這名字的意思是他爸爸跟我分道揚鑣，而我把他據為己有。」他上吊的時候三十一歲，死時坐在尼娜鐵床架旁邊的地上。

她床頭還綁著一條繩子，「但不是那一條。」

他死時口袋裡有錢，是那天收到的政府支票。

他為什麼要上吊自殺？「我不知道，」她坦承。「當時他可能在喝酒吧。」

尼娜有六個兄弟姊妹，三男三女，但他們都已經死了。

尼娜獨自一人居住。她每三天為房子的火爐添一次薪柴，但每一天早上都會餵食毛髮蓬亂的流浪狗。她申請進入都丁卡的養老院，可是被拒絕了。「等你老一點再來。」

「住去鎮上你不會無聊嗎？」

「哈，今天的凍原對我們還有什麼用處？我們不需要它了。」

她是她們家族的最後一人。

她是恩加納桑人。

恩加納桑人

碩果僅存的恩加納桑人還有七百人。

他們是我們這塊大陸最北方的民族。

他們從來就不是人數眾多的民族。然而，僅僅三十年前，他們的人數還有現在的將近一倍：一千三百人。

他們是狩獵野生北方馴鹿的原始部族後裔。他們的文化極為古老，因此恩加納桑諸神絕大多數不是男性神祇而是母親——水、地下冰、火和土的母親。

十七世紀初期，俄羅斯人向他們強徵「牙薩克」，這是突厥語，指的是貢品，以獸皮繳納。牙薩克是這樣運作的：俄羅斯人以恩加納桑社群中最受敬重的重要成員為人質，索求貢品以換取他們活命。

恩加納桑人並未輕易屈服，而是起身反抗。但一個少數民族再怎麼抵抗也有限度。最大規模的起義發生在一六六六年，結局是他們殺害三十名俄羅斯官員與工人，外加四名通古斯男子。殺人者全被處以絞刑。

在共產主義之下，一紙行政命令就終結了恩加納桑人的生活方式。新政府制訂官方政策，規定所有部落與民族，只要其「游牧文明」被視為「本質上不容於」共產社會的原則，就必須改採定居生活。安置恩加納桑人的村子在一九三〇年代開始出現，位置比他們的游牧路線更偏南邊，而且就在另一個民族多爾干人的祖居地上。直到今日，這些村落仍是恩加納桑人與多爾干人混居之處。代表區域和民族權力的向來是俄羅斯人，由他們擔任市長、警察首長、村醫與老師。

恩加納桑人依然居住在這些村子裡：烏斯特—阿瓦姆和沃洛昌卡。

他們捕魚，也狩獵馴鹿。

但今年沒有魚，而馴鹿離開此地前往他方也已經三年有餘。

烏斯特—阿瓦姆

連綿不絕的凍原與河流讓村子遺世而獨立，最近的城鎮在將近三百公里無可穿越的荒野之外。村裡有四條街：溪流街、晴天街、河濱街、中央街。房舍的灰泥剝落，以錫條補輟。錫條是從舊油桶割下，所以牆面上可見石油公司的商標。

每棟屋子都隔成四個公寓，每個公寓有間十三平方公尺（約四坪大）的房間，外加一個很小的廚房。這要住一整家人。

沒有汙水系統。所有東西都進到一個桶子裡，桶子裡的東西再從前門陽臺的階梯往街上傾倒。沒有自來水。得去河邊打水或跟水車買（一桶五十盧布）。

由鋁質牆板覆蓋的灰色校舍聳立在河畔。這是棟龐大的建築，人稱「太空發射場」，裡面有室內廁所和自來水。

此地的另一個明確特色是一袋袋煤炭。巨大的白色袋子堆積在陽臺邊。冬天時政府提供每戶家庭十噸煤炭，而這裡的冬季為時七個月。煤炭必須倒入鐵絲網床框裡篩過，去除灰塵與煤渣，否則會把炭火捂熄。這個活兒必須在雪真正堆積起來以前完成。每條街上都濺滿了黑色的煤渣。

狗兒在街頭漫遊，有些是藍眼睛的。

一棟棟的房舍，似乎在緩緩朝直升機坪前進。機坪空蕩蕩的一片，由泛光燈照明。後方是村子的垃圾堆（在這裡等同金礦）及停屍間。想到村子的另一頭必須越過溪流。總有人在溪裡淹死，不過現在水位很低，水流是灰色而安全的。

過了溪流就是凍原。凍原地勢多丘，鐵鏽色而彷彿帶刺。與村子接壤處星羅棋布著許多柱子和十字架。

那是墳場。我們不去那裡，那是禁地。

為什麼沒有魚

恩加納桑人以小型互助團體為單位，在皮亞西納河與其支流阿瓦姆河及杜迪普塔河捕魚。

某次工業柴油漏油事件讓皮亞西納河裡沒有魚了。二〇二〇年五月二十九日，兩千一百噸柴油從金屬製造廠「諾鎳」生鏽的儲油槽噴發。那年夏天，《新報》與綠色和平的生態學者記錄了皮亞西納河魚類的消失。[1]

阿瓦姆與杜迪普塔河則似乎經歷了不同的事情。

漁民說這兩條河裡的魚來自散布於凍原上的湖泊。春秋兩季時湖水會溢流到河裡，魚類便在那裡嬉戲、產卵。

恩加納桑人說變化源自全球暖化。今年春天提早一個月降臨，而且來的又快又急。季節性的洪水幾乎立刻消退。湖泊沒有時間解凍。魚兒沒有來。

提到夏天的魚獲，通常總會連帶著咒罵。他們想辦法釣到了「一些」。而一些，只是他們一般漁獲量的三分之一。

他們用漁獲換取汽油與食物。

汽油表示可以捕魚、狩獵，讓巴樓克[2]裡有照明。到秋天，差不多大家的汽油都用盡了。

市長

白色的方形房間裡有兩扇窗戶。大家圍坐在一張桌子旁，唯一在場的女性戴著醫療口罩。有一面緋紅色的旗子、青年史達林的肖像、機槍子彈和頭盔、幾枚硬幣、一些猛獁象骨頭（碎裂而不值多少錢）、鹿角、黑貂毛皮。

一幅普丁肖像和聖像一起掛在牆上。普丁的眼神望向遠方。「照顧北疆！」幾個字寫在他胸口上。村長幫會議起了頭（大家都稱他為「市長」，包括他自己在內）。「有隻狗已經攻擊了三個人，這件事必須處理。」

大家紛紛回應：

「狗會咬人是為了保衛地盤，牠們的腦子就是這樣想。」

「也許吧，但咬一個人是一回事，咬三個人可不行！」

「狗應該隨時都要綁牽繩和戴嘴套，像在城市裡一樣。」

會中決定派一名代表去見狗主。外頭，風聲呼號，又像哀鳴。

---

1 編注：詳細情形都記錄在本書第十一章底下的〈鏽蝕〉章節。

2 巴樓克（balok）是凍原上的木造小屋。

市長名叫米哈伊洛維奇。俄羅斯裔的他頭髮灰白，從頭到腳穿著野戰服。他在泰米爾半島住了三十七年，從前是村裡的警察，「那時在村子外圍還有楚姆。」[3]後來被徵召出任市長。「普丁從來不會逃避眼前的責任，所以我也沒有。」

沒人尊敬這位市長。大家說他一點用都沒有，只會出張嘴。人們認為他把市政大樓的供應品（那是僅次於汽油的搶手物資）都藏在自己的地窖裡，對市長家後面新蓋的俄式蒸氣浴房同樣心懷怨憤。

和我談話時，市長用手肘遮住一份文件，標題是「過著反社會生活的烏斯特—阿瓦姆居民清單」。這裡的居民有三百五十九人，但只有五十四份工作。

市長自認最重大的政績是將每年死亡人數從先前的十二到十四人，減少到六至七人。「但我算過，如果每年死十個人但只有兩個人出生，就像現在這樣，那麼到二〇五四年我們整個村都不會存在了。」

歐莉婭

直升機轉動旋翼槳葉，發出呼、呼的聲音，畫出扁平的圓，再以圓圓的機腹著陸。全村都跑來看它的金屬爪落地。

大家環繞著直升機坪。有黑色的四輪摩托車，輪胎半埋在煤炭裡。人群從轉動的槳葉下方靠近。直升機吐出了乘客。村民將包裹塞到機艙深處，駕駛發出一連串華麗的咒罵。

他即將升空，飛往下一個村子沃洛昌卡，接著會再回來接要去鎮上的居民。

穿著灰色襯衫的一名俄國女孩從直升機跳到地面，長長的紅髮在風中飛揚。她看了看四周，噘起嘴唇。

她的兩個袋子裝到了一輛四輪摩托車上。

她是新來的數學、物理和資訊科學老師歐嘉，小名歐莉婭。這是她首次來到烏斯特—阿瓦姆。

她年方二十二，剛從國立新西伯利亞大學畢業。她家裡的每個人都是老師，如今她也是。

她會住在學校裡一個沒有窗戶的小房間，有廁所和淋浴間。

她把書從袋子裡拿出來（《活出好人生》、《挪威的森林》、《二十郎當宣言》），再用圓潤的字跡寫下日程表（早上七點：瑜珈和正念呼吸）。

繽紛的小信封是她朋友給的，每一封都標示著「在地球的盡頭處打開」。

明天第一堂課是數學。明天歐莉婭將發現，她的九年級生知道乘法表，只是還沒有完全掌握。

九年級生只有兩位，伊娃和斯特潘。

「親愛的小姐，你能幫我們寫一份同學名單嗎？」

伊娃寫下三個名字。

「所以，我們現在是三分之二個班嗎？有意思。」

歐莉婭為了上課慎重打扮，穿著棕色長褲和花襯衫，紅髮上綁了一朵大大的緋紅色玫瑰。

3 楚姆（chum）是以木柱組成的圓錐狀房屋，以馴鹿皮覆蓋。楚姆易於建造、拆除和移動，因此為許多游牧民族所使用。

「你記得平方根嗎？今天要上的是運算式數值和平方根。斯特潘，你寫下來了嗎？伊娃，你記得什麼是運算式數值嗎？」

歐莉婭在黑板上用大而圓弧的字跡寫下2x＋4＝0。

「這個運算式是什麼？」

沉默。

她又寫下：24＋3＝27

「27在這個運算式裡代表什麼？」

「答案就在眼前。哈囉，有人在嗎？」

斯特潘盯著他的課桌，伊娃直視前方。歐莉婭在黑板前來回踱步。

「答案是什麼？」

「答案是某個很重要很有價值的東西。」斯特潘說。

「哦，你這是順著今天這堂課的主題嗎？」（沉默，沉默，還是沉默。）

「好的，我們要來回想一下平方根，然後把它寫下來。筆拿出來！」

歐莉婭調整了髮際那朵玫瑰花。

「小斯，你會繼續上學嗎？」

「今年上完就不上了。」

「之後呢？」

「我也不知道，學校這檔事我受夠了。」

「但學習是一輩子的過程！你必須一直獲得新技能，才能成為炙手可熱的專家！」伊娃用手捧著臉，眼裡滿盈的倦怠足以充滿全宇宙。

「斯特潘，我可以看到你的眼睛閃耀著智慧。」歐莉婭不放棄。

村裡唯一的十一年級生伊芙朵吉雅在下一堂課出現了。這是歐莉婭發光的時刻。伊芙朵吉雅，小名杜斯婭，是烏斯特–阿瓦姆最優秀的學生。她把頭髮染成淺色，有著長長的綠色指甲。很快，兩名年輕女性就一起俯身看著教科書，熱烈地討論。

「你還記得關於負角的小技巧嗎？」

「記得。我喜歡這個，還有這一個。等式本身我也喜歡。」

「你一定記得圖形是相關性的表現。」歐莉婭說，露出今天第一個笑容。

「而世界上的所有東西都可以用函數表現，」杜斯婭說。「一切的一切。」

撒網

一道刀疤橫過阿提奧姆的臉。他告訴我他有十九道傷疤，但「上天不知為什麼一直留我一命」。他試過離開村子，去芬蘭和卡雷利亞[4]之間的國界當兵，擔任飛機技工，但他毫無機會待下來

4 譯注：卡雷利亞（Karelia）是俄羅斯聯邦的自治共和國，位於俄國西北邊疆，北與涅涅茨人接壤，東邊是白海，南邊是拉多加湖（Ladoga Lake），西與芬蘭為鄰。

成為職業軍人。「他們不要我。」他在諾里爾斯克待了七年，在有著巨大燃料槽的工廠工作。回來是為了「擺弄鹿尾巴」。

他說大家應該不要抱怨。「快樂生活就好，別想這些有的沒的。」

和他一起捕魚的同伴是法爾科夫。大家都說，「上天給了他天賦，但沒給他頭腦。」他黝黑的臉龐望似凹陷，雙眼渙散無神。法爾科夫以前會在河畔的巴樓克小木屋上彩繪圖案，甚至自己作畫，但母親死後他就完全放棄了。

太陽沉降到凍原上方，整片土地像著了火般驟然發亮，繼而變得黑暗。阿提奧姆和法爾科夫這才出發，在黑暗裡撒網捕魚。

阿提奧姆的圍網繼承自父親。長長的灰網，不少地方經過補綴。那是村裡唯二的圍網之一。

河裡沒有大魚，河裡是空的。「只有江鱈，狗吃的。」

但在晚上，名為 Tugun 的小魚，也就是北極鯡魚，會成群游到近岸。

Tugun 不拿來賣也不會貯藏起來。牠們是當天現吃的食物，或炸，或鹽漬，或生吃。魚肉多油脂而略帶甜味。

天空輕緩地褪去光亮，融入大地的一片漆黑。法爾科夫設定好沿著河岸的航向，把網子在暗色的河水上方打開。

網子圍住了河流的一片區域。男子們爬回岸上，打開頭燈，各自抓住網子的一端，然後慢慢地互相靠近。

那景象就好像有人丟了一把錢幣到網眼細密的網子裡。他們把小魚拖到岸上，魚鰭斷裂的聲音清楚可聞。

有一隻梅花鱸扭動著想掙脫網子。無用而奇特的這種魚呈現半透明狀，身上覆蓋玻璃狀的硬棘，煥發虹彩。兩名男子把牠從網裡扯出來，扔到冰冷的沙地上給海鷗吃。這魚很小，比我的手指頭還細小。我把牠帶回河裡。阿提奧姆哼了一聲。他又拔出一隻多棘的小傢伙，把牠放回水裡，一邊說：「好吧，也許這樣會有好事回到我身上。」

近午夜時，天色終於全暗，但仍能隱約看見河岸。村子發出白色光芒。

阿提奧姆告訴我當地連續殺人犯圖格拉科夫的故事。他用獵槍射殺兩個男人，被送去精神病院，出來後又殺了一個女人，進了療養院，後來又回家。「我們叫他不要再在這裡出現，不曉得他現在在哪裡。」

「把他撕碎了當零件。」法爾科夫說。他實在不是話多的人。

船隻沉沉地浮在水面。法爾科夫在淺水處推船離岸時弄斷了一隻槳，開始用保麗龍椅墊划水。

捕魚結束了，兩名男子將船駛上返家的航線。

阿提奧姆在隱伏的岩石上方放慢船速，在深淺不一的黑暗中尋路前進。他往上指向天空。「看那裡，看北極星，其他的都會扭來扭去。」

從汽艇上仰望時，星星會震顫及移動。

每天晚上都有船隻在水上，村民在這裡撒網捕江鱈。我們經過時，他們的中國製頭燈轉向我們。每個漁人都坐在自己的一灘亮光裡。

狗兒在河岸上等待主人回來，用腳掌扒著濕漉漉的暗色之沙。

名叫寶貝的棕色大犬在我們登上山坡頂時迎接我們。牠想吃魚，也得其所願。

孩子們

守望人查看手機後開始搖響銅鈴。下課時間到了，學生們奔跑至老舊的鎮公所。水電費都去那裡繳，衛星網路路由器也在這棟建築裡。烏斯特—阿瓦姆有無線網路，只是幾乎無法連上去，但學童們似乎總有辦法。

他們在網路上看什麼？TikTok。蝙蝠俠對上跳舞小丑潘尼懷斯。生命在背光顯示的小小螢幕上閃動。

有個男孩窩在門後面的角落，大大的耳機幾乎蓋住了整顆頭。他只看恐怖片，一部接著一部。他名叫沙夏。

學校有遊樂場，小朋友都在那。

你也可以去垃圾場（也就是金礦），看看能挖出什麼寶。或是爬上村子後面名為禿山的和緩山丘，但那就得繞過墳場。女孩子去採莓果，男孩子偷開大人的船捕江鱈。你可以坐在河堤上猛灌能量飲料，把空罐子往下面丟。也可以爽抽你在爸媽醉倒時偷拿的什麼。繞村子一圈，走一條街，再一條街，轉彎回頭。小朋友跟在大朋友後面。夜晚裡滿盈孩童的聲音。

夜裡，燃燒的垃圾桶照亮了黑暗。地上的煤灰裡畫了個正方形，四個角落裡分別是國王、王子、騎士和混蛋。大家為了球有沒有出界爆發爭執，群情激動。一個高個子女孩揚言要「踢死」某人。一個男孩尖聲叫著全都太不公平了，咒罵著所有人。

「說對不起！」

「反正她也不會放過我。」

「你要為了你自己道歉！」

「白痴！」男孩罵，一邊晃入黑暗裡。

另一個男孩說，「我們村子很大對吧？我是說如果把墳場也算進來。」

薩滿的女兒

德姆尼梅耶芙娜告訴我，「曾有個民族叫做恩加納桑人，他們堅忍耐勞。」

她眼盲了，雙眼漆黑，應該是瞳孔的地方只有白色圓點。她能看到一點點光。

對恩加納桑人而言，生命始於眼睛。他們為大地取名為「有眼睛的萬物之母」。眼睛只是借來的，死後就還給母親。活人臉龐上已經死去的眼睛，可以望穿邊界，看見沒有活人該看見的地方。

德姆尼梅耶芙娜八十二歲了。她的恩加納桑名是杜齊米亞庫。她是薩滿的女兒。

她家位在村子最外緣。再過去就是溪流，山丘，和墳場。

她是烏斯特—阿瓦姆最年老的恩加納桑人。她父親德姆尼梅是恩加納桑人倒數第二個薩滿。他坐過牢。他拒絕加入集體農場，住在凍原上的偏遠狩獵邊哨而不是村子裡。他的能力主要用在家人身上，但偶有船隻經過他的住處卻「沒有獻貢」的時候，他會用念力破壞引擎。

在他能力最盛之時，曾經讓一個淹死的孩子復活。他們說那孩子是活過來了，但他的眼睛再也沒有轉動過。

德姆尼梅的哥哥圖比亞庫也是薩滿，也坐過牢。從勞改營回來時，他宣稱自己用史達林換來了自由。

「他二月時從勞改營回來，在沃洛昌卡那兒漫步，處於入神狀態。某次入神時他告訴我，『今天，就是這一天，你本來不會看到我。我在牢裡時，戴巴神告訴我若想回家，就得交給他一個偉大的男人，不是我自己，也不是我的頭，這樣我就能再次看到我的孩子。如果我沒把那個男人交給他，就不會重獲自由。我把那個男人交給他之後就回來了。沒有醫生救得了他。』」

「到了三月，消息傳來：史達林死了。沒有醫生能救得了他，回天乏術。」

祖傳的薩滿世系不能絕後。德姆尼梅死後，他的能力應該會傳給他的孫子伊果．恩古楚米亞庫（Nguchumyaku，「絕不讓你走」）。他們也為伊果接班做準備。德姆尼梅在他三年級後就不再送他上學，自己把他拉拔大、教育他。但伊果沒有成為薩滿。

「爺爺死了，但他沒有來找我，我看不到任何神靈。沒有真薩滿，他們不存在。」伊果說。

伊果住在村裡，捕魚、烘焙麵包，再把這些送給任何有需要的人。他是勞工，擔任運水的工作。二〇一二年七月十七日，德姆尼梅耶芙娜生日當天，伊果出門打魚。後來人們在一座湖裡找到面朝下的他，死了。

薩滿世系——恩加曼土索（Ngamtusuo）——斷絕在德姆尼梅耶芙娜的曾孫女這一代。她們住在鎮上，但「她們不認識自己」。

薩滿進行儀式的時候需要助手，擔任他和一般人之間的媒介。通常這個人是他的太太或女兒，女性就是這樣學會與神靈溝通。德姆尼梅耶芙娜唱起一首儀式歌曲，但她一直破音。她清了清喉嚨。「你知道嗎，我曾去過巴黎，到了塞納河畔。跟著我參加的合唱團去的。」

她兒子奧列格在篩煤炭。他倒了一些到床框上，看著煤炭從鐵絲間落下去。

奧列格跟我要了六百盧布，說是要「幫老太太」買生鮮雜貨。六百盧布是村子商店裡一瓶伏特加的價格。

恩加納桑語言課

學校每週六上一次恩加納桑語言課。但即使就這麼一堂課，也幾乎因為一個男孩拿原子筆把它從課表劃掉而報銷：全班一半的人信了，始終沒有來上課。

英文倒是一週上兩次，所以當老師艾莉珊德拉要求學童誦讀恩加納桑字母時，有個女孩讀起了a、b、c、d……

三年級生想不起來數字要怎麼說，老師自己也沒有更高明，「五、六、七——什麼，這個怎麼說？」學生用恩加納桑語誦讀「這是我媽媽，這是我祖母。」但英文的媽媽和祖母還是不知怎麼地滲入了他們的朗讀中。

「那又怎樣？英文至少以後用得上。老人家都走了後，這個語言就沒了，」艾莉珊德拉說。「這些孩子去年夏天學的東西已經全忘光，在家也沒人說。」

學童齊聲朗誦：「我，mene；你，tene；我們，myng。」

在恩加納桑語中還有另一個隱藏的語言，Keingeirsya，這是一種「雙言巧語」，每個字都有第二層意思。這是歌曲的語言：年輕男子歌唱著一名女子如何鄙薄他（歌詞描述一條河流分岔，分別往好的方向和壞的方向流去）；一對好友談論各自該嫁給兄弟中的哪一個（要將哪隻北極狐套上軛拉雪橇）；獵人競逐誰比較機智。任何錯誤，不管是文法或意義上的，都會使整個詞組失效，讓說話者顏面掃地。俄羅斯人至少以文字紀錄了一些這樣的歌曲。

很難相信在僅僅四十年前的一九七九年，還有百分之九十的恩加納桑人認為恩加納桑語是他們的母語。

語言學者古塞夫解釋，真正扼殺恩加納桑語的是寄宿學校體制。這個語言在寄宿學校遭禁止，只要用這個語言（哪怕只說一個字）都會受到懲罰，可能是被老師用尺打，也可能被逐出課堂。這項詛咒並未立即生效，而是花了一整個世代。六〇年代出生的小孩還能和家長以母語交談，但他們自己的孩子已經完全只講俄語。民族誌學者波波夫描述了恩加納桑人的「語言純粹主義」，也就是對母語極端而近乎宗教性的崇敬，他並指出，老一輩恩加納桑人不願教導在蘇聯學制下長大的孫輩，有一部分原因在此。對他們而言，聽到支離破碎的恩加納桑語，比聽到外國語言從子孫的嘴巴裡發出來，更為痛苦。

尼娜有時會和鄰居伊萊札薇塔用恩加納桑語交談。在烏斯特—阿瓦姆，只能在這裡聽到恩加納桑語了。

「在恩加納桑語中，我們不說『再會』，而是說『明天見』。」艾莉珊德拉在課堂終了時宣告。但她並沒有說出那個字眼。

商店

「瑪莎，拜託，你就賣給我吧。」

「不要。」

「我可以跳舞，我可以為你跳舞！你看！」

說話的女性擺動身體，重重地跺腳。她轉圈，跳躍。瑪莎轉過身去。

這名女性又跳了一下子，繼而哭泣離去。

這家店的主人是企業家薩拉馬托夫，以他遍布泰米爾半島的連鎖超市「火。鳥」聞名。他讓繼子格里曼負責烏斯特—阿瓦姆的販賣亭。格里曼覺得這店不好管。

糧食在夏天時由駁船運來，冬天時靠卡車，開在深陷於雪地裡的道路上。煤炭與汽油先於糧食。今年第四艘也是最後一艘駁船始終沒來。船長拒絕在淺水處繼續前行，被炒了魷魚。

麵粉和食鹽都缺貨。瑪莎每天早上都打電話給格里曼，但他已經沒了主意。水位很低，離初雪也沒多少時間了。

出納員兼「老闆娘」瑪莎是個大塊頭的俊美女子，有一頭染淡的短髮和粗粗的眼線。「我一半是多爾干人，另一半誰知道。」瑪莎坦承。她祖先是薩滿羅曼，帶領了最後一次抗俄起義。瑪莎不是這裡人，她滿十六歲就逃離了沃洛昌卡。由祖母和曾祖母帶大的她，童年故事血淚斑斑。以前她酗酒，但結婚之後「我們一起戒了」。她和丈夫在北邊凍原上的小木屋住了很多年。「我們是從一無所有開始的。」她已經沒有多餘的同情心。

要在烏斯特－阿瓦姆當個店主人，你得知道每個人的所有事情。誰的年金有多少，是否有借貸；誰酗酒，誰打獵，誰的汽艇有足夠的汽油可用；誰跟誰在吵架，再也不會一起去捕魚。

瑪莎有個小本子，裡頭登記了村民的賒帳金額。

絕大多數人總是在欠錢。年金與國家福利金每月初跟著直升機一起到來，這時大家便魚貫而入店裡，結清上個月的欠款，展開新的一輪。接下來幾天，街上就「全是活屍」——活屍是人們對酒鬼的稱呼。

商品價格是莫斯科的整整兩倍。

賣得最好的當然是伏特加。會有第二批酒跟著第二艘駁船和煤炭一起到來，而且從來不會缺貨。店裡後面的房間從地板到天花板堆滿了一箱箱奇怪品牌的伏特加。

一瓶要價六百盧布，營業時間後的檯面下價格是一千盧布。但瑪莎可不會在晚上賣酒。先前的出納員也是個女的，她就在店裡橫遭殺害。她當時住在後面那個現在拿來存放伏特加的房間。和兩個孩子一起從烏克蘭來到烏斯特－阿瓦姆的她當時正在抗癌，戴著頭巾。村裡沒人記得她的名字，但記得她遭強暴而後殺害時沒有一聲喊叫，因為她怕吵醒孩子。每個人都覺得這很感人，直升機運走她的屍體時，村人都出來送別。她會開門是因為她認識那個人，也就是本地的連續殺人犯，圖格拉科夫。晚上可以賺很多錢。瑪莎會給賒帳買伏特加的人很多「福利品」，也就是她賣不掉的東西。一罐罐羅宋湯，嬰兒洗髮精，甜玉米罐頭。她一語不發地把東西塞給他們。大家拿走他們不需要的東西，她再記在那個小本子裡。

村裡的獵人和漁民也會賣東西到店裡，所以載運物資的駁船和卡車從烏斯特－阿姆瓦返回時總是堆滿肉品、獸皮和魚。男人的報酬以生鮮食品支付。但為了在一待好幾個月的狩獵地或打漁場生存，他們的團隊必須購買食物、茶、咖啡和穀物——而且全都是先記在帳上。他們用所有捕來的東西償還欠款。

窗戶上面貼著價目表：狗魚一公斤五十盧布，名為 muskun 的一種大型白魚每公斤一百四十盧布，清理過的馴鹿角五百盧布。「如你所見，我們全是奴隸。」村民告訴我。

瑪莎是烏斯特－阿瓦姆權力最大的人，就連俄裔市長也是望塵莫及。

恩加納桑人是怎麼被馴化的

在其著作《北極之鏡》中，歷史學家斯廖茲金詳述俄國政府對北方部族的態度如何與時改變。他們的地位從被迫繳納贖金的蠻族，演變為某種新進子民階級，奉獻的貢品（依然是毛皮）多寡經過特殊安排決定。與俄羅斯人獲得平等待遇是不可想像的，因為大家的共識是這些部族「神經心智能力不足」。在現代的黎明和革命前夕，「高貴的野蠻人」曾短暫打動知識分子的情感和思想。民粹派[5]將眼光投向西伯利亞「年輕而偉大的土地」——因為未經開發而純粹，也因未經教化而篤

5 民粹派（Narodnik）是活躍於一八六〇至一九一〇年代的意識形態團體派系。他們相信知識分子應該深化與「平民百姓」（也

實，是必將到來的俄羅斯集體主義生活可行的典範。善於論戰的作家希什科夫曾寫過，「西伯利亞種族的風俗，奇異地融合了令人生厭的惡行和父權體系的美德。」原住民仿若一面鏡子，俄羅斯人希望透過這個他者照見自身。民族誌學者雅德林采夫寫過一部專著，講的就是俄羅斯人是仁慈的殖民者，「不比西班牙人或英國人糟。」

布爾什維克派[6]則視少數民族為挑戰。他們組成北方委員會，負責一項真正的歷史性任務：讓這些部落脫離他們原始的生活方式，跳過奴隸制度、封建制度和資本主義，直接進入共產主義耀眼的光輝之中。

新的掌權者直到一九二〇年才大舉抵達泰米爾半島。他們穿梭在凍原的營帳之間，召集部落會議和執行委員會。里歐諾夫在他一九二九年的著作《蘇維埃原住民》一書中，描述了恩加納桑人與布爾什維克之間最初的談判。恩加納桑人想知道，他們是否「必須像服從之前的官吏一樣，完全聽命於新的指導者。」「指導者」說不需要，但恩加納桑人才針對新規定提出第一個異議後，「指導者」就宣告，「你們這些老人心中想的是舊的法則，你們向上天祈禱，違反了蘇維埃的規矩。如果你們繼續這樣說話，帶著步槍的士兵將從克拉斯諾雅斯克來到這裡，把你們關到金屬箱子裡。」一位恩加納桑人回憶，「之後我們就怕了，閉嘴不說話，於是會面在沉默中結束。」

事實證明，要把階級理論套用在恩加納桑人身上絕非易事。

布爾什維克黨人為了剷除富農四處搜尋，但根本沒有富農。恩加納桑人所有的財富就是馴鹿，不管是他們自己養的還是野生的馴鹿。一群狼、一波疾病或一場雪暴，都可能在任何時刻讓任何鹿群「被消失」。因此，幸運的牧養者永遠會幫助不幸的牧養者，負責多餵飽一些人，給不走運的人工作做。

儘管如此，黨人終究還是找到富農，對付了他們。

布爾什維克黨人禁止了沿河岸的季節性大規模馴鹿撲殺，認為這是盜獵。小規模馴鹿畜養先是經過了集體化，然後成為國家所有。一九七三年，集體畜養的馴鹿受腐蹄病爆發所害，數以千計的整群馴鹿都遭到撲殺。

村民對這一年的記憶是「最黑暗的一年」。

腐蹄病可以預防嗎？俄羅斯科學院的普魯茲尼科夫認為如此。許多世紀以來，恩加納桑人成功維持了馴鹿數量，以及野生和馴養族群的互相混合。泰米爾半島原是世上唯一有馴養和野生鹿群共存的地方。由於新規定讓狩獵形同非法，恩加納桑人不再追蹤野生馴鹿的路徑，這導致種畜弱化，實質上終結了泰米爾半島上的馴鹿畜養。

為了取代馴鹿撲殺，布爾什維克黨人設立「Gospromkhoz」，即國家工業生產中心。獵人必須交出毛皮、肉和魚，算是向蘇維埃聯邦納貢，女性則以獸皮縫製鞋子和紀念品。

國家工業生產中心比蘇聯多存在了十年，到二〇〇〇年才關閉。資本主義終於來到恩加納桑人的土地。

就是narod）之間的連結，以此尋根、找到自己在國家與世界的定位。民粹派相信農民社會是建立社會主義的自然場域，他們成為醫生、護士、書吏、老師、鐵匠，移居到村莊，在農民之間散播反沙皇權威的宣傳。

6 譯注：布爾什維克（Bolshevik）是俄國社會民主工黨的一個派系，在俄語中是「多數派」的意思，因為在黨內人數居多而得名。蘇聯共產黨的前身。

隨之而來的，還有一連串怪異的死亡事件。

自殺之神科陀拉

楚普林在四月九日這天離開烏斯特—阿瓦姆。北極的永夜已經結束，他要去都丁卡探望妻子和女兒。他獨自一人出發，雪橇繫在他的雪上摩托車後面，上面滿載馴鹿肉。

「他是老經驗的獵人，幾乎從來不需要捕魚。他對凍原瞭如指掌，閉著眼都能在上面行駛。」

「他總是把當季第一次的狩獵品送給長者，這裡的習俗就是這樣——狩獵品要分給老弱者和獨自生活的女性，剩下來的才歸自己。」

楚普林沿河行駛，抵達了克列斯提獵鹿營地，冰凍的杜迪普塔河在此和皮亞西納河交會。他在那喝了杯茶後朝鎮上前進。接著，雪暴降臨。

他們說，雪暴遮蔽了房舍。他們說，雪是濕的，一落下來便立刻凍結為一層冰。

楚普林繼續前行。

他的雪上摩托車拋錨了。

他嘗試徒步回克列斯提，已經很近的時候卻往右偏行，朝房舍的方向而去，最後活活凍死。

「死得太沒道理了，」市長說。「隔天我們想組成搜索隊，但雪暴還沒停。那場雪暴持續了三天。等到終於結束，我們請求直升機支援，但這時雪暴已經吹去都丁卡了。後來直升機終於來了，在克列斯提附近搜尋。我們怎麼會沒看到他的雪上摩托車？我也說不上來，但直升機飛出去兩三公里就找到他了。」

四月十九日，楚普林葬在村子後方的凍原上。他原要帶給妻女的鹿肉在葬禮後的聚會中用來招待賓客。

楚普林之死可說是善終，大家喜歡講述這則故事。

其他人的死亡就不是如此。

在烏斯特－阿瓦姆，死亡是什麼樣貌？這裡每年死去的六個人當中，只有一人會是自然死亡。兩三人會凍死或死於飲酒，其他人則死於自殺。

此地人口三百人，每年有兩人自殺。

發生的情況令人難以理解。

一家之主吃過早餐和午餐後，上吊自盡。

丈夫去鎮上但沒告訴妻子，妻子自縊而死。

一對父子一起喝酒，接著各自回房。之後，父親注意到兒子也坐得太直了，走近一看才發現，兒子不是坐著，而是吊著。

一名獵人駕船在河中行駛，引擎壞了。他試圖修好引擎，卻徒勞無功。他舉槍自戕，流血而死。

這一帶的自殺事件不會引發反思或情感。每個家庭都有人自殺。這是日常。

嘉琳娜說到自己如何失去結縭十四年的丈夫。「那年夏天，對，是六月，他上吊了。我不知道為什麼。那天早上他似乎一如平常，每件事都好好的，但後來，下午的時候……我去朋友家。我抵達時……大家跑來叫我回家。『嘉琳娜，』他們喊，『趕快回家，出事了。』然後醫生跟我一起跑回去，還有警察。我到家時他們已經把他抬下來。那時他四十五歲，死前完全沒有喝酒。他偶爾會喝，但那天沒有。他沒對我透露半個字。我們有三個孩子，兩個女兒，還有最大的一個女兒是我前夫的。前夫也死了，淹死的。」

唯一試著把自己失落的感受化為話語的是塔提安娜。塔提安娜是孤兒，她姊姊柳德米拉就像她的母親。四年前柳德米拉自殺。塔提安娜「依照恩加納桑人的方式」，戴著面紗，越過自家門檻前的三個火堆，埋葬了姊姊。後來她改信基督教。「我需要你們的上帝。」

她不談論自殺，因為這並不合宜，但她會寫「沒多少人看得懂」的詩。

「我想尖叫，讓人們全都沉默！如此我便可以聽到你的回答……為什麼，為什麼你非得離去？你留下了你兒子。你總是說你愛他。他一直在長大，他想知道，『我媽媽去了哪裡？』保持沉默和說謊使人痛苦。我告訴他，『她很快就會回來。』所以他等待，但他必須知道。」

柳德米拉的兒子名叫沙夏，塔提安娜把他和自己的兩個兒子一起養育。

沙夏剛滿十一歲，他們從鎮上訂了個蛋糕。沙夏就是一直看恐怖片的那個少年，我之前見過他，躲在舊鎮公所的角落，頭上戴著大大的耳機。

塔提安娜為我解釋：「他有很多恐懼，很多害怕的事情，都是在他媽媽走後開始的。他有時會坐在電腦前，他並不想看那些電影，但決心要克服自己的恐懼，所以還是會坐到電影演完。一開始他會寫字條給我，用紙剪出愛心。還會畫他媽媽在天上的圖畫。他的字條寫著『塔提安娜我愛你』，字條藏在我的化妝包裡。我開始抱他親他，他又害羞起來。沙夏覺得我兒子會吃醋，以為我們沒有那麼愛他。每個孩子我們都一樣愛。現在他不寫紙條給我了。他還會做一件事，好像他在另一個世界裡。他會開始射擊，像這樣撲倒在地，連在學校他都這樣，突然站起來然後開始假裝射擊，接著離開。就像在電玩裡。」

＊＊＊

「你就走吧！」一名顧客正在倉皇離開，瑪莎朝著他背後大喊。「你有辦法找錢買伏特加，就是沒錢買食物和香菸！」

「這裡很多人自殺嗎？」

「比較多。在沃洛昌卡和烏斯特－阿瓦姆，自殺的人比自然死去的人多。人會崩潰，尤其是年輕人，他們自殺的特別多。這裡沒工作，什麼都沒有。你看向未來，未來只是一片空蕩。」

「就說瓦斯亞吧，他是春天死的，上吊。他從牢裡回來，靜靜生活了一陣子，然後大鬧一場。沒人檢舉他，結果他卻自己跑去上吊。也許他想再被關回去吧。牢裡至少有地方待，還有東西吃。在這裡，用電要錢，想吃飯就得工作。沒吃的、沒工作、沒錢付電費。你爸爸一天到晚都醉醺醺的，親戚也不幫忙，不願收容。就這麼回事。我們試著幫忙，多少盡一點力。他不要我們幫忙。那就這樣吧。」

「說起這個索特尼科夫，那可真是怪事。明明什麼都有了還上吊自殺。他很會打獵。我猜跟那個警察有關，他想把索特尼科夫的槍拿走。這樣要他拿什麼餵飽家人？要他們吃什麼？他只能靠打獵賺錢。」

「最堅強的人才能生存，崩潰的人就走了。你看我們族人有多少搬去鎮上後就開始喝酒。死了，有些人失蹤，一點線索也沒留下。我們一半的族人不知道怎麼在鎮上生活。這裡還有鄰居，可以跟誰要點鹽或糖什麼的，在鎮上你找誰去要？一半的人在牢裡，另一半失蹤了。」

瑪莎的妹妹歐雅去鎮上生活，後來在那上吊自殺——在那之前還先慶祝搬了新家，過了生日。

「我們把死亡率從一年十二到十四個人，減少到一年六七個人。即使如此，我還是覺得太多，」市長表示。「一年兩個人就正常了，那個無法避免。最糟糕的是年輕人死去。每十個死者裡面，只有一個是死於自然衰老。」

瑪雅娜

瑪雅娜的自殺是特例。死時二十七歲的她據說是個美人，但沒有她的照片留存。她死於二〇一七年一月十九日，大家都說是市長的錯。

瑪雅娜的母親羅莎在村子裡漫遊。噙著淚水的小眼睛長在小小的臉上，頭上有頂帶耳罩的小紅帽。大家會把酒分給她喝。她沒有邀我們進去——她的窗戶上沒有玻璃，只有塑膠膜，天曉得屋子裡有什麼。

羅莎回憶，「她到幼稚園接兒子後回到家。我心想，她為什麼看起來那麼悲傷？後來我就再也沒見到她。」她說，「我不跟市長說話！他必須走人。」

她繞著村子走了幾圈，然後走上大家常走的那條路，去哀求店家讓她賒帳買伏特加。瑪莎拒絕了，羅莎順從地離開。她走後瑪莎說，「以前我還會可憐她，她女兒死了，我還幫忙出了葬禮的錢，我真為那個蠢貨感到難過。可是她一點也不在乎我，完全不知感恩。她只有一小筆年金，政府發的。她有個很好的女兒瑪雅娜，是個好女孩，只是會喝酒，我也為她難過。她是個樂天女孩，從來沒有喪氣，永遠在跳舞，可後來他們決定帶走她兒子。她上吊了，上吊時沒有喝酒。這件事之後，他們就不再把村民的孩子帶走。」

「他們來找過她兩三次，試著把她兒子帶走。她嚇死了，到哪裡都害怕這件事。我不知道他們為何盯上她，明明別人的孩子才應該被帶走。她從沒要求過什麼。她先生還活著，儘管她在這樣的環境中長大，嫁的倒是不錯了。她甚至還有手機哩！其他喝酒的人什麼都弄丟了。即使她喝酒，她還是會上網幫兒子買東西。她很漂亮，也沒怪媽媽喝酒。」

「本來村裡要開會的，大家決定應該針對她的事情開個會。誰知道她會做這種傻事？她拿了條繩子，在他們以前的家裡面上吊。她兒子跑到會議上，說他媽媽帶著一條繩子到那裡去了。她丈夫趕快衝過去，但已經來不及了。」

市長解釋，「瑪雅娜本來沒有法院案件在身，是社會服務局決定把她的案子送去法院審理。我跟幾個人打過招呼，說我會幫她說話，『是的，她以前有喝酒，但現在沒有，一切都好。』我說我會請社會服務局將觀察期再寬限六個月，讓我們繼續和瑪雅娜一起努力，而不是把案子送去法院。我們都支持這樣做，每個人都贊成，還舉辦全村會議。結果我去開會時，他們告訴我她上吊了。」

「當時我們在推行一個計畫，叫做『我們的村，我們的家』，為的是讓烏斯特－阿瓦姆變好。瑪雅娜也參與其中。她是個好員工，擔任祕書，總是在用電腦。她就像是我的助理，整理所有文書，列出所有居民清單。她很有能力。不過，有一次她毆打了自己的老母親，狠狠打了一頓。瑪雅娜清醒後，警察局長跟我把她叫到警局，她告訴我們她要上吊自殺。我說，瑪雅娜，你有孩子啊，你有個小男孩阿廖沙。」

「兩年前我走在都丁卡的街道時，突然聽到有人喊市長伯伯！我回頭一看，是阿廖沙，跟孤兒院的一名老師走在一起。我對那位老師說，別擔心，我沒有惡意。我們聊了一會兒。我跟老師說，這兒有一千盧布你拿去，幫他全宿舍的人買一個蛋糕。老師收下了。他是個很棒的孩子。瑪雅娜的先生米哈伊洛維奇很能幹，幾乎什麼事都能做。但他只要看到伏特加，只要他進了店門，眼裡就沒有其他東西。他老是跟我說，米哈伊洛維奇，我一定要戒酒，把阿廖沙接回來。然後我又抓到他喝酒——米哈伊洛維奇，你不是答應過我嗎？算了，我不會再信你了。瑪雅娜死後已經三年了，阿廖沙還在那間孤兒院裡。」

「當然，每個人都說，這要怪市長！她會上吊都是市長的錯！他們會酗酒也要怪市長。想想我如果試著把伏特加禁掉會怎麼樣。」

伏特加

伏特加隨著俄羅斯人一起到來。哥薩克人在收取原住民的毛皮貢品時，會請他們享用麵包與伏特加。伏特加，還有錫、油和菸草這些「沙皇的贈禮」，是用以吸引游牧民族前來納貢的——若非如此，要向這些部落追討貢品絕無可能。

後來，最早的商人抵達西伯利亞時也延續了這項傳統。斯廖茲金寫過，「伏特加是習用的飲品，少了它，貿易無從進行——這既是因為狩獵者的熱烈需求，也是因為商人的冷酷算計。理論上，販賣酒精是違法的，實際上，酒精無所不在。」一八七七年，民族誌學者波利亞科夫描述了下鄂畢河沿岸的貿易如何進行：「首先，你免費給原住民奧斯蒂亞克人一杯純伏特加：第一瓶賣一盧布。接下來二瓶一半是水，每瓶賣一點五盧布。接下來三瓶全都是水，賣二盧布一瓶。奧斯蒂亞克人離開時已然酩酊大醉。」

各種商品的價格遭到哄抬且品質往往有瑕疵，然而魚、毛皮和肉品卻是以物易物。商人為部落供應商品並收取貢品，換來的是購買部落所有物產和租賃他們絕大部分土地的獨家權利。在葉尼塞河一帶從事貿易的商人科巴契夫還向政府提出申請，想將這類租賃契約寫成法律，讓他獲得對圖魯漢斯克區全區的獨家權利。他的請求遭駁回。這裡的土地與河流，以及所有的部落，全都屬於俄羅斯帝國。

畫家尤拉

柴油站是村落的心臟，電力則是生命。一共有三個油槽，每個上面都附著用量錶和彎曲的管子，漆著代表市政府的綠色油彩。

就在主發電機廳前有一間小盒子般的房間。裡頭牆壁泛黃，桌上有杯子，燒水壺，用散置管子做成的菸灰缸，還有茶。

穿著藍色連身衣的一名年輕男子蹲在一疊紙上方。凍原從紙上躍然而出。他在紙上畫了一條汁液飽滿的藍色線條。他在天空各處輕點，這些筆觸隨即化為氣流。這一切於他如行雲流水，全然不假思索。他又沾了一點紅色。十六個方格裡的顏料幻化為一條河流，一片湧動的森林，以及它們上方的空氣。隨著灰雲遮蔽陽光，在地表投下陰影，紅色的凍原亦隨之脈動。

尤拉是柴油站的工作人員，他太太名叫貝帝（應該是「貝蒂」才對，但辦護照的小姐不知道怎麼拼寫），在幼稚園教小朋友認識水果。冬天時他們只有水果可吃，但冬天還在很久以後。

「我經常畫我看到的東西。這幅畫的是夏天，夏天要結束了，我已經開始想念。」

尤拉畫出大致方位，再在水上畫幾筆，河流看起來變凶險了。

通常他盡量不在工作時畫畫。他趁太太小孩還在折疊床上睡覺時，從早上五點畫到九點。他們一家五口共享約三坪的空間，要畫畫時尤拉就鑽進美其名為廚房的櫃子裡，戴上耳機，放起莫斯科饒舌樂團「刪節號」（Ellipses）的音樂。

他從未學過美術。應該說，他申請到都丁卡的藝術學校，但在六個月後被請走。「我都在瞎混，什麼鬼都沒做……貝蒂懷孕了，於是我回來她身邊。」

他的作品從不署名。「反正我自己記得。」他把作品送人或放在朋友家。如今莫斯科有個藝術節想要幾幅他狂野奔放的水彩畫，他手邊的作品卻不夠了。他得把顏料帶來上班。

三隻鳥，一隻在風中微微轉向。「要有個有生命的東西。」

完成一幅畫需要半小時。尤拉的一輪班有十二小時。一天日班，一天晚班，然後休假兩天。「我們幫客人加油，注意一下讀數。有時候得稍微抑制柴油的流量，或是整個停掉。要注意壓力、電壓、頻率，還有燃料量——得一直加更多燃料進去。如果有什麼需要拆開修理，那就會弄得全身是油。」他們一共有五個人：兩個年輕人，三個老人。這是份穩定的好差事，是村裡最好的工作。

「一開始我會頭痛，因為噪音。回到家我會大吼而不是用正常音量講話。」

這是他在這兒工作的第五年。以前他會喝酒。村裡的人問他，「你為什麼不喝酒？」

「我不會喝酒。」

「那就學著喝。」

「有次我在都丁卡跟大家喝酒。五天假，都在喝酒。最後我在五天裡被逮捕了三次。到第四天，已經不是為喝而喝，只是想要暫時失去意識。那已經不好玩了。貝蒂帶我回家，她把我所有的衣服都丟到洗衣機裡，讓我無法離開。但我非常想要喝一杯。我穿上濕牛仔褲要出門，但門鎖上了。貝蒂說，你要是現在走，我就跟你離婚。我說，鑰匙給我。她給了我，我試著開門，但打不開。我打不開門。我很迷信，那一定代表什麼。我去諾里爾斯克接受了厭惡療法。」

「這裡對滴酒不沾的人不以為然，他們說現在高攀不上我了。」

「她可能救了我的命。」

烏嘉納亞

村民幫彼此報名前往生產工作站和凍原上的哨站，這樣才有資格獲取「游牧金」，這是政府發給「實踐傳統生活方式者」的補助——換句話說是殖民賠償金。現在是每個月六千盧布。

但說真的，有多人完全靠著凍原生活？

烏嘉納亞站距離烏斯特－阿瓦姆四十八公里，在冰冷的河水上航行三小時可到。

我們疾速駛過凍原，風吹得我衣服飄動。

臉圓圓的科斯特亞正要載一名工人前往烏嘉納亞。科斯特亞為秋天的捕魚季雇用了鄰人。他並不真的需要幫手，只是「這樣他才不會把自己喝到死。」

在船上，他們的面容改變了。看起來更放鬆、專注、精準，像是適得其所的人，做著他們瞭如指掌的事。

恩加納桑人有個動詞是「argish」，意思是帶著自己的雪橇隊伍跟隨著一群馴鹿行動。這描述的是一種生活方式，以前每個人都這樣做。他們原本的生活是恆動的，是我們使他們驟然停下。

那兒有隻野兔在灌叢間伏地而跑。一隻鳥如自由落體下墜。科斯特亞默默指向一條濺起水花的魚，掛在網子上的一隻海鷗，一名男子在昨日留下的腳印。

科斯特亞的弟弟柳卡在水畔等他。柳卡是烏嘉納亞首屈一指的漁人。三十二歲的他跟所有人都說他二十九歲，因為他覺得身為成年男性還沒妻小很丟臉。村民笑他愛看一個盲眼算命師主持的電視節目，而且還相信她的預測。柳卡說，「他們都愛吹牛，舉起一杯伏特加很容易，叫他們搬煤炭試試看。」

柳卡是我碰到的年輕人中唯一還懂恩加納桑語的人。他不講恩加納桑語，因為沒人可以對話，但他知道大約兩百個單字，而且會喃喃自語，「koly，魚；kobtuaku，年輕女性；lapseke，小孩；tyi，火焰。」「Kodiumu teingu?」他問我。意思是「你有男朋友嗎？」接著又害羞起來。

皮亞西納河的河水不會流入烏嘉納亞河，而這是個奇蹟。這表示五月的柴油漏油事件沒有影響烏嘉納亞。皮亞西納河是完了，科斯特亞感慨。他告訴我他開汽艇去鎮上時，沿途到處看到死魚，鋪滿了淺水處。「當時我手機沒電，不然你要的證據就有了。」

烏嘉納亞只有一棟房子，寬而黑，佇立在一道深邃的溝壑邊上。它有個俄羅斯風格的淺斜屋頂，側邊有錫條。屋旁有個燻魚用的楚姆帳篷。兩隻小狗在我們腳邊扭打。房前長著高高的白草，環抱著一艘藍色的金屬船。一群鳥乘著風朝天邊而去，彷彿被拋向天空的一串珠鍊。房子後面，烏嘉納亞河流向與杜迪普塔河匯流處。這是水位上漲的第三天，河水混濁而湧動。網子裡積滿淤泥，魚兒看到網子後隨即撤退。

柳卡準備去檢查網子。他穿著亮橘色的連身工作服，發著微光，不可能比這更顯眼了。他表親就在這兒淹死，而柳卡沒能救到他，因為在混濁河水裡找不到他。冰冷的河水在他腳邊奔流。

他把漁網一個個拉起來，用靈巧的手翻看。水面下有東西閃現：腹部是金黃色和銀色的白魚，還有一臉狡猾的狗魚。奮力掙扎擺動的魚彎成U形，血流到船上，與金色混合在一起。北地緩慢移動的太陽將柳卡的皮膚、船隻與河水都洗去了顏色。

魚血比人血耀眼。

冰窖是閃亮的王國，地底的隧道，分割成好幾段。柳卡整理漁獲，把仍在顫動的魚放到先前已經冰凍的魚堆上。這年夏天他們只抓到兩噸魚。其中一噸送到薩拉馬托夫的商店，這讓他們買到柴油。錢就這樣沒了。

另一半漁獲貯藏起來。

冬天來臨時，黑市買家會來到烏嘉納亞，他們出的價格好多了。冰窖裡的魚也在等待冬天。

回到家後，柳卡切了條肥腴的白魚，以鹽巴和洋蔥調味。屋內的爐火上，水在炙熱的水壺裡噗嚕噗嚕滾動。男人們啟動柴油發電機，在電視機前坐下。

電視上說，烏梁諾夫斯克有位居民因為在不朽軍團[7]網站上傳希特勒的照片而被告上法庭。政府規定電動機車的時速不得超過二十公里。沙馬拉的農業與製造業論壇圓滿結束，州長頒獎給一位牧羊人。

男人們躺著不動。

「普丁到底想幹什麼？」科斯特亞碎唸。「完全就是個爛透的犯罪組織。先是普丁，然後是梅德韋傑夫，之後又換回來。」

夜晚遠比房子遼闊，也比我們悠遠。溝壑上空，數不盡的星星閃耀。北極光穿過星星上升，那是死者的綠色太陽。像隻橫跨半個天空的眼睛，或一座不可思議的城市，在天際如一抹模糊痕跡般微光閃動。雪要來了。

柳卡夢到他溺死的表親。

「如果被他看到，你就會生病，」早上時柳卡告訴我。「不要和他打招呼。我就沒有。」

「不要用圍裙擦乾盤子，」電視上的盲眼預言家說。「那樣會抹掉你的幸福。」

老營地

維特亞，人稱「安巴」，那是他外號「大使」（Ambassador）的簡稱。安巴也住在烏嘉納亞河畔的那棟房子，但有自己的出入口。他划自己的小船去捕魚，幫大家煮飯。光頭的他有一大把鬍鬚，還有透著愉快的圓眼睛。他想知道大城市是否像電影裡演得那樣有吸血鬼。科斯特亞兄弟覺得他腦子有點問題。

花了很久才說服他帶我們前往廢棄的舊營地。他說他腿痛，又說「那裡沒什麼好看」。我們終於說動他之後，安巴先把冷凍鹿肝放到絞肉機裡，然後上了他的船，開始拆引擎。「月亮正在轉盈，所以會有點風。」他用唱歌般的語調說，然後大笑出聲。

要去廢棄營地必須渡過烏嘉納亞河。

我們必須徒步走過龜裂的沙地，爬上那座巨大的山丘。

山丘上長滿岩高蘭和宛如紅色水滴的苔桃。安巴抓起果子一把把塞到嘴裡，對著草叢喃喃自語。

---

7 不朽軍團（Immortal Regiment）是俄羅斯的愛國運動。五月九日勝利日當天，成員會帶著曾經參與戰爭或在大後方勞動的親屬照片到街道上遊行。不朽軍團的網站可讓使用者將親屬資料加入「國家記事」（National Chronicle）。這個運動在二〇一二年由獨立記者在托木斯克（Tomsk）創立，旨在保存經歷過第二次世界大戰那一代人的記憶。這個運動很快成為實質上的政府組織。二〇一五年，不朽軍團遊行在紅場舉行，普丁也帶著身為退役軍人的父親肖像參與。近年來，參與者也開始帶著阿富汗、車臣、喬治亞、敘利亞和烏克蘭戰爭退伍軍人的肖像。

他走得很快，我們勉強才能跟上。

山丘像是毛茸茸的野獸。山丘一片荒蕪。

風吹進彷彿海螺殼的世界裡。

下方，波浪起伏的烏嘉納亞河流入寬闊的杜迪普塔河。

鹿角從草叢裡探出來，像白色的枝椏。你若細看，會發現凍原上充滿各種東西。茶壺。孩童的雪橇（「那是個墳墓，別過去，」安巴指示）。木造的獵鹿鞍座。

「我的楚姆帳篷本來就在這裡，以前我們都在這裡玩，二、三、四年級的時候。這裡是我們以前住的地方，我都會光腳從這裡跑去那裡，只穿內衣。下雨的時候我就跑在雨裡。」

「以前山丘上都是楚姆帳篷，有兩個老人和太太住在這裡。其中一個是老奶奶瓦雅。你來做什麼呀，小朋友？媽媽要點糖。其他小孩以前老愛笑我：乞丐，乞丐！但老奶奶要他們閉上嘴。」

安巴坐到草地上。

「要是可以在這裡蓋一棟房子就好了，就住在這裡。高高的，什麼都看得到。如果鹿回來了，我們也可以看到。水到不了這裡。」

還住在村子裡時，安巴的太太喝醉酒出門摔倒，凍死了。那之後他的孩子就被帶走。他說大女兒現在一定長好大了。她住在克拉斯諾雅斯克。安巴問我到克拉斯諾雅斯克的一張火車票多少錢。

山丘下，小塊小塊的灰色沙地裡生長著棕葉蘆，尖端如毛茸茸的白色尾巴。安巴用手指著腳下的沙子。

「有隻白鼬經過這裡。那裡是隻黑貂，那邊是我。」

恩加納桑人如何埋葬死者

尼娜告訴我恩加納桑人如何死去。

一個人被放到地底下，沿著一條黑暗的路徑前行，抵達死人居住的地方。有條紅色的河裡流著血，死人之境就在河的另一邊。死人不會立即接受新人，他必須在河畔獨自居住三年，期滿以前，死人視他為不潔。新人必須等待三年後才能渡河，上船前得用紅色的河水洗滌自己。

死人的國度如何？「幾乎跟這裡的生活一樣。」只是他們全都住在楚姆帳篷裡，每個帳篷裡都有火爐。死者照舊過日子，也會婚嫁。但他們不會變老，始終維持原本的樣子。

「在這個世界裡變老比較好，我想要這樣。」尼娜說。

生者不能造訪死者，除非是在他入葬三年之後、渡河之前。談論死者也是禁忌。那條邊界必須保持封閉。

邊界受到小心維護。從葬禮返回以後，你得先越過三個火堆才能跨過自家門檻。總有一名女性不參加喪禮，負責準備火堆和拔取狗毛丟入火裡。火堆在哪裡生起？夏天時在金屬板上，否則便是在舊鍋盆或狗碗裡。生者從喪禮回來後跨過火焰，洗滌雙手，坐下吃飯。

死者必須帶著旅途所需：三件防風雪的大衣，一件穿在身上，一件枕在頭下，一件擱在腳下。女性的送行物包括兩片未經鞣製的鹿腿皮，一把割皮刀，一根針，以及一個頂針。針要折斷，頂針要壓碎。這名女性會在死者之域為自己縫製鞋子。

男性從前的送行物是一把斧頭和獵槍托，今日則伴著一把弓與兩支箭。槍枝全都需要獲取執照和經過登記。

男性和女性都有刀陪葬，「用來抵禦蜂擁而入的老鼠。」

今日，所有人都依照俄國風俗葬在土裡。以前，死者會被留在凍原。夏天時大家搭起楚姆帳篷，把死者扛在肩上抬進去。冬天時，他們把死者放在解下了馴鹿套具的雪橇上。

孩童葬在樹裡。樹枝用鐵絲或繩子纏繞，小小的棺木綁在上面。小小孩不用棺木。媽媽會在他們的衣服縫上小小的鵝翅膀。在死去孩童的衣服和棺木上會用煤炭畫出圖案，那是和他們父母養的馴鹿身上一樣的烙印，稱為「kirbir」。這樣子，已經離世的親戚或死去的爸爸就能認出孩子。

死去的孩子不去地下。他們化身成如麻雀般嬌小的鳥「迪亞馬庫」。有時他們飛上天空，抵達七姊妹的聖座，她們在那裡哄孩子睡去，再解開小妹的袋子。夏季便是從這裡落入世界。

市長的反酗酒戰爭

「我在某年勝利日曾經試過，憑著我的職權直接禁止銷售酒精。這是二〇一四年的事。正式慶祝活動在中午展開，而商店在十點開門。大概十一點左右吧，有個代表團來到我門口。」

「顯然，在這裡我代表俄國占領者。我們都是壞人，是壓迫者。他們向檢察總長投訴我，說我剝奪他們的權利。地方檢察官告知我，伏特加就和麵包、醃豬肉、小黃瓜或番茄沒有兩樣。我們沒有權利禁止。」

「你曾感覺到挫折嗎？」

「你想聽真話嗎？我原本對這裡真正的情況一無所知。當警察時不一樣，我有明確的工作，有任務在身。如今，事情實在太多，而我想做的事情和我的資源不相符。我不知道怎麼讓他們不要再喝酒。我們什麼都試過了。我在商店逮住他們，跟每個人個別談話。我會說，你看，瓦勒拉，你兒子來了，然後默默比手勢要那孩子過來。想去店裡嗎？我們走進去，我告訴櫃檯那女人讓孩子買五百盧布的糖果。我對她眨眨眼，她也知道我打什麼主意。她秤好糖果後走過去找孩子的爸，說，瓦勒拉，付錢！他喃喃抱怨，誰知道他在背後都說我什麼，但他把帳付了。這下子他就沒錢買伏特加。瑪莎會在晚上暗中賣酒給他們。我找她談。她說，米哈伊洛維奇，我有一大家子人要養。跟這些賣家談根本沒意義，因為每個人都這樣幹。歐雅、娜塔莎、尤莉雅，他們都帶酒來賣給當地人。最糟糕的是還沒人覺得這有什麼不對。」

「我們想查緝他們，但必須找到有人願意拿著我們的錢去買黑市的酒。沒人肯幹。他們說，米哈伊洛維奇，這樣子再也不會有人賣東西給我。我們甚至試過修法，使得光是看到有人在營業時間後帶著酒從店裡出來，就足以展開調查程序。市政府願意支持，但地區政府拒絕了我們。這件事早就該在地區議會提出，但沒人願意為了我們修改法律。」

「我試過為年輕人安排社交茶會。沒酒嗎？那我們不來。我們有一天是老人日：什麼，你們弄不到伏特加喔？勝利日當天，我和村俱樂部會長一起發送蕎麥粥、肉罐、更多蕎麥、還有糖。全都我們自己出錢。每三四個老奶奶就有一個會怒視我們：你們可以在裡面放點伏特加，別管什麼茶。」

「跟他們講不通的，我們還能怎麼辦？用棍子嗎？又不能直接禁掉。如果試著禁掉，那走私客就會用船把酒運來。」

「至少他們不會再開卡車走冬天的道路運來。警察首長和我一起跟那些人嚴肅談過。我告訴他們，我們一定會破獲你們走私，我們不會以伏特加為罪名抓你們，而是會因為車輛失修而逮到你們，或抓到你們酒駕，撤銷駕照。懂我意思嗎？他們懂了。有個傢伙說，『我只是新年時帶了兩瓶香檳進來。』香檳我可以忍，但二十箱伏特加可不行！我去跟某個大頭抱怨了一番，結果他太太告訴我：是我在賣伏特加給那些人，你少礙事。」

鏡子帳篷之主的女兒

尼娜唱起歌：

鏡子帳篷之主
將他的全副眼神（越過火堆）
投向帳篷的另一端，
聲如洪鐘地說：
「鏡子帳篷之主的女兒，
我的女兒，
在我看來

從外面，從入口
似乎傳來迴盪的腳步聲，
來自飛來的那人

她來是為了要說：
自從貝里雅爾的主人，
名為似橋弓的那人
離我們而去之後，
一個原先不存在的
小男孩
已來到這世間，
走在馴鹿的路徑上，
帶著一條繩子。」

聽到這話，他的女兒
穿上旅行的衣裳
從雙弓起飛，
以彼此相疊的

兩弓為起點
彈跳而上，
穿過帳篷的煙孔，
一飛沖天
直入雲霄，西向而去。

她帕卡大衣飛揚的兩側
一如最宏偉老鷹的雙翼。
正如她燃燒的眼睛
彷若雙星，
似明亮的北極星。
隨著天空破曉
她抵達貝里雅爾，
逐漸接近楚姆帳篷。
她輕輕地、輕輕地
在煙孔上方彎身
好探看裡面：

似橋弓
娶了個太太，
很久以前他就娶了她。
他還有了個兒子
和一個小女娃
搖籃就在母親的身邊。

如今，飛下落地的那位
踏著迴盪的步伐走入，
「貝里雅爾的主人之子，
準備戰鬥。
我來到這裡
和你正面相接。
讓我們決一死戰。
不是你死就是我活！」

似橋弓
來到外頭迎戰

就在離帳篷不遠之處。
他們只舉起弓。
首發之箭
彼此碰撞，
憑空引爆了
轟隆作響的一陣風，
憑空觸發了
雷鳴和閃電。
他們再次彎弓放箭
直直射中
彼此的心臟。
受傷的兩人
緩緩靠近彼此，
受傷的兩人牽起雙手，
一起雙膝跪地，
在跪著的時候
一同側身倒下。
他們如雲莓般倒地，

一起倒地。

告別烏斯特——阿瓦姆

直升機機票要到昔日的醫療診所購買。這裡已經沒有醫生，村子正在死去、凋零，曾經完備的診所如今只剩護理站。我問負責醫療用品的尤莉雅：「你們真的在賣酒嗎？」

「是真的，」她回答得乾脆。「一千盧布一瓶。我先生病了，我女兒在上大學。我們欠銀行一百萬盧布，我身兼三份工作還是不夠。不賣酒的話我們活不下去。」

有位藍眼睛的年輕俄裔電機工程師為了工作走遍泰米爾半島，他告訴我，「我偷偷去過墳場。那裡很奇怪，到處是扭曲的十字架和柱子，頂端放著小小的錫鳥。好多那種鳥。」

市長找到在直升機旁邊等待的我，擁抱了我一下。「不要寫我們不好的事，在這邊已經夠難了。」他在我耳邊悄聲說。

有人遞給我一位小男嬰和一疊文件，兩樣都要送去都丁卡給他母親。

他睡著了，睡得很沉，不自然的沉。

我把他抱在懷裡。下方，灰色的凍原飛掠而過。它在等待雪，等待那又深又久的雪降臨，將它覆蓋。從來就只有凍原，除此無他，而且將一直如此。

雪

雪在十月降臨，將凍原包裹在吹雪堆裡。河流結凍了。十二月帶來攝氏零下五十度的霜凍，村子變得靜止不動，所有人都圍在煤炭爐旁。

十二月也捎來消息，諾鎳公司將為泰米爾半島原住民被摧殘至死的河流進行賠償。任何正式參與捕魚團體或接受游牧補助金的人都可以獲得二十五萬盧布。

大家搭乘直升機抵達都丁卡，再從那裡前往諾里爾斯克。他們帶著孩子和老者同行。他們開了新的銀行帳戶，因為許多人的舊帳戶已在還不出貸款時被限制提領。他們到了諾鎳子公司諾里爾斯克—泰米爾能源公司的辦公室，簽署賠償契約。

契約第三條申明：「賠償金之給付，視同公司已履行有關諾里爾斯克第三號發電站柴油外洩之全部義務，並免除對任何進一步產生的賠償聲請之責任。」

契約第四條申明：「雙方認可他們已經基於平等地位進行協商。」

大家讀都沒讀就簽名。幾乎沒人瞭解第三和第四條款真正的意思：以每人二十五萬盧布的代價，他們永遠放棄了追求正義的權利，也接受了他們的河流被摧殘至死的事實。七百人簽署了契約：烏斯特—阿瓦姆和沃洛昌卡的所有人，以及鎮上的許多人。另一份名單正在為了五月的簽署而準備。

幾乎所有人都買了一輛山葉五號雪地摩托車，開著它回到村裡。

有錢流入村子裡意味著大量飲酒。

馬克辛姆是第一個死的。他被自己的嘔吐物噎住，心跳停止而死。下一個是托利克。他身上的瘀青引發了調查，但刑事鑑定專家判定這是舊的毆打傷。造成他心跳停止的是酒精。

安德烈刺傷了帕夫利克，但沒有致死。

接下來，烏斯特－阿瓦姆預期還將迎來每年的兩起自殺，「通常在春天或夏天」，還有疾病或年老造成的一起自然死亡。

在凍原挖掘墳墓是很費力的工作。若你相信尼娜所說，則死後發生的事情先是三年等待和一條血紅色的河流，接著才進入另一個世界。在那裡，馴鹿在一座座楚姆帳篷周圍吃草，魚可以呼吸，沒有俄羅斯人，而恩加納桑人將永世居住。

第九章　母親與克里米亞，我的第一場戰爭

對媽媽而言，蘇聯——蘇維埃社會主義共和國聯邦，過去與未來都是世上最偉大的國家。她在那裡生活了四十四年，她的整個青春都在那裡。她不在意我去旅行，從不要我送她紀念品或給她看照片。她說，我沒興趣。

她還說，因為你無法想像愛去哪就去哪，而且不管去到哪都像家一樣自在。她去過喬治亞、烏克蘭、拉脫維亞、愛沙尼亞、立陶宛、白俄羅斯——全都曾是同一個國家。

她會說，我還是無法相信過去曾經是那樣。

但媽媽最難忘的是克里米亞。

我記得小時候聽她說過關於那片迷人半島的故事。海是最溫暖的，天是最湛藍的，好多好多懸崖，有些是白色的。那裡的宮殿是真正的宮殿，每一座都不一樣。有一座希臘古城的遺跡和荒原中的立柱。去克里米亞是每個蘇維埃子民的夢想。以前的人總開玩笑說那是蘇聯的中央海灘。但重點真的是海灘嗎？那整個地方都帶著魔幻感，幾乎不像真的。

媽媽總問，烏克蘭憑什麼有這種好運？那裡以前是屬於所有人的。

我告訴她，沒關係，我們還是可以去。

（我從沒去過克里米亞，現在看來我永遠不會去了。）

我給了媽媽一臺筆電，教她怎麼搜尋東西。你看，有音樂，有電影。這裡是我的文章，你讀我的文章時我很開心。你在這裡輸入「克里米亞」就可以全部重溫一遍——那裡的宮殿，海洋，還有草木蔓生的懸崖，看起來像隻沉睡的熊。

媽媽學會怎麼用她的筆電。

後來我妹決定也要表現出和我一樣對媽媽的愛，所以幫媽媽買了一臺電視機——小小的，不過是平面螢幕。

看電視比較簡單，只要打開就好。

而且有了電視就不再孤單。我妹和我都為了工作搬去莫斯科，很久沒有與母親同住。

媽媽下班回家就打開電視，公寓裡隨即充滿了歡聲笑語。只有我打電話去的時候她才關掉電視。我每天都打，但都只是短短一通，十分鐘、二十分鐘。然後又剩下她獨自一人，而一切都是那麼安靜。

二〇一三年秋天，我不斷感冒和陷入憂鬱。報社派了別人去報導烏克蘭的革命。那場革命的導火線是親俄總統亞努科維奇拒絕簽署《歐盟與烏克蘭聯合協定》，反而想強化烏俄關係。群眾齊呼口號，「烏克蘭是歐洲。」我從遠方看著帳篷城市在獨立廣場形成，關注基輔街頭的戰鬥。我同事則身陷警方火線內。一場革命中總有對立的兩方勢力：政府與人民。人民贏了，亞努科維奇逃到俄國。烏克蘭的勝利讓我深感期待。我心想，我們必須從他們的經驗學習。也許有一天我們也能贏得改變。

媽媽總是打電話給我說，感謝老天你不在那裡，上帝保護了你。

「保護我什麼？」

「你知道那裡有多少納粹嗎？他們會因為你是俄國人就吊死你。」

「媽，那是胡說八道。」

「他們現在只要是俄羅斯的東西都恨，他們喜歡歐洲，視我們為敵人。那整場革命就是在反俄羅斯。怎麼，難道你什麼都不知道？」

「你知道什麼？」

「我看電視。」

「我讀我同事的報導，他們也是俄羅斯人，沒人把他們吊起來。」

「因為你們報社反俄羅斯，一定是因為這樣。」

「你真的覺得我反俄羅斯嗎？」

「他們在那兒大叫，要大家開始跳上跳下，誰不跳就說他是『莫斯靠』！[1]所以大家只好跳上跳下！」

「那又怎樣？那裡很冷，他們只是想保持溫暖。」

「那又怎樣?!難道你不覺得心裡受傷嗎？」

「我不在乎基輔的人在喊什麼。」

「看吧！你不在乎。對你而言那是外國，但我還記得基輔屬於我們的年代。」

1　莫斯靠（Moskal）是烏克蘭語中的貶義詞，原指俄羅斯軍人或官員，現在指所有俄羅斯人。

我們互掛電話。媽媽可能去空蕩蕩的公寓裡泡茶，摸摸她養的白貓，坐回電視機前。我則一邊抽菸一邊心中暗想，幹他媽的，她什麼不好買，為什麼偏要買電視給她？

新年時我妹和我去探望媽媽。我們用椰棗燉兔子，成品還不錯。洋蔥醬不行，大家都沒碰。我們三人一起坐在電視機前面。午夜的鐘聲過後，節目放起俄羅斯國歌，我們這小家庭的成員全都站起來跟著一起唱。

冬天繼續推進。二月時消息傳出，制服上無任何標誌的部隊開始滲透克里米亞。有一天軍人攻占了最高議會和政府總部。他們沒表明身分，更以黑色滑雪頭套遮面。記者開始稱呼他們為「彬彬有禮的人」。他們也確實很有禮貌，願意和當地人合影，說些玩笑話。

烏克蘭政府說他們是俄國軍人。普丁否認，說他們只是當地的自衛團體。就算他們的制服看起來很像俄國的又如何？那樣的制服在任何商店都能買到。

媽媽和我通電話，她深感憂心。

「他們會不會是烏克蘭叛亂分子？」

「什麼？」

「烏克蘭叛亂分子，像革命時在獨立廣場對人開槍的那些人。」

「媽，在獨立廣場朝人群開槍的是警察。」

「你怎麼知道？」

「有照片和影片拍到他們。」

「不對，是叛亂分子對警察和人群開槍，警察是在回擊。現在叛亂分子可能跑到克里米亞了。

克里米亞！那裡那麼多俄羅斯人，大家都講俄語。那些納粹痛恨俄羅斯人，會把他們都殺掉。」

「這又是電視上說的嗎？」

「電視上說的又怎樣！那些人也是你同事。」

「他們不是我同事。」

「如果他們不是你同事，那你就不是記者。」

媽媽掛掉電話，我去抽菸。

被占領軍控制的最高議會宣布針對克里米亞的地位進行公投——後來變成針對克里米亞成為俄羅斯的一部分進行公投。烏克蘭政府說這樣的公投違憲，最高議會則說廣場革命才違憲，因為那不是革命而是政變。他們說是民族主義勢力在烏克蘭強勢奪權，而如今極端團體正試圖滲透克里米亞，因此最高議會的任務是保護克里米亞人民。

我打電話給媽媽，她很擔心。

「如果叛亂分子開始發動恐怖攻擊怎麼辦？他們當然需要舉辦公投。如果克里米亞成為俄羅斯的一部分，就沒人敢動克里米亞人一根寒毛了。你知道俄羅斯有多保護自己的國民嗎？」

「有時我覺得我們住在兩個不同的國家裡。」

「我知道那種感覺。」

我們陷入沉默。

公投在彬彬有禮的人占領下的城市舉行。我們被告知，百分之九十六的克里米亞人都投票支持脫烏入俄。兩天後，普丁總統與新上任的最高議會主席簽署克里米亞加入俄羅斯聯邦的協議。他們辦了一場施放煙火的慶祝活動。

媽媽主動打電話給我。

「你能想像嗎，大家都走上街頭慶祝！他們在跳舞！克里米亞回來了！回到它天生所屬的港灣——大家都是這麼說的。你能相信我活著看到這一天嗎，蓮娜？」

聽你說話讓我噁心。

「什麼？」

「聽你說話讓我噁心！我們——是我們！——剛搶了一大塊別人的土地。」

「我們搶了什麼？克里米亞向來是我們的。在歷史上和精神上都是我們的，是俄羅斯的。那裡的人支持俄羅斯，他們不想住在烏克蘭。」

「那就讓他們搬到俄羅斯。」

「你為什麼要這樣講話？你不覺得自己很可恥嗎？」

「**你**才不覺得自己很可恥嗎？你到底懂什麼？他們剛經歷一場革命，他們連總統都還沒有。我們這是趁火打劫！」

「我們沒有！克里米亞向來是——」

「就有！那就像鄰居家著火的時候去把他的山羊給偷了！」

「克里米亞不是一頭山羊！那裡的人民為自己的土地當家作主，我還以為你支持民主。」

「什麼民主？街上可是有武裝分子，而且很可能是我們的人。」

「如果是我們的人，普丁會說。」

「什麼，你沒聽過普丁說謊嗎？」

「你對總統就沒有一點尊重嗎？你得有點基本的尊重！」

「他有什麼好讓我尊重的地方？」

「你也不尊重我，這樣跟自己的母親講話，你為什麼要對我大吼大叫？」

「因為我覺得很可恥！而你不覺得！」

「你很蠢，你聽我說。聽我說，就算你不需要克里米亞那又怎樣，那裡還是會屬於你的孩子。你的孩子會去那裡。這是多令人讚嘆的遺產，那裡的懸崖是白色的，真的是白色的。」

「我沒辦法跟你說下去了。」

「我也沒辦法跟你說下去了。」

我們掛上電話。我想哭，但我體內有什麼在燃燒，就像我小時候受傷或傷心時那樣。我流不出眼淚。我打回去給她，她不接電話。好吧，我不會再打過去了，就讓她在她的電視機前腐爛吧。

辦公室裡，我困惑的同事描述著他們與親人間的對話。我聽著他們說話，彷彿聽到了我母親在說話——我那親愛而可憐的母親，突然間顯露了她體內有一頭怪物，貪婪而無恥。怎麼會這樣？少了她我該怎麼辦？少了我她又該怎麼辦？

攝影師阿特米耶娃走過來對我說，不要再這樣了，現在就停止。用用腦，想想你比較在乎什麼，克里米亞還是你母親？

「我母親。」

「那就不用再說了。」

我又打了電話給她。我們談窗戶上的露珠，談貓咪如何整夜都在攀爬櫃子，直到黎明將至才入睡，談學校的孩子又開始得流感，這已經是第二波了。

直到談話最後我才說，「那你明白將有一場戰爭嗎？」

「不會有戰爭。俄羅斯很強大，沒人敢跟它開戰。」

「因為它強大，就代表可以為所欲為嗎？」

「當然，世界不就是這麼回事嗎？美國就打了伊拉克。」

「我不在乎美國！」

「你不在乎俄國！」

「我愛你。」

「我愛你。」

一個月後，普丁說那些「彬彬有禮的人」其實是俄羅斯軍人。

再過一個月，頓內次克州和盧甘斯克州宣布脫離烏克蘭獨立。戰爭開始了。

〈你丈夫自願上火線〉

二〇一四年六月十七日

二〇一四年五月三十日凌晨，冷藏卡車駕駛於烏斯潘卡檢查哨穿越俄羅斯邊界。一輛黑色的Land Cruiser 越野車在邊界與駕駛會合，讓卡車跟在後面。他們在清晨四點半卸下卡車上的貨品。駕駛不知道這是哪裡，可能是某個軍事基地的停屍間，位在頓河畔羅斯托夫的邊緣。

當晚在烏斯潘卡執勤的邊境守衛說，三名穿著迷彩服的男子出現，把監視器關掉，還叫他們把手機關掉。接著，卡車通過邊界時，那些男子乾脆沒收他們的手機。守衛沒有查驗貨物相關文件，沒有搜查卡車，連登記都沒有。卡車載運的是三十一具屍體——在五月二十六日的頓內次克機場爭奪戰中喪生的俄羅斯戰士。

在頓內次克共和國通報下，卡車通過邊境時有不少記者在場。我們得知其中兩名死者的姓名：謝爾蓋．澤達諾維奇和尤利．阿布羅西莫夫。接著又有兩個姓氏出現在社群媒體上：尤林與埃弗雷莫夫，兩人先前在俄羅斯空軍特種部隊第四十五團服完義務役。除此沒有別的消息。

我打電話給頓河畔羅斯托夫的每一間停屍間，不過，「某個軍事基地的停屍間」分明只有可能是地區醫院一六〇二，位在羅斯托夫偏遠的沃恩維德區。這是一片占地廣闊的軍事建築群，有基地、轉運站和一座機場。醫院有接收與處理死者的中心，稱為CRDD，還有一座車臣戰爭時期留下的龐大冷藏設施，可容納四百具遺體。

據說在沃恩維德沒有屍體。CRDD副主管亞歷克西（他拒絕透露姓氏）表示，「我們只有士兵，而且都來自車臣戰爭。有軍人親屬和傘兵前來詢問，我們甚至讓他們的一些人進來，自己親眼看看。這裡沒有任何人的屍體。」軍方鑑識中心行政部門首長沃爾科娃告訴我，「城市和地區鑑識中心也有人打電話來詢問，他們也在找人，因為死者親屬緊追不放。屍體不在我們這邊，我們的屍體都來自法院。若在這裡我會知道。」

北高加索軍區的新聞聯絡處試圖說服我相信軍方的停屍間裡只有軍人，而我在找的人是平民。他們叫我去別的地方找。

俄羅斯不承認參與頓巴斯戰爭。「那裡沒有俄羅斯的作戰教官、特種部隊或軍隊——那裡沒有我們的人。」普丁說。

＊＊＊

二女三男站在沃恩維德的醫院入口附近，躲在工地貨櫃屋改成的禮拜堂投下的狹長陰影裡。他們在瀏覽 iPhone 裡的照片，挑選墓碑上要用哪一張。其中一名男性顯然跟其他人都不認識，一頭灰髮的他身材很高，有著軍人的儀態。他走到一旁，用一臺巨大的電話通話。

我問他們是否來這裡認領遺體，他們點點頭，我問遺體是否來自頓內次克機場，他們再次點點頭。「你又是誰？」

得知我是記者後，他們立刻要我離他們「至少十公尺遠，不過，請你還是走吧」。

「如果你有任何羞恥心就不要拍任何照片。」一襲青綠色洋裝、滿臉痛苦的年輕女子懇求道。她的表情有點奇特。我後來才明白，那不是悲痛之人被打擾的惱怒，而是強烈的恐懼。

他們自己走開了，從陰影裡走入正午的驕陽下。氣溫逼近攝氏三十二度，沒有地方可以坐下，只有滿是沙塵的混凝土路障。大約二十公尺外就有冷氣辦公室和椅子，但他們似乎對醫院敬而遠之。他們沒有離開，只是保持距離。

四十分鐘之後出現五名男子，有著古銅色肌膚，穿著緊繃的骯髒T恤。他們走上前與灰髮男子交談，討論細節。我偷聽到他們的談話：「我們需要裡面有人下命令。」其中一名男子走向我問：「你怎麼查出屍體在這？」他轉向在一旁抽菸的士兵，「不要跟她說話，她是記者。」士兵快速鑽進一輛車，把門全都鎖上，開始一直冒汗。他們不敢把窗開個縫，也不敢發動引擎。我走去陽光最烈的地方，好離他們遠一點。士兵下車透氣，但家屬還是太害怕，始終沒有走回陰影。

一個小時後，古銅色肌膚的其中一名男子從駛過的吉普車中對我們喊道：「去吃午飯，我們還沒有決定！」一家屬離去。

我後來得知他們設法帶走了遺體。沒有官方與他們聯繫，全都是他們自己摸索的。他們直接打電話到頓巴斯，在頓巴斯與羅斯托夫之間斡旋。遺體在檯面下透過非官方管道完成移交。

隔天，在同樣的祕密行事下，謝爾蓋·澤達諾維奇的遺體在埃列克特羅戈爾斯克被領走。統一俄羅斯黨[1]執委會主席和戰鬥兄弟會[2]當地分支的代表提庫諾夫，親自前往羅斯托夫促成了此事。

1 統一俄羅斯黨（United Russia Party）是俄羅斯最大政黨，有「權力黨」之稱。自二〇一一年成立以來，該黨一直全心支持普在我的要求下，退伍軍人組織與北高加索軍區的領導層會面。領導層誠懇認真地告訴他們，羅斯托夫沒有軍人屍體，那只是為了轉移注意力的幌子，沒什麼好追查的。和許多官員談過後，該軍區行政部門新聞服務處的提托夫也一頭霧水。「他們對我也是什麼都不透露。目前我能跟你確認的是，我們沒有在移送任何屍體或聯絡家屬。」

＊＊＊

穿著鞋店 Shoecenter 字樣T恤的年輕女子站在購物商場前。她默默給了我半個擁抱，領我上了手扶梯，來到鞋店的庫房。裡面，另一名店員正準備吃三明治，卻在看到我們後匆匆離去。這個女子名叫黎亞娜。在同事建議下，她在 VKontakte[3] 發布了關於她同居伴侶失蹤的消息。他名叫葉夫根尼，生於一九六七年。那天，我剛得知他名列一份死亡名單中。頓內次克證實了葉夫根尼的屍體已由冷藏卡車運到羅斯托夫。

黎亞娜的眼淚已經流乾。

「我只慶幸他不在某處的屍體堆中。有太多屍體被遺棄，有人告訴我那些屍體都已經腐爛，還說烏克蘭軍隊想乾脆燒掉他們。」

黎亞娜尋找葉夫根尼已經七天了。她簡短概述了她一個人的地獄。

「他離開時什麼也沒跟我說。有天晚上我下班回家（我上班到十點），只看到他留了一張字條。上面說他把車開走了，寫著：『車在安德利克那裡。』」

「五月三十號，我想到安德利克一定跟他在阿富汗一起當過兵，是他在那邊結交的哥兒們。是安德利克最先在死傷名單中看到葉夫根尼的名字。我打電話問他。『對，他死了，但我還沒看到屍體。我再打給你跟你說領取遺體的時間地點。』」

「我等到晚上十一點，又打了電話給他。『我不知道屍體在哪裡，別拿你那些蠢問題來煩我。』後來他打回來給我，『他不在羅斯托夫，某份名單上有他，但另一份上面沒有。』接著他又告訴我根本沒辦法辨認身分，跟在車臣的時候一模一樣，開始跟我講各種恐怖故事。」

「但那時我的腦子已經恢復運作，我可以從他的手和腳辨認他，還有牙齒——那是沒辦法毀掉的。何況他有植牙，我可以請他的牙醫幫忙看。還有他的DNA。『不要，你別那樣做，專家分析很貴。』」

「再後來，關於冷藏卡車的貼文出現在不同的部落格，說屍體如何被載運穿越邊界。」

「隔天我去上班，但同事都看得出來我的狀況。他們也開始透過熟人找他。有些人認得警察，有些人認得聯邦安全局的人——到處都問了，一無所獲。彷彿他們根本沒聽說有那麼多屍體從那裡運出來。我們老闆有個女兒在羅斯托夫第二市立醫院工作，她證實了那輛卡車去過醫院，但他們的停屍間放不下，所以屍體被送去沃恩維德。」

丁規劃的路線。以二〇二一年而言，國家杜馬四百五十個議席中，有三百二十四位議員為統一俄羅斯黨員。

2 戰鬥兄弟會（Combat Brotherhood）是所謂地方戰爭與軍事衝突的退伍軍人組織。一九九七年創立當時，這個組織集合了在十九國發生的三十五場戰爭與衝突的參與者。今天，該組織有九萬名成員，幾乎在俄羅斯每個地區都有辦公室。

3 這是俄羅斯的社交網路，有一億用戶。

「我打過去，但我是個白痴，我說我要找的屍體來自頓內次克。一聽到頓內次克，烏克蘭，他們馬上滿口『沒有沒有……』」

黎亞娜態度平靜。眼淚在她眼中泛起，轉瞬間就消散。

「即使不能把屍體領出來安葬，我也想至少看一眼，或至少有張照片。」

我再度致電統一俄羅斯黨的提庫諾夫。我知道，就在那一刻，他正伴著謝爾蓋·澤達諾維奇的遺體前往埃列克特羅戈爾斯克。我向他說明，我就坐在和謝爾蓋一起送命的男子的太太旁邊。提庫諾夫說我弄錯了，說我們報紙刊登的全是謊言和未經證實的消息。

「和我在一起的遺孀已經在各個停屍間尋找八天了，你要跟她說話嗎？」

「你敢再打一次電話給我試試看。」他威脅，接著關閉了手機。

我們致電戰鬥兄弟會，阿富汗戰爭退役軍人，現役軍人。他們全都答應幫忙，但建議我們不要抱太多期望。

葉夫根尼在筆記本裡寫了一封信。

寶貝！

昨天我不忍告訴你，我不想讓你難過，因為我知道你多在乎我。

你自己也看得出現在的情形。

我沒辦法再繼續這樣過日子——沒有在工作，也沒有在生活，卡在一條死路上。所以我去頓巴斯，他們在等我，我在那裡才有機會。如果我活下來再說給你聽。

我愛你。

我會開漫遊，親愛的。

他們在一起兩年半，還沒正式結婚。五月的假日期間他們才在說應該弄清楚該去哪裡繳交文件。「那是真正的幸福，我們從來不吵架，一次都沒有過。」

從一九八五年五月到一九八七年五月，葉夫根尼在阿富汗服役，擔任摩托化步兵單位機槍手。他沒跟黎亞娜說太多阿富汗的事情。「他想盡可能遺忘。」他在裝甲車內遭火燒傷，因而住院。「他媽媽兩度收到病危通知，每次收到她都心臟病發。」如今他父母都已經不在，親人就剩下黎亞娜、第一段婚姻留下的六歲女兒，還有一些表親。

葉夫根尼是鎖匠。軍方紀錄寫他有過一次前科。他大量閱讀，主要是奇幻小說。他玩的遊戲是《戰車世界》、《戰爭雷霆》、《浩劫殺陣》、《戰機世界》。戰車、飛機、射擊。近年來，他在朋友開的電腦和辦公室設備維修公司上班，負責訂單取件和送件。後來朋友不付他薪水了，而他需要薪水才能支付孩子的扶養費和過生活。黎亞娜說，他的財務狀況可能是他去頓巴斯的關鍵因素。「論壇上說他們會付薪水，但真的會嗎？」「他為什麼要去？」她問我。

「我沒看到他收拾任何東西，他的電話從來不響。他只在去年秋天廣場革命期間提過一次，在他們開第一槍的時候——那些後來消失無蹤的狙擊手，記得嗎？我們在看新聞時他說，『要是爆發戰爭，我們就在邊界上。他們會召集後備軍人，我會是第一批進去的。』」

「如果他告訴我他要去，是，我會不開心，但我會恢復理智。我們會坐下來談，討論如果他怎麼了我該怎麼辦。但沒有，他完全祕密行事。」

＊＊＊

葉夫根尼沒有登出他的VKontakte使用者帳號。黎亞娜說他在網站聊天室中跟人討論行前準備。那次聊天在五月十九日，只持續了幾個小時。葉夫根尼的使用者名稱是「濕婆」（那也是他在線上遊戲的玩家名，黎亞娜向我解釋，濕婆是掌管戰爭之神）。和他聊天的用戶名為「胖埃皮凡」，是俄羅斯志願軍／頓巴斯群組的志願者。葉夫根尼在聊天室裡寫下：「我收到關於『競賽』的電話。」胖埃皮凡於是請他填一個表格：呼號、出生日期、先前戰鬥經驗、特殊專長、尺寸、所在城市、有何裝備、電話號碼。

胖埃皮凡問他何時能抵達駐地，準備部署到羅斯托夫。他們從沒提到具體地址。「如果有制服就帶來，」胖埃皮凡指示。「最好是特戰服，還要帶靴子、橄欖綠眼鏡蛇扣帶。有現成靴子的話，不要再額外買，也不要帶俄羅斯軍隊的數位迷彩制服。」

「我回了胖埃皮凡的訊息，然後葉夫根尼終於在二十三號打電話給我。我開始對他吼：『你在哪，為什麼拋下我？』『別擔心，我在這，我們就在邊界上。我們在健身、跑步，一切都會沒事。』我說，『不要惹麻煩。拜託，請你一定要回家，你為什麼非去不可？』『別擔心，我會打電話給你。如果沒打，那就是不准打。』那是我最後一次收到他消息。之後他手機又關機。他們在二十六日開始受到攻擊。」

現在，黎亞娜正在傳送葉夫根尼的辨識特徵給胖埃皮凡。「他的水晶體動過手術，上排門齒有一顆裝了牙套，左手中指有刺青，他試過要除掉。他右腋下還有豌豆大小的胎記……」「收到。」胖埃皮凡回覆。

黎亞娜上傳了清楚可見刺青的照片。

* * *

VKontakte 上的俄羅斯志願兵／頓巴斯群組有一萬人追蹤，也有很不錯的安全系統，管理員都保持匿名。對志願者的要求相當嚴格：只接受有戰鬥經驗、二十六歲以上、具備特定專長和無前科者。目前他們需要的是裝甲步兵車員、可攜式反戰車導彈發射器操作員、防空飛彈系統操作員、自動榴彈發射器 AGS-17 操作員，以及槍榴彈或火焰槍操作員。志願者似乎在第一西南國際旅的支持下前來。他們也召募平民：技工、駕駛、指揮中心參謀、後勤專員、醫生和醫護人員。

除了線上徵召，頓河畔羅斯托夫的招募辦公室也接受志願者現場報名。有些退役軍人說招募辦公室在五月假期的前幾天來電，邀請他們到辦公室一談。接到電話的只有具備戰鬥經驗者、軍官和准尉。

致電者說他們需要人員協助，以防備敵方像在敖德薩時一樣使用牽制性戰術。一切純屬自願，他們會提供聯絡電話給選擇加入者。換句話說，招募官員在找的是核心幹部。

「一堆人加入，他們對戰爭結果很樂觀。羅斯托夫地區一半的人在那邊有親戚，他們有想要保衛的人。」

羅斯托夫確實是招募士兵的理想地點，這裡有從阿富汗到喬治亞等近期衝突的六萬八千名退役軍人。當地的哥薩克人幾乎每一個都參與了聶伯區的聶斯特里亞戰爭。[4]

感覺上，這裡的人似乎都已免疫於戰爭的必要之惡。羅斯托夫人都明白，有正式的戰爭，也有非正式的戰爭，而後者有許多名稱：反恐行動、分遣隊有限部署、維和任務，或什麼名字也沒有。

退役軍人不贊成尋找遺體。「直到官方提出那些人為何會在哪裡的說法以前，沒人會說話。如果事實證明我們的軍人，那些打過戰爭、具備技能與經驗的人去了那裡，那混帳美國人就會派軍隊過來。他們說有俄羅斯軍隊在那裡，但現在還沒有證據。如果證據曝光，其他國家全都會以此為藉口採取行動。」

這種坦承不諱在護士、停屍間工作人員和官僚等平民之間也極為普遍。他們懇求親屬試著瞭解其中牽涉的「政治因素」。

* * *

網路上有一則貼文流傳，「俄羅斯人渣屍體照片，限十八歲以上觀看。」

貼文在五月三十一日由一名烏克蘭部落客貼出，附帶一則警語告知這是「噁心的奇觀」。我很快滑過介紹文字，但對黎亞娜根本不重要。她從第十六張照片認出葉夫根尼。她也看了其他照片，並要求我們一起數算：一共有五十六張死人臉孔。「這些可能是他們沒帶回來的死者，一定有些人連自己摯愛的人已經死了都不知道。」

我們回頭看葉夫根尼的照片。

「看起來不像他。不過那是他的項鍊，至少看起來像是……他的耳朵不會像那樣外揚。頭和臉也完全不一樣。但還有刺青，你看，這些刺青那麼清晰，但他的已經褪色而且很舊了。不對，眉毛也不像他，他的比較細……他真的變得好多毛髮。該死，這可能是他，我想是。那條鍊子，他有條一樣的項鍊，那條鍊子。還有鼻孔，那個鼻子。對，是他。這是他。」

＊ ＊ ＊

外面炎熱異常。我們站在路障旁邊，在前幾天那些家屬站的地方左邊一點的位置。早上有位退役軍人跟一六〇二醫院的一名外科醫生聯繫上，他答應幫我們弄一個進入醫院的通行證。他叮囑我們不要經過接待櫃檯：他們最近改了規定，只有獲得院長特殊許可的人才能進入停屍間，而院長誰也不讓進。

外科醫生出去了，我們在等他。黎亞娜和她朋友達莎與伊果來回踱步。達莎正在告訴她最新消息：很多人離開前都把車子開去安德利克那邊，但他要等到他們「把事情都搞清楚」後才要把葉夫

4 譯注：聶斯特里亞（Transnistria）位於聶斯特河與摩爾多瓦—烏克蘭邊界之間的狹長地帶，一九九〇年單方宣布脫離摩爾多瓦蘇維埃社會主義共和國獨立，一九九二年五月至七月間與摩爾多瓦之間發生戰爭，後經斡旋停火，從此維持分治。

根尼的車子交出來。

「我不在乎，」黎亞娜表示，「最重要的是把葉夫根尼帶回家。」

外科醫生回來了，還帶著一名穿著制服的年長男子，他胸前的名牌上寫著「魯丁」，說自己是執勤軍官。黎亞娜幾乎沒有反應。外科醫生問我們：「現在這是什麼情況？」就好像我們不是早上才講過話一樣。兩名警衛從遠處看著我們交談。

「我丈夫被殺了，我需要親眼看到他才能確認。」

「我們這裡百分之百沒有他的屍體，你問過鑑定部門了嗎？」

「我問過，他們也告訴我他們那裡沒有。」魯丁回覆外科醫生。

「我們要看名單。」

「我沒有名單。」

「我們需要進去停屍間，拜託了。」

「你的意思是要直接進去停屍間？你是在問我怎麼進去嗎？」醫生假裝驚訝。「誰能核發許可進入停屍間？」

「進入停屍間。」魯丁重複他的話。

「這個嘛，可能是部門主管。但他目前不在，百分之百不在。現在一個人都沒有，我問過。」

「停屍間裡只有在醫院死亡的人，病人，普通的病人。」

「我不是病理學者，」外科醫生說。「我沒有任何關於死者的資訊。如果是傷者，我會知道。」

「但他們死了。」黎亞娜咬著嘴唇。

「實驗室技術員不在，我剛才打去他家裡，他說他們那裡沒有屍體。」

「我們可以去看看嗎？」

「小姐，我沒辦法就給你一張通行證。醫院負責人……如果他們給你他的電話號碼，那你儘管打電話去問他。」

「我們進去裡面吧，比較涼快。」達莎說。

＊＊＊

我們進去接待室，讓黎亞娜在椅子裡坐下。我們打給接收與處理死者的CRDD及醫院負責人，都沒人應答。旁邊一位老太太想要到醫院教堂。警衛告訴她，「因為烏克蘭的情勢，所有規定都改了。我們不讓外面的人進教堂，新規定是這樣。」

「如果我們乾脆爬過柵欄呢？」黎亞娜悄聲問，瘋狂開始在她眼中閃現。

「在停屍間門口會要看通行證，你會被關起來，黎亞娜，這樣就永遠找不到他的屍體了。」達莎回答。

兩名警衛走向值勤軍官魯丁，不時瞥我們幾眼。他們短暫交談一陣，其中一人天真地問黎亞娜，「為什麼他叫我們無論如何都不要讓你進去？」

「狗娘養的！」黎亞娜尖聲叫道。達莎用雙臂緊抱她，試著摀住她的嘴巴。

其中一名警衛與櫃檯值班的女子又悄聲交談一陣。

「你們是從頓內次克來的嗎？」

「不是，我們是這裡人。」

「我給你聯邦安全局的電話號碼。打給他們，跟他們問清楚。因為我們被告知……他們說，不可以讓任何人通過。來，打這個號碼。」

「你們怎麼可以這樣對待人？」黎亞娜大叫。「如果他人都死了，他們還要留著他做什麼?!」

「你冷靜一點，把事情都跟這位安全局官員說明清楚。他會下令給醫院負責人，然後你就……如果是我說了算就好，但不是。上面的交代是：不要放他們進來。」

紙條上有四位數的內線分機號碼，還有個名字「庫茲涅佐夫」。我們試著讓黎亞娜冷靜下來。她沒有在哭了。她用平靜的聲音對著話筒說話，說她丈夫失蹤了，她得知消息說他的遺體在這裡，她需要安葬他。或至少看到他，但醫院負責人堅決不放行。

我聽到電話另一端的聲音，「你要我做什麼？我根本不是軍隊的人，你要我做什麼？再見。」

值班的那名女子解釋，「你最大的錯誤就是提到『醫院負責人』。不讓你進去的不是負責人，是執勤軍官。」

我們抱著虛妄的希望，再次打給聯邦安全局那位官員。他的回應還是一樣。

然而，就在我們來到沃恩維德醫院的三小時後，也就是庫茲涅佐夫掛掉電話的十分鐘之後，黎亞娜接到一通電話。

電話上的男子自稱「謝爾蓋」。

「你丈夫死了，他的屍體藏在某處——」

「在沃恩維德嗎？」黎亞娜脫口而出。「我人就在這裡。」

「對，在這裡。但他們不會讓你進去的，黎亞娜。如今這是軍事機密了，你懂嗎？明天我們會把另一具遺體運出去。我們也可以把你丈夫運出去。有人會打電話給你安排葬禮，我們會協助打點一切，但棺材會封起來。」

「可是我需要看到他。」

「棺材會封起來，我跟你保證絕對是他。我們從你寄來的照片確認了他的刺青。」

＊＊＊

兩個小時後，「謝爾蓋」打回來說他今天就可以把遺體運出來。黎亞娜想要立即去領取，放在羅斯托夫任何一個可收受的停屍間，一邊安排葬禮。她也想開棺確認丈夫的身分。

羅斯托夫沒有一處停屍間同意開棺，連兩家私人的殯儀館都拒絕。一開始的談話都是例行公事：他們說明價格，詢問是否備妥文件。「謝爾蓋」告訴我們，葉夫根尼的死亡證明是在烏克蘭開立的。殯儀館聽到後旋即改變態度，「哦，他是那輛卡車運下來的嗎？我們不能收。」

有些人表示同情。

「這是在戰鬥行動中喪生的俄羅斯公民。」黎亞娜堅持。

「但我們的國家沒有涉入任何戰鬥行動。聽我說，我在這一行二十五年了。你需要官方身分證明，要有證書。不要嘗試自己打開棺材，你不知道裡面的人是誰。他們怎麼說的？『我們沒有任何屍體。』你應該把你現在領到的屍體葬了。我們不會收的，對我們風險太大。如果我們做了這種事，聯邦安全局可能會從不知道哪裡突然冒出來。這種事可能還會被視為挑釁。」

市立停屍間某位女性職員給了黎亞娜一名男子的電話，他今明兩天有上班，你可以問問他能否不看任何文件就把遺體埋了。另一個職員建議我們聯絡他在亞速一間殯儀館工作的朋友，他們可能還不知道現在的情形。

接著，一位殯儀館人員奧列格主動打電話給我們，宣稱「不具名人士」已經付錢給他，要他安排葉夫根尼的喪禮，也講好會把遺體運過去。黎亞娜請他把棺材打開。

馬上有一個自稱是「政治委員」的人打電話給她。

「有些人從五月二十六日以後就曝屍在機場外面，我們沒辦法去把他們帶走。我們設法把葉夫根尼運出來了，把他帶回俄羅斯。結果你現在要開棺。你真的覺得這樣對你丈夫是道德的嗎？我不認為。對方使用的是大口徑彈藥，你明白嗎？照現在這樣，你有了你的紅絲絨棺材，所有東西都好好的包在裡面。有死亡證明，官員也辨識了遺體身分。對，這些全都發生在戰鬥情況下，但他們確實辨認了他的身分。」

「你是成年人，你知道俄羅斯沒有涉入任何作戰行動。你丈夫自願上火線，然後在那裡喪命。」

「關於遺體和葬禮，我們會盡力幫忙。我們在俄羅斯有贊助者會協助安葬事宜。你必須瞭解，我們沒有受到政府支持。但我們會負責你丈夫的葬禮。」

說到這裡，「政治委員」停頓了一下，顯然是在等待黎亞娜表示感謝。但她一句話也沒說。

「那麼，再見了，」「政治委員」說。「很遺憾發生了這種事。」

＊＊＊

「我當然什麼都想要！」黎亞娜對朋友大吼。「我要專家檢查，我要親自認屍，我要確認那真的是他。但現在呢？」

沒地方可以停放遺體，沒地方可以送去，沒地方可以開棺。外頭攝氏三十五度。「謝爾蓋」告訴奧列格，他們會在葬禮前收到遺體。

黎亞娜的另一個朋友正在尋求保證，以確認遺體真的會交給他們。他們聯繫上一名將軍，他答應若遺體最後沒有交給家屬，他會親自陪同家屬前往沃溫維德。「但只有這一具遺體，這樣你清楚嗎？」將軍說。「別再叫我幫忙找其他親屬了，我只能把一具遺體弄出來！」

葬禮預定在星期一舉行。黎亞娜和達莎準備去買花圈。黎亞娜看著志願者群組頁面上的影片：樹枝上滿是殘礫，一名受傷的男子被人抓住外套拖行，雙腿被炸斷的一名女子試著站立。「他不是只在電視上看到這些事情，他知道實際情形。他沒辦法不去。」

我去另一個城市跟人會面，在夜裡回來。

花圈佇立在陽臺上。有兩個，黑色緞帶搭配玫瑰。

黎亞娜坐在沙發上，臉龐如生肉般紅腫。

「他們今天傍晚打來，不肯把葉夫根尼的遺體交給我，因為我跟記者交談——就是你。」

＊＊＊

我與黎亞娜斷絕所有聯繫。

我在羅斯托夫晃了兩天，不跟消息人士交談，不進行訪問，不做計畫，不前往邊界。我擔心嚇跑躲在屍體後面的那些人。我不能離開。我在市場吃莓果，閃避溜滑輪的小孩，經歷了幾場雷雨。

在十九世紀的帕拉莫諾夫倉庫沒了屋頂的遺址裡，泉水穿透了地基湧入，青少年從倉庫的牆上跳入水中，然後躺在桁樑上曬乾。

聚在古董攤旁的男人們說，即使在波洛申科就任總統後，烏克蘭還是不斷受到猛攻。有人說那就像老鼠變得病弱後被蟲子蠶食。「烏克蘭會變成那樣，就像達爾文說的。」

市公車上，來自頓內次克市斯拉夫揚斯克的難民婦女懷裡抱著孩子，彼此交談：「我跟我母親通Skype的時候，一直聽到比滋比滋的雜音，而且那聲音會持續十六個小時不中斷。」

「你家住的很高，聲音就是那樣傳播。」

「不是，那是因為他們一路攻上了加油站。」

「誰？」

「開槍的人，他們把油槽炸掉了。」

教堂裡的女子說，普丁的運勢還會好兩年，而美國自知這兩年力量不足，所以提供武器和防彈衣給烏克蘭，但不提供金援。

兩天後我得知，他們交還了葉夫根尼的遺體。

他終於得以入葬。

第十章 記憶的抹除

九月一日是我向來鍾愛的假日，那是開學第一天。學童穿著最好的衣服到校，在操場上排排站，家長則在場邊欣賞。學童手上拿著要獻給師長的花朵。個子最小的一年級女孩由最高的學長舉起，四處敲響手裡的鐘，那就是新學年伊始的鐘聲。

二〇〇四年九月一日，俄羅斯發生史上最嚴重的恐怖攻擊。恐怖分子占領了北奧塞提亞共和國小鎮貝斯蘭的一所學校。學童、家長和老師被帶進學校，總計有一千一百二十八名人質。他們被聚集在體育館，館裡裝滿了炸藥。第一天，恐怖分子殺害二十三名男性。他們不給人質水喝，大家不得不喝自己的尿液。第三天發生兩次爆炸，俄羅斯聯邦安全局開始圍攻學校。攻堅單位將槍榴彈和火焰槍對準學校開火，也用戰車砲擊。三百一十人在圍攻中死亡，其中一百八十六人為孩童。

安娜．波利特科夫斯卡婭在恐怖分子占領學校後，第一時間就飛往貝斯蘭。她在車臣的報導工作經驗豐富，想要設法安排與恐怖分子談判。但她在飛機上失去意識，原來她遭人下毒。飛機緊急降落，安娜保住了性命。我的另一名同事米拉西娜緊跟著飛往貝斯蘭。政府說謊，宣稱只有三百五十四名人質，是米拉西娜首先報導人質其實超過一千人。

《新報》在貝斯蘭開設了新聞團辦公室，此後多年我們的人員輪流派駐於貝斯蘭。我們的報導逐漸揭露出實際事件的輪廓。原來，九月三號到四號那個晚上，在調查人員展開工作以前，屍體已經先被移出體育館。彈片、衣物和屍塊被運去垃圾堆。化學分析無法確立引發圍攻的兩次爆炸實際原因為何。爆裂物處理專家暨國會小組成員薩維利耶夫根據建物損壞的模式，判斷引發圍攻的爆炸是從外面向體育館拋射的溫壓彈與碎片式手榴彈。後來，當地人將在周圍建物屋頂找到榴彈發射器彈殼，那是當時聯邦安全局狙擊手部署的位置。

貝斯蘭刑事案件的證物至今仍未解密，無從得見。我的同事設法取得了刑事偵辦過程中的部分文件，那是唯一存活的恐怖分子受審時的法庭資料。他們還訪問了每一位倖存的人質。真相逐漸明朗，圍攻的目的不是要救出人質，警察只想把恐怖分子殺光。

這一點後來亦經由歐洲人權法院確立。

當初是誰下令攻堅我們無從得知，但不大可能是普丁以外的人。

我仍記得人質事件的那些日子。沒人想過要發動圍攻，想的都只有談判，只有拯救孩子的生命。但沒有談判。普丁說俄羅斯不跟恐怖分子談判，而是要消滅他們。我記得圍攻的那些畫面，西方電視臺當時在現場直播。我記得孩子們從學校跑出來，跑到雙方交火的火線當中。他們跑出來，然後倒地。我記得，而且永遠不會忘記。圍攻暴露了普丁統治下俄羅斯真正的本質：為了摧毀敵人，殺小孩也沒關係，他們的生命並非太高昂的代價。

真相就站立在我們眼前，充滿了我們的整片視野。

但政府不要我們記得。據國營媒體報導，由於聯邦安全局特種部隊強攻學校並蒙受生命損失，如今他們成為英雄。學校所在的街道重新命名為緊急部隊英雄街。國家版本的真相銘刻在地圖上。大家開始把貝斯蘭當成一場悲劇談論，除了已經死亡的恐怖分子之外，沒人需要為之負責。後來，他們連談都不談了。人們遺忘了貝斯蘭。

《新報》是唯一持續報導的媒體。我們認為那是我們歷史的轉捩點，我們知道遺忘與冷漠總有代價。每年我們都有一名特派員前往貝斯蘭，報導這座活過無可承受之殤的城市，紀念九月那三天發生的事件。攻擊與圍攻事件的第十二個週年，輪到我去。

我在城市裡行走，進行訪談。城市在流動於街道的八月高溫中是靜止的。我的報導寫的是人質和死著家屬的夢。在貝斯蘭，夢不只是夢，而是為一個毀棄的世界填補起縫隙。我寫完我的報導，交稿給編輯。我的工作結束了。

但貝斯蘭的人民不斷問我：你會待下來跟我們一起度過那幾天嗎？九月的前三天，死者家屬會聚集在學校和體育館的遺跡，而整個城市都加入他們。他們真正在問我的是，你會分擔我們的哀傷，還是你到這裡只是在工作？

我請求獲准待在貝斯蘭，編輯同意了。

我在九月一日來到學校。體育館是滿的。牆上貼滿了數百張褪色的孩童照片，每個大人都試著站到自己孩子的照片前面。紅色康乃馨覆滿地面，沿牆是一排排燃燒著的蠟燭。大家帶了玩具來，還有蓋子已經打開的瓶裝水，讓死者的靈魂不再口渴。電視攝影機佇立在人群邊緣，等待著官方代表團，那些帶著花的權勢者。肌肉發達且穿著襯衫的男子穿過體育館，他們是便衣安全人員。

突然間我注意到人群中有動靜，而所有的安全人員都衝過去，形成人牆。我上前越過他們的肩膀探看，看到五名女性，幾乎都是我認識的，因為我訪問過她們。原來這五名女性脫掉了外套和毛衣，露出裡面白色的T恤，上面寫著：「普丁是貝斯蘭的屠夫。」

安全人員把她們推向牆壁，她們一語不發。攝影機開始全景拍攝體育館，共和國元首和隨扈人員進場了。攝影機轉動方向，避開穿著白衣的女性。絕不能讓她們上電視。

我要說出這些女性的名字。

艾蜜莉亞・博札洛娃。圍攻時，她兩個兒子、丈夫和婆婆都在學校裡，九歲的阿斯蘭命喪當時。

札娜・齊里科娃。她和兩個女兒當時都是人質，八歲的伊莉札薇塔遇害身亡。

思維特拉娜・瑪爾吉耶娃。她和女兒艾爾薇拉都遭挾持，女兒就死在她懷裡。

艾拉・克薩耶娃。她女兒札琳娜遭挾持並受傷，但活了下來。

艾瑪・塔嘉耶娃是艾拉的妹妹。她丈夫魯斯蘭及兩名兒子，十六歲的阿蘭和十三歲的阿斯蘭，都遇害身亡。

一名安全人員低聲對艾瑪說，「你讓我們的共和國蒙羞。」另一人責罵，「你是個髒東西。」五名女性身邊圍了愈來愈多人，試圖將她們從體育館推出去。艾拉開始大吼，「你們想嚇唬誰？我嗎？你們做什麼都不會比我經歷過的更糟。」

失去小孩的其他家長開始圍繞在五名女性身邊。札娜說當時她看到有東西從外面飛進體育館，是她親眼所見。「我女兒就是那樣死的。」安全人員猶豫了，不想在所有人面前逮捕這幾名女性。

她們離開體育館後在外頭被捕，被捕時遭到毆打。思維特拉娜背部受到重擊，導致她嘔吐起來。穿著T恤的五名女性之外，他們還逮捕了詹姆菲拉・齊里科娃，因為她在姊姊被警察拖行於地的時候拒絕讓開。當年詹姆菲拉與兩個兒子都遭狹持為人質。小兒子阿珊被火箭推進榴彈的碎片擊中，死在她懷裡，那時他八歲。

我在試圖拍攝她們被逮捕的畫面時也被抓起來。我同事黛安娜・卡查特里安拒絕停止拍攝，也遭他們逮補。

後來我們獲釋，而那些女性則被告上法庭。她們被控未經許可舉行集會，以及違反警員的合法要求。她們要求不要罰鍰，而是判她們強制公共服務，因為她們沒錢繳款給國家。思維特拉娜希望被派去公墓，她十二歲的女兒艾爾薇拉葬在那裡。艾瑪平靜地回覆法官提問：「我不認為我需要獲得許可才能到學校表達立場。我全家人都死在那裡，他們是全世界我最珍貴的所有。」

我坐在法庭裡，難以相信自己的眼睛。我不敢相信有人能審判這些女性。但審理一路進行到最後，她們全都被判有罪。當晚獲釋後，她們回到學校站在摯愛親人的照片前面，和他們說話。

隔天我再次步行於城市裡，但如今一切都感到很陌生。警察、公務員和聯邦安全局探員不斷攔截我。他們慢慢地、仔細地、幾乎是一個音節一個音節地對我說明，我必須採取比較正面的觀點，而那些女性則是滿腦子妄想的愚人或煽動者，讓共和國蒙羞。更重要的是，經過這麼多年之後，她們唯一應該感受到的是某種溫柔的哀傷。

「但萬一她們的感受不是這樣呢？」我反問。

「她們不能有不同的感受。」

每一個和我交談的人都勸我離開貝斯蘭，「愈快愈好。」

我沒有離開。隔天我和幾名女性一起待在學校，結果便衣人員走到我身邊，搶走我的手機和筆記本，把我推到外頭的街上。在那裡，穿著「反恐」字樣T恤的一名年輕男子在我身上潑了綠色染料。在俄羅斯，這就是他們標記國家公敵的方法。他們也把我同事黛安娜的電話給拿走。

警察假裝沒看到攻擊我們的人，做了筆錄後便把我們放了。我們直接前往公墓，那裡有一場悼念死者的儀式。然而我們沒能進去，因為我們在公墓外遭到另一名男子攻擊，他的女兒當年死在學校裡。他不認識我們，但有人告訴他我們在學校發動擾亂秩序的事件，羞辱了對已逝者的回憶。有人為他指認出我們是誰。

他攻擊我的頭，打中我的太陽穴。這造成嚴重傷害，但我是一直到隔天想不起來自己是誰或身在何處的時候才察覺到。我設法回到莫斯科——總編輯打電話叫我立即回去，繼續待在貝斯蘭對我已經太危險了。

搭機前幾名警察找到黛安娜和我，把手機還給我們。他們把上面的資料全都刪掉了。「很遺憾你們對我們的城市留下這麼壞的印象，」最年輕的一名警察說。「請不要太難過，有機會再回來。」

我再也沒有回到貝斯蘭，但我忘不掉那些女性，每一天我都會想起。艾蜜莉亞、札娜、詹姆菲拉、思維特拉娜、艾拉、艾瑪。我的國家謀殺了她們的孩子，因為她們拒絕遺忘而稱她們為罪犯。

我將永遠記得那些把攝影鏡頭從那些女性身上轉開的記者。我並不願意，但我忘不了他們的臉。那麼的專注，純粹專注。屬於奉命工作者的嘴臉。

〈貝斯蘭之夢〉

二〇一六年九月二日

貝斯蘭是個黑洞，是世界紋理的斷裂處。
完全不可能的事情在這裡發生，而且持續存在。
二〇〇四年九月一日，一千一百二十八個人參加了一號公立學校的開學日。
其中三百三十四人遭殘忍殺害。
一百八十六人為孩童。
七百八十三人受傷。
每一個人都留下創傷。
十二年過去，那個黑洞還在。風從中吹過。
吹過人們的生活。
他們用各種辦法把洞堵住。
多數人靠的是讓自己看不見，還有一年一度習慣使然的眼淚。我們嘗試繞開洞行走，摸索著往前的路，冒著極大的危險。
政府的選擇比較多。政府用金色的牆，數以百萬計的盧布，以及國家贊助的計畫與活動，掩蓋貝斯蘭。

貝斯蘭本身則是靠著照片與夢境掩蓋黑洞。

在貝斯蘭，夢境已成為現實的另一個向度。夢境在每一次的談話中被提起，在重述中被扭曲和強化。有些故事說的是之後的事情：貝斯蘭的學校因為學童在九月一日前夕做的夢而取消上課。

這些人主動對我訴說了他們的夢境，即使我並沒有提問。

以下就是他們的夢。

學校

體育館已經看不見了。

它看起來像座圓形劇場，或是歐洲的博物館。一號公立學校以金黃色澤的金屬片包覆，上面刻著許多小孔。

若是退遠一點，就會看出小孔共同組成了一朵朵櫻花。

在建築師的構想中，這象徵葬禮用的花圈。

當地人稱這個黃金外殼為石棺。

* * *

廣場上布滿紅褐色瓦礫，長莖的雜草生長其中。

「所以，我們要做什麼？把空瓶罐丟掉、掃地，就這樣？」

「要把照片擦乾淨嗎？」

今天是貝斯蘭各級學校的志願勞動服務日，一號公立學校也不例外。

非常年輕的市長正把傾斜的大門漆成深藍色。

女性在清掃體育館的地板，一邊把一罐罐瓶裝水倒在上面。到處都是他們孩子的身影，在那些照片裡。一位母親牽起我的手，帶我去看她女兒。「她年紀跟你一樣。」死去的孩子也會長大，彷彿他們依然在世。

體育館的地板被一罐罐瓶裝水覆蓋。孩子們從牆上看著。照片、圖畫和海報蓋住了缺損的灰泥壁面和彈孔。

塑膠花豎立在地面的裂縫中。

學校的其他空間也變了。三年前，他們拆除了本來與體育館平行的南側建築。圍攻時，南 建築遭戰車砲擊。「只剩下一樓的一小部分。大家來了以後總會問，『這裡發生了什麼事？也被炸彈攻擊嗎？』這裡全部浸在血泊中，一百多人在這裡死去。」學生餐廳布滿彈孔的牆壁也經過重建。

家長收到的說法是，必要的修補全都限於表面。他們獲得的承諾是，每一道裂痕與彈孔都會被填補。牆上的每一個痕跡都是一個太早逝去的生命。當然，那一切都沒有發生過。

「他們想把體育館整個拆掉，或是變成一間禮拜堂。我說如果他們試圖拆除，我就去躺在怪手下面。」

麗塔極為瘦削，穿著長及腳踝的洋裝，表情總是混合著友善與驚訝。

麗塔失去了九歲的獨女艾爾拉。照片裡，她站在新年樹旁留影。

麗塔沒辦法不談她。她在幫板凳上膠漆。亮光漆不容易滲進去，得很用力刷才行。之後要清洗刷子和滾筒也不輕鬆。

「扔掉就好了，麗塔！」卡茲貝克大喊。

「我們明年還會用到！」

「我幫你買新的！好了啦麗塔！就當成你的生日禮物！」

麗塔默默地搓著滾筒。

「人類就是這樣，」卡茲貝克說。「其他生物沒辦法承受這麼多。」

麗塔和卡茲貝克認識很久了。他們的小孩上同一個幼稚園，在小學又是4A班的同班同學。

「還有三個女孩與三個男孩留在這裡，」麗塔回憶。她一口氣說出他們的名字，「阿洛洽卡、瑪莎、阿拉娜、阿斯克、索斯克與喬爾吉，還有他們的老師提莫菲芙娜。」

「沙瑪特！你瘋了嗎？」

六歲的沙瑪特是卡茲貝克的兒子，他從門裡抽了幾塊磚頭出來。他躲到爸爸背後傻笑。沙瑪特頭上已經貼了繃帶──他在玩鬧時撞到的。

「小鬼頭。」卡茲貝克評論。

當年他把九歲的兒子留在體育館裡，把大兒子札爾從窗戶拋出去，奶奶則自己設法保住了性命。年紀最小的阿斯蘭沒能活著離開。

「他背上、脖子上和頭上都有彈片傷。當時他已經死了，或等於死了。」卡茲貝克說，一邊把迷彩帽拿下來，不一會兒又戴上去。他講話很快，經常微笑。他踩著腳跟搖晃著身體，感覺若是停下來就會倒下去。

「他們稱他為二九九號，後來DNA分析結果確認那真的是他。」

自阿斯蘭死後，卡茲貝克又生了兩個兒子。小鬼頭沙瑪特，還有在家裡等待他們、六個月大的亞特。

麗塔的丈夫十八年前就過世，麗塔只剩下這間學校。

「你知道瑪蓮娜，也有人會在晚上來這裡。從世界各地和俄羅斯各處而來，帶著小孩與嬰兒。他們在前往克拉斯諾達爾或海邊途中在這裡停留。要是把訪客人數加起來，其實很多！」

幾位女性從體育館探出頭來。

「喂麗塔，我們要走了。我把抹布留在保險櫃下面。」

「我得回去幫小孩弄吃的，家裡沒東西吃了。」

「你也該走了，麗塔。」

麗塔沒走。她沿著學校的牆壁除草，清掃落葉。她想把整個院落都掃乾淨。卡茲貝克好說歹說勸阻了她，當著她面打電話給其他家長，要他們答應一定會來輪班。

「我想，上帝顯現自己的時刻已經來臨，正如童貞瑪莉亞懷了耶穌基督——讓祂以當初一模一樣的方式，再次向我們顯現自己。」麗塔唸著。「而且要有一個貝斯蘭的母親！為什麼不呢，卡茲貝克？你說啊？為什麼不可以？」

「我們還保有當時的書桌，」卡茲貝克說。「書桌存放在一個安全的地方。我們有個想法，想要重現其中一間教室。麗塔說『我們來重現一個房間，布置成以前那樣。』不可能把整個學校復原，但至少可以重現一個房間。」

卡茲貝克的夢

我看到我祖母的妹妹。她來到我們家，站在門口望著我們。我媽媽問她：「你怎麼來了？你不是死了嗎？」但她只是站在那兒，直直盯著我兒子看。突然間她笑了，轉身離開。有人說，千萬別把自己做的夢告訴別人。然後有天我回家……那是事情發生前的最後兩個星期，阿斯蘭開始做一件事。他會躺到地上，把手臂張開就那樣躺在那裡，像個十字架。我看了很不安。是我母親先看到的，看到後她慌了。「怎麼了啊，阿斯蘭？」他什麼都沒說，然後他就好了，一切都沒事了。那天我們帶他去上學，他一直抗拒。「不要逼我去。」我們家離學校才三百公尺，但他緊抓住我的手不放。然後他一直回頭看，那意思好像是「別離開我」。「好，好，我不走。」

小孩有種第六感。

夢境彷彿永恆。

事發前三天我做了一個夢。夢裡有一座很大的花園，大的不得了，像我們這兒的植物園一樣大，花園裡有一些好細小的樹，還有一些比較厚實的。有些伐木工到處砍樹，把樹扔到一個巨大的火堆裡。有人問他們，你們為什麼要砍我們的園子？他們說，因為不需要了。

麗塔的夢

我一直看到自己穿著黑衣，跟小艾在一起。我和我的孩子，我們就那樣一身黑。一次，兩次。我一直想我要出什麼事了。那誰來照顧我的小女孩？我甚至夢到我坐在一個半熄滅的篝火旁，那火是冷的。我穿著一身黑衣和黑色絲襪。火星不斷飄起來灼燒我，我的絲襪上都是破洞。她也是一身黑。我心想，「一定是的。我一定要出什麼事了。我必須讓女兒準備好面對。」有一天我甚至對她說，「小艾，你知道爸爸就那樣走了對吧？你知道我也可能突然離開嗎？」她立刻哭起來。我說，「艾爾拉，別哭，」像這樣溫柔地說。「你知道自己會想跟誰生活嗎？」她選了姑姑法特雅。我心想，「哇，不是我的姊妹露妲或迪娜，而是法特雅，她爸爸的妹妹。」接著我心裡又想，「至少現在我知道她有依戀的人。」但你也看到後來實際發生的事。

庭院

庭院位在學校巷三十七號與三十九號之間，陽光盈滿其中。陽光在石棺上跳舞，然後移動到車庫屋頂，不留下任何陰影。尖叫與大喊聲充斥在空氣中。五六歲的學童像瘋了一樣四處奔跑。一小群孩子朝彼此丟擲棍子，假裝比劍。一個小女孩倒掛在攀爬架上。

幾位奧塞提亞老奶奶在板凳上圍坐談笑。她們很美，戴著耳環，頭髮給人整理過。她們正在討論一道牛肚菜餚。

一名帶槍女孩直直撞上我，接著繼續跑。

「我們沒在管教他們，完全沒有，」某位老奶奶說。「有三年時間，這裡完全是一片靜默。」

三十個人死在這片庭院裡。

庭院中央有一間卡札。[1]像一間長條的棚舍，裡面擺了桌子。他們在舉行守靈的聚會。一年前，馬戈梅德在這裡死去，就在亭子的邊緣處。他的心臟就那樣停止跳動了。他媳婦瑪利娜穿著黑色長裙在桌子間行走，有些一拐一拐。她是小學老師。他們花了兩個月才把她的腿重新拼湊回去。

爐火飄起煙霧。屠宰後的公牛頭頸被火焰包圍，開始起泡。男性們舉起一杯杯伏特加和「玉米汁」（聞起來像要燒起來的當地私釀酒），酒濺出來灑在桌子上。敬酒自有一套特別的傳統順序可循。第一杯永遠是「敬偉大的上帝」。當年的人質是第七杯致敬的對象，「敬那些沒能從戰場回來的人。」

三十七號和三十九號建築裡，沒有一戶公寓未受攻擊影響。

四名男子在長椅上抽菸：帕爾提贊、若斯蘭、艾爾布盧斯與泰穆拉茲。

他們都在圍攻一開始就冒著雙方的火線跑進學校。他們全都救了「不是自己家的人」出來。

帕爾提贊的太太在那天喪命。如今他獨自住在三房公寓裡。若斯蘭的太太在爆炸前一刻撲到幾個兒子身上，「只有一個兒子受傷，年紀最大的現在長得又高又壯了。」她名叫奈妲。他們先葬了她的一條腿，後來葬了「全部的她」。艾爾布盧斯的兒子葬身火場，他太太「陷入瘋狂，拋下我帶著另一個兒子離開」。他那戶公寓的四個房間現在都空在那兒，他盡量在院子裡打發所有時間。

「當時他十五歲但已經比我高了你知道嗎？排球隊隊長欸你知道嗎？他要是長大了會是個多好看的

男孩你知道嗎？」他跟泰穆拉茲說。泰穆拉茲不講話。當時他有十一個親人在學校裡面。他們全都活下來了。

「這裡不比從前了，你真該看看這院子以前是什麼樣子！若斯蘭下班回家總會朝樓上對著我太太喊：『有什麼可以吃的嗎？』她就會說，『你來就是了，我們給你弄點東西。』如今大家彼此嫉妒——誰家活下來的人比較多。誰受了傷但沒死。誰又得了間免費公寓。誰抱了孫子。」

「政治把我們的孩子活活吃掉。我們的姐妹，我們的母親，我們的妻子。」

即使是獲得免費公寓的人也很少離開這條街坊。過去十二年，只有三戶家庭搬走。

「有些鄰居分到兩戶甚至是三戶公寓，我就只有不到六坪的地方可以生活。一開始他們說欠我一戶三房公寓，但銀行那邊的證書不僅空白，還過期。莫斯科給的那些錢他們都拿去做什麼了？」

弗拉德米爾的雙手一直擺在腿上。他的窗簾垂到地上，壁紙是灰色的，牆上什麼也沒有。這間公寓感覺無人居住。

「那天我去了房屋部。他們說，『我們帳戶裡一毛錢也沒有，但只要拿到錢，我們馬上幫你弄間公寓。』我說的話沒人要聽。我人就在那兒，拿著那張紙。你看！」

他把文件拿出來。

他太太拉莉端了茶過來。

有個剃了頭髮的小女孩躺在沙發裡深深的凹陷處。她的眼睛和天空一樣藍。

---

1 卡札（khazar）是奧塞提亞地區的小屋。

弗拉德米爾於二〇〇九年再婚，克莉絲汀娜出生。她會癲癇性發作，有時發燒到三十九度。醫生診斷不出她是什麼疾病。

「再婚時我滿害怕的，我們的生活也並不美滿。」弗拉德米爾毫無顧忌地說，儘管拉莉就坐在身旁。「我們為了女兒才繼續一起生活。為了她，我們必須繼續活著。」

當年的恐怖主義受害者獲得承諾，將立刻分配到公寓。分配住宅給他們的相關法律，卻直到恐攻事件的七年後才於二〇一一年通過。聯邦政府為此撥款十億九千七百萬盧布。他們用七億三千七百萬買了五百八十戶公寓，其他三億六千萬到哪兒去了沒人知道。兩百八十戶家庭沒有分到房子。地區行政單位平靜地說明，雖然他們收到了全數資金，但共和國的預算花費已經從這十億盧布中「借了」一些，而且當時無法償還。他們還說，莫斯科與貝斯蘭對於該提供多大面積的計算標準不同。他們說：我們正在和莫斯科溝通。但莫斯科方面表示，他們已經支付了所有資金，也沒有再撥款的計畫。

弗拉德米爾失去了妻子琦奈妲和十歲的女兒瑪迪娜。

他靦腆地問我要不要看一支錄影帶。在這裡，他們仍把早已轉錄到光碟和隨身碟的內容稱為「錄影帶」。幾乎每個人都有一支。內容是兒時照片、新聞報導和葬禮影片的組合。

「我不在女兒面前放這錄影帶，」弗拉德米爾說，瞥了克莉絲汀娜一眼。但接著便播放影片。

穿著紅色洋裝的瑪迪娜眼神淘氣，出現在一名親戚的婚禮上。「他們人很好，很和善，」她說，接著猶豫了一下，然後笑了。影片畫面並不流暢，照片變換的速度很快。「她穿著白雪貝爾公主的服裝，這已經是二〇〇三年了。」弗拉德米爾跳起身，開始快轉影片。螢幕上閃過駭人的畫面。「那是在下葬棺材，那是我妹妹，那是我在親吻十字架。」

三個女孩穿過校門。

「這是那年她們一起去上學，真是漂亮。看到瑪迪娜後面那個女孩嗎？她也死了。她原本住在五樓。」

「那是我姊姊嗎？」瑪迪娜死後六年出生的克莉絲汀娜說。「爸爸，那是我姊姊嗎？那個人？」

他很快在影片中找到琦奈妲。「琦奈妲的頭骨沒了，胸口有個洞，可以看穿她。」當時琦奈妲懷有四個月身孕。

「我把瑪迪娜和另一個女孩搞混了，結果我埋葬的是鄰居的女兒阿札。一個月後他們進行DNA檢驗時才發現，我女兒的屍體還在羅斯托夫的停屍間。他們把阿札挖出來，把瑪迪娜從羅斯托夫帶回來。」

弗拉德米爾拿起手帕，擦拭一滴眼淚也沒有的雙眼。

「他們跟我說我埋葬的不是我女兒時——你知道那有多駭人嗎？」

「自從發生那事之後，從此我就沒有復原。看看他們寄給我的那些文件。我發誓我會馬上搬走，我不想要住在這裡。從事發後的那幾天開始我就說，住在這裡根本不可能，我只想離開。也許到貝斯蘭的其他地方，或許更遠一點。只要不用再看到那間學校就好。他們把學校用金色的東西遮起來——但這只是雪上加霜。以前從陽臺還看不到，現在可以了。說實話，如果能夠，我會把一切都拆掉。把照片都拿下來。如果我住在別的地方，也許我的感受會不一樣，但要我每天看到那所學校，實在太痛苦。」

「還有九月一日，那天每個人都會去那裡。我會去。我還能怎樣？我也會去。」

弗拉德米爾的夢

我想從樹上摘一顆李子下來。等一下，我說，我要搬把梯子到樹邊摘李子。然後，有個站在我下方的小女孩說，我不是你女兒。我問她，我女兒在哪裡？她說，不在這裡，我是別人的女兒。她躺在墓裡，旁邊是我的妻子。我不是你女兒，她說，別幫我摘李子。我說，我女兒在哪裡？她說，我不知道，你去找。

法蒂瑪

法蒂瑪第一次陷入昏迷時持續了十七天。

她八歲的妹妹札琳娜當時正要升三年級，在體育館裡燒死了。札琳娜腦筋比較快，總會保護法蒂瑪。在體育館裡，札琳娜告訴她，「不要哭，否則他們會殺了你。」法蒂瑪說札琳娜沒哭，一次都沒哭，但她還是死了。

法蒂瑪比較幸運，她不知怎地逃出了體育館。一枚彈片粉碎了她右半邊頭骨。當她醒來時，有人幫她進行了受洗儀式。但在她臉部繃帶拆下以前，她的家屬並不確定這個人是否真的是她。

他們用骨水泥幫她重建顱骨，並在她額頭植入了鈦金屬板。一開始法蒂瑪只能靠手勢溝通。後來她學會說話，再後來她學會走路。

然後她得了腦脊髓膜炎。

在恐攻事件二週年時，法蒂瑪陷入三個半月的昏迷。

「法蒂瑪，你感覺如何？」

「好的不得了！」

她二十二歲了，但看起來像十四歲。一個小神像用紅繩子掛在她脖子上。她想放娜塔莎・科羅列娃的歌來聽，但沒網路了，這讓她很不開心。

一開始是奶瓶和攪拌器出現在他們家，然後是助行器，接著是字母表。現在，法蒂瑪的公寓經過重新裝修，看起來像個健身房。有壁掛式器材、飛輪健身車、鍛鍊手臂和雙腿的階梯踏步機、跑步機，還有姿勢矯正器。

三年前她接到教育部的電話，要求她完成高中畢業要通過的國家統一考試。

法蒂瑪去考試，也差一點就及格了。

第二次昏迷之後，法蒂瑪在柏林的夏里特醫院接受手術，在右耳後裝了引流管。如今，多餘的液體透過引流管排出她的顱腔。

引流管埋在皮膚下，通往她的胃部。引流管需要維護，為此，法蒂瑪每年都得去柏林一趟。去德國一趟的花費是一萬七千五百歐元。「每次去完後，我們就馬上開始為下一趟募款。」愈到後來，募款的難度就愈高。

今年他們應該五月要去，簽證也拿到了。但他們籌不到錢。引流管已經堵塞。她的顱內壓持續累積，動脈壓則持續下降。法蒂瑪顫抖著，她疼痛不已，難以入眠。

奧塞提亞地區的神經外科醫師拒絕收治她，而且是以書面拒絕。「他們拒絕了，可是又告訴我們：『自己去想辦法，把引流管換成俄羅斯製的。』我們問他們，『你們保證她能活過置換過程嗎？』他們說，『不能，但那仍是我們建議的處置方式。』他們怎麼能說這種話？」

法蒂瑪的阿姨拉娜說，貝斯蘭醫學中心的神經科主任祖嘉耶娃曾經抱怨：「我實在受夠你和你那顆頭了。」拉娜說（並請我不要寫下任何名字，但我當然得寫），共和國某位部長告訴她，去德國是「你們的小嗜好」。那是一年前的事，當時拉娜帶著法蒂瑪去這位部長的辦公室，威脅要把法蒂瑪留在那裡一整天。部長召開會議，在兩週內就找到錢送她去德國。

但是，造訪部長辦公室的這類行程其實讓法蒂瑪很不自在。

「我們把能賣的東西都賣了，」拉娜說。「錢還夠的時候，我們沒有跟政府要求什麼。我們把法蒂瑪的公寓賣掉了，現在我們什麼都沒了。」

拉娜帶著害怕的語氣告訴我，引流管需要延長，因為法蒂瑪還在成長。他們已經不為其他事情尋求協助了，沒意義。法蒂瑪無法接受任何療養院或復健中心的交通券，因為拉娜總是得陪她去。這表示會有兩名旅客，對預算負擔太大。

「這間四方屋就是她的療養院，這孩子是在這裡重新站起來的，完全靠自己。多虧有這些器材，也多虧我們住在五樓。院子對她而言就像度假中心。我去見那些官員時他們問我，『你還想跟我們討什麼？』彷彿是他們讓她重新站起來的。」

「彷彿是他們讓我重新站起來的。」法蒂瑪重複了這句，她覺得很好笑。

「她以前是個健健康康的女孩！」拉娜對想像中的醫生和官僚大喊。「這麼多年了，你們從沒打過一通電話，從沒問過她怎麼樣！」

「法蒂瑪死了沒？她死了沒？」法蒂瑪大笑。

接近中午，法蒂瑪可能會在那時開始感覺不適。救護車必須在那時候前來，幫助她緩解疼痛。法蒂瑪知道她的哪些同學燒死，哪些又結婚生子。這話題她可以連講好幾個小時。與法蒂瑪同時接受手術的托卡耶娃不僅結了婚，還生下兩個孩子。

法蒂瑪只能用繃帶將眼睛綑紮閉合才能入睡。她把厚厚的白色繃帶拿來給我。十二年來，法蒂瑪的母親札娜總是睡在她身旁，握著她的手。札娜表示：「如果她呼吸停止，我永遠也不會原諒自己。」

法蒂瑪瞄了一眼我的筆記本，她作勢要筆。

「不要亂圈，這樣會把筆記弄亂。」她阿姨警告。

法蒂瑪小心圈出她說的話，關於「死了沒」的那句。

在這些話旁邊她寫下：「這個女孩想活下去。」

法蒂瑪的夢

我和妹妹札琳娜一起去上學，我喜歡學習。走到學校時有個恐怖分子，就站在那裡。我開始哭。我從沒在我們學校附近看過軍人。我們從院子裡進來後就去體育館。我在裡面睡著了，睡了三天。然後我被丟出來，就像被海浪拋出來那樣。然後就沒了。就沒了。

鐵軌的另一邊

艾拉．克薩耶娃和艾瑪．塔嘉耶娃住的地方與學校隔著一條鐵軌。那裡有很重的牲畜氣味。他們養了山羊和雞，還有一片菜園——健康對他們很重要。一塊奧塞提亞鹹派正在廚房裡放涼。雖然看起來一點也不像反抗勢力的中心，但這棟房子就是針對貝斯蘭恐怖攻擊的獨立調查總部。

他們已經上過一百三十間俄羅斯法院。二〇〇八年，四十三公斤的文件從這裡運往斯特拉斯堡的歐洲人權法院。原告四百四十七名，如今剩下三百四十六人。一開始，原告是未成年人的父母，艾瑪說明，現在孩子們長大，可以為自己發言。

「我們就是在這裡錄下他們的聲明，抄寫下來，翻譯出來。他們每一個人都作證了一兩個小時。接著我們又補進很多東西——額外的證據，所有的一切。」

法院將判定政府是否盡了一切努力預防恐怖攻擊、將人質損傷減到最小、客觀調查悲劇肇因，以及，最重要的，客觀調查死因。

艾瑪的養子瑟爾尤札躺在沙發上。有時候他會坐起來聽我們說話，繼而又沉沉睡去。艾瑪的先生魯斯蘭在九月一日遇害，兩個兒子（十六歲的阿蘭和十三歲的阿斯蘭）也遭殺害。艾拉的女兒札琳娜設法逃了出來。

如今，男孩們從前的房間已改為辦公室和戰情中心。從地板到天花板都是書架和檔案。去年，這對姊妹做了一張海報，指出總統要為流血負責。海報上面有燒焦的屍體。她們用布料做成海報，因為不希望被人撕破。她們祕密進行。艾瑪把海報藏在襯衫底下，帶到了開學第一天的紀念典禮。

「但他們已經知道我們想幹嘛，幾乎立刻就包圍我們。我說：『我們妨礙你們施放氣球了嗎？我們什麼也沒做，只是想站在這裡。』」

警察把她們的手臂反扣在背後，要她們交出「有關總統的海報」。警察說她們讓受害者蒙羞，上演了一場鬧劇。訊問時，地區內部事務管理局局長杜拉耶夫質問她們是否獲得許可在學校前面舉行集會。

「我們的處境非常奇怪，」艾瑪輕聲表示。「圍攻中也有執法人員死去，這是真的，但這不表示他們對發生的事情就沒有責任。他們當中有些人在救人，但其他人只是朝著學校開槍，發射榴彈。恐怖分子把人質領到學校餐廳，然而用戰車砲擊餐廳的正是執法人員。」

「如果我們的兒子經過三天依然存活，如果他們本來還活著卻因為圍攻而死去，那為什麼我們還要歸咎於恐怖分子？」艾瑪說。「難道我們就該閉上眼睛和耳朵嗎？我女兒在圍攻前告訴我，他們兩個都還活著。朝學校開槍的人可能依然保有工作。在殺害了那麼多孩子之後，如今他們活得輕鬆愉快。他們可能犯下了更多罪行，因為當犯罪不受到懲罰的時候，結果就是那樣。」

艾瑪離開房間去送瑟爾尤札上床睡覺。艾拉說，「我知道阿蘭逃出來了。為了斯特拉斯堡法院彙整目擊者證言時，我碰到一個女孩，她告訴我阿蘭跑出體育館，抵達了車庫。車庫之間有一條狹窄的路徑，他俯伏到地面然後倒下了。必須沿著這些窄路逃命的人不得不跳過他的身體。他們是從外面朝他射擊。我的意思是，他們是朝著他開槍，子彈是從他逃往的方向射過來的。不是從背後。那時他還活著。跟我說話的這個女孩年紀比較大，她記得。她看著他，他也看著她。後來還有另一個男孩作證說阿蘭活著逃出學校。我們自己研究了他的屍體。兩個傷口——膝蓋一個，肚子一個。小小的彈孔。一點燒傷也沒有，連最小的燒傷處都沒有。然後我們收到專家報告，裡面說他的身體百分之六十都燒焦了，而身上的彈孔來自爆炸時的彈片。」

斯特拉斯堡沒有任何消息。[2]

「我在等待，我們在等待，也許那會讓一切比較容易承受。」

艾拉的夢

攻擊事件前一個月，我開始做同一個惡夢。帶著機關槍的蒙面武裝男子出現在我們家前面的兩扇窗戶下。我和兩個兒子逃到花園深處。我每天晚上都做這個夢。

就在攻擊事件之前，我夢到我在一輛小巴士裡，沿著窄小的山徑往上開，愈開愈高。車上都是小朋友，而我和他們在一起。突然間我意識到，我們是開往列斯肯村。我的兩個兒子來自那裡，那是他們爸爸住的地方。那裡不是在山上很高的地方，但山路往上延伸到高處。突然間，公車從懸崖邊緣落下。我感受到死亡的那一刻，整個人跳起來。很可怕！我跳到浴缸裡，把水打開。聽人說，要在水裡說出自己的夢才不會成真。後來我們去那邊埋葬大兒子的時候，我清楚記得在夢裡沿著那條山路上行的感覺。

生日

這天是米列娜的十三歲生日。十六個孩子來她家一起慶祝。門上有個名單，用各色原子筆寫了他們的名字，名字旁邊小心翼翼地畫了加號。手工做的紙愛心貼在門把上。

米列娜穿著粉紅洋裝和搭配的閃亮粉色皮帶。她是學校電視臺的主播，對於美貌的功用略知一二。

客人玩瘋了。達尼爾坐在一顆球上彈跳，澤爾在讀一首驢子去游泳的詩。客人需要電池，拿三

2 二〇一七年四月，歐洲人權法院（ECHR）裁決俄羅斯政府違反了貝斯蘭人質的人權。法院判定，俄羅斯當局雖然對恐怖攻擊計畫知情，卻未能事先預防，未能組織足夠有效的反恐行動，也未能善用所有能讓人質獲釋的機會。

法院判定，聯邦安全局特種部隊在圍攻學校時使用了火焰槍、槍榴彈、戰車，以及大量火砲。政府無差別使用武力的作為直接違反了圍攻的中心任務：拯救人質。

歐洲人權法院在結論中指出，俄羅斯政府亦未能針對貝斯蘭慘案進行有效而權威性的調查。

顆大的過來。他們還要她那把天使形狀的藍色髮梳。

一簇漂亮的氣球從天花板垂下來，是米列娜自己佈置的。

鋼琴上有一個手工剪紙的彩繪花圈，環繞著米列娜的姊姊阿拉娜的肖像。阿拉娜當年九歲。

米列娜如今已經比當時的阿拉娜大上四歲。

「快樂是虛幻的，哀傷才是真實。就在這裡。以前這裡有快樂，現在消失無蹤，」米列娜和阿拉娜的母親艾內塔說。她壓低了聲音，因為廚房裡的派對還在繼續。「世界由邪惡統治，老實說，我目睹的一切全無任何道理可言。」

他們三個人一起在體育館。米列娜一歲，阿拉娜九歲。九月二日，恐怖分子讓部分婦女和嬰兒在奧雪夫[3]帶領下離開學校。

艾內塔拜託恐怖分子讓阿拉娜帶著米列娜離開。

他們拒絕了。

艾內塔自己帶著米列娜離開。

阿拉娜待在體育館裡。她死了。

「如果當時有什麼我能做的就好了。看到那道牆了嗎？以前我總是用頭去撞那道牆，試著讓自己不要再想這件事。」

艾內塔用手掌根摁去眼淚。

「我還有另一個想要我在這裡的孩子。我試著調適心情但就是做不到，我什麼也不想做，只想記住一切。除此之外，還有一種如果遺忘就是背叛的感覺。我們全都過著雙重生活，而兩種生活都只是半調子的過著。」

「很多人後來又生下或領養了小孩，但對我而言那絕無可能。我必須正面而充滿愛心，但我沒辦法，對我而言那難以想像。有一天米列娜不知道在瞎弄些什麼，而那讓我好快樂。然後她說，『媽媽，我小時候你從來沒有因為我做的任何事情而興奮過，你一天到晚在哭。』『你記得啊？』我問。『我記得。那時我真的好希望你能欣賞我。』我沒辦法欣賞自己的女兒。」

在阿拉娜的照片底下有一句出自佛洛伊德的引言：「失去孩子之後的極度哀傷終將止息，但我們依然傷心欲絕，也永遠無法找到任何能取代孩子的東西。即使有什麼可以填補空虛，那也將一直是陌生而遙遠的。也理當如此。我們只能以這種方式抓住我們無法放棄的愛。」

艾內塔說米列娜密切追蹤所有關於學校的新聞。

但他們仍未談過永遠形塑他們生命的那三天。

「她還不想談。她還沒來問我：『媽媽，那天發生了什麼事？當時是什麼樣子？』她還沒準備好，還沒有。」

3　魯斯蘭・奥雪夫（Ruslan Aushev）是一九九三至二〇〇一年的印古什共和國總統。

第十一章　黑暗無心

伊果．多姆尼科夫。我有一張他的照片，照片裡的他頭髮亂七八糟，嘴裡叼根菸，懷裡抱隻貓。貓伸展著身體，看起來陶醉不已。我好愛他的文章，每一篇都不錯過。他溫和的幽默是一種偽裝，掩飾了他毫不留情的凝視，稍減他筆下描寫之事的沉重。他先是在諾里爾斯克當記者，接著在當地創辦獨立報，擔任總編輯。在諾里爾斯克工作日益困難而危險之後，他移居至莫斯科，在《新報》負責一項特別計畫——培養年輕記者，教他們如何寫作。他的報導中我最喜歡〈利佩次克崛起：閃閃發亮的經濟奇蹟〉。這篇文章的主題是利佩次克州長和其朋黨如何一手掏空這個地區，一方面又大肆吹噓當地不可思議的經濟成長。二〇〇〇年五月十二日，多姆尼科夫準備搭乘住處電梯時被兩名男子叫住，轉身後被他們以錘子重擊，導致頭骨凹陷，此後再也沒有恢復意識。兩個月後，他在加護病房中辭世。

兇手後來落網，是塔格爾亞諾夫斯基犯罪組織的成員。據說，僱用他們刺殺多姆尼科夫的是商人索波特，但後來證明索波特其實只是中間人。真正的客戶是利佩次克州副州長多洛夫斯基。有很長一段時間他沒有以任何罪名被起訴。案子延宕許久，七度結案又重啟。等到終於開庭審理，多洛夫斯基的健康又出了問題，因此從來沒有出庭。他自稱從未要求任何人刺殺伊果，只是要求「協助」，並不知道那些罪犯會以為那是痛下殺手的命令。二〇一五年，謀殺罪追訴期滿，多洛夫斯基一案永久終結。他過了漫長豐富的一生，成為香腸工廠老闆，還到阿根廷與德國參加香腸會議，表示自家牲口做的香腸最好。他死於心臟病發。

尤里．謝科奇欣。照片裡的他微笑著，笑容既柔和又困惑。我記得他剛入行時的文章，描寫國家分崩離析之下的青少年。他知道怎麼跟年輕人談話，其實應該說，他懂得如何跟所有人談話。據說他的前門從來不關，因為他朋友太多，隨時歡迎他們過來，和他擁抱一下，坐一會兒。他擅長調查報導，也擔任《新報》的調查部門主管。他的報導主題包括執法和特務單位的貪汙腐敗，黑幫，軍火交易，以及俄國軍隊。每當他的文章見報，總有位高權重的人丟官，或以刑事罪名遭起訴。為了更容易取得真相，他參選國家杜馬並當選為聯邦議員。遇害前夕，他正在調查莫斯科與伏爾加頓斯克的公寓爆炸案，以及通稱「三鯨案」，牽涉到執法人員走私高級家具的龐大弊案。後來證實，同樣的管道也用來走私毒品到俄羅斯。兩案中的證據都顯示有聯邦安全局中央官員涉入。

二〇〇三年夏天，謝科奇欣突然生了重病，溘然離世。我們的副總編輯索科洛夫回憶，「短短兩週內他迅速衰老，頭髮一簇簇的掉，皮膚幾乎全都剝落，器官相繼衰竭。」醫生診斷他患了萊爾症候群，這種疾病是對不明過敏原的強烈不良反應。《新報》要求當局調查他的死因，最終徒勞無功。他在世時做的血液檢查從病歷中不翼而飛，接著連病歷都消失了。今天看來，有鑑於聯邦安全局前特務利特維年科之死，可以假設謝科奇欣也是遭放射性物質毒害。他死時五十三歲。在他的葬禮上，警察把墓園圍起來，不讓任何人靠近他的墳墓，我們只能從遠處憑弔。

安娜．波利特科夫斯卡婭。她是我在《新報》編輯辦公室見到的第一個人。高挑、神采煥發而有一頭銀白色頭髮的她沿著走廊飛奔而來，我沒認出她是誰，只是對她的美麗印象深刻。她出生於紐約，父母都是外交人員，但她從小在莫斯科長大。她讀大學時就結婚，生下一兒一女，此後很長一段時間就是位全職母親。一九九九年開始在《新報》工作時她四十一歲，第二次車臣戰爭剛剛開打。此後七年她經常前往車臣，寫出一篇又一篇報導——車臣人的屍體，俄羅斯軍人的屍體，虐待，強暴，謀殺，種族清洗，葬禮，掘出屍首，集體處決，逮捕。每一期都有一篇她的報導，經常不只一篇。她從不因為記者身分就拒絕幫助當地人。正好相反。在轟炸之下滿目瘡痍的車臣首府格羅茲尼，她從遭人遺忘的養老院救出九十一名長者。她在車臣收集陣亡軍人遺物，帶回來還給他們的家屬。恐怖分子占領莫斯科劇院時，她參與談判，帶水給人質喝。她為了參與跟恐怖分子的談判而飛往貝斯蘭，卻在半途遭人下毒。她在辦公室的時候你一定看得出來，因為門外總有人安安靜靜地排著隊。

二〇〇六年十月七日，安娜預定要交一篇稿子，文中指控車臣共和國領導者卡狄羅夫虐待異己。她帶著採買的生鮮返家時，在住處公寓的電梯內遭槍擊。一共六發子彈：一顆沒射中，兩顆射中心臟，一顆在胸腔，一顆在髖部，一顆在頭部。

那篇文章始終未曾刊登——存放檔案的磁碟遭調查人員沒收。行兇者後來落網，是車臣的馬穆多夫兄弟，在俄羅斯內政部與聯邦安全局的同夥協助下痛下殺手。他們受到審判，但下令殺害安娜的人則從未落網。如今搜查也早已停止了。

斯坦尼斯拉夫．馬科洛夫，還有安娜斯塔西雅．巴布洛娃。他們兩個我都認識。斯坦尼斯拉夫是我們報社的律師，我們一起去過辛基市，與同意作證指控辛基市長斯特瑞琴科的男子會面。安娜斯塔西雅和我是大學新聞系同學。她是電腦教室的監督員，但會讓有需要的同學多用一下電腦。他們兩個人是朋友，也都曾是左派運動人士和反法西斯主義者。斯坦尼斯拉夫在世時間比較長，得以完成較多事情：他拼命爭取當局調查伊果的謀殺案，也為安娜報導中的人物挺身而出，包括遭俄羅斯軍人姦殺的十八歲車臣少女艾爾莎的家人。當安娜被她指控虐待與殺人的一名鎮暴警察威脅時，他也出手保護安娜。他挺身捍衛的還包括在海蘭泡遭「阿蒙」[1]特種警察鎮暴部隊毆打的平民、遭人殺害的反法西斯主義者柳金的家人、幫助士兵避免被送上戰場的人權鬥士、曾遭挾持為人質者的親屬，以及一名放下武器的昔日軍人。

安娜斯塔西雅加入《新報》，是為了講述來自俄羅斯街頭的故事，包括光頭黨、安提法（即反法西斯主義）及非正式的示威抗爭。她因報導俄羅斯的新納粹運動而遭到威脅。她參與支持移工的示威並反對警察暴力。她前往環境運動者的營地。她突破路障，拍到斯麥納工廠舊宿舍的住戶被趕出去的畫面，為此遭到逮捕，攝影機被警察沒收，在牢裡關了二十四小時。

二〇〇九年一月十九日，斯坦尼斯拉夫召開記者會，公開俄羅斯陸軍上校布達諾夫在車臣犯下的罪行。安娜斯塔西雅也來到記者會，打算採訪他。之後，他們一起走在普里奇斯登卡街時遭到槍擊，兩人皆頭部中槍。斯坦尼斯拉夫當場死亡，安娜斯塔西雅於幾小時後在醫院辭世。斯坦尼斯拉夫死時三十四歲，安娜斯塔西雅二十五。行兇者是新納粹分子提赫諾夫，幫凶是新納粹分子卡瑟斯和戈里亞切夫。他們鋃鐺入獄。

遇害前三個月，斯坦尼斯拉夫在一場示威發言時曾說，「我累了。我厭倦看到朋友的名字出現在警方工作紀錄單上。這感覺不像在做一份工作，而是在求生存。我們需要保護，不受納粹、黑幫及經常包庇他們的執法單位所害。我們心知肚明，沒人會對我們伸出援手。我們只有彼此。沒有上帝，沒有沙皇，也沒有法律——除了我們以外，沒有別人。」

娜塔莉亞・埃斯特米洛娃。她有著亮紅色鮑伯頭，大大的綠眼睛，父親是車臣人，母親是俄羅斯人。曾是歷史老師的她喜歡打扮，也是位單親媽媽。第二次車臣戰爭爆發後她成為人權倡議者，加入「紀念」人權中心，開始調查謀殺、虐待和綁架案件。她協助安娜在車臣工作，安娜遇害後開始自己撰寫報導。我們用筆名刊登她的文章。我們為她感到擔憂。

二〇〇九年七月，在阿欽楚博爾佐伊村，車臣警察毆打一位農人後將他當眾處決，只因聽說他送了一頭公羊給叛亂者。這位農人的兒子被警察綁架後也消失了。娜塔莉亞針對這起謀殺進行調查，確認了行兇者的名字。我們總編輯和她的社運夥伴都堅持她必須撤離車臣。她同意了，但想要先與執法單位官員會面，將警方與運動人士手上各自持有的失蹤人口資料庫整合起來。二〇〇九年七月十五日早上八點半，她出門後旋即消失。她同事找到的目擊證人指出，娜塔莉亞被推進一輛白色車輛——她還想辦法喊叫出聲，讓人知道她被綁架。

八個小時後，她的屍體在印古什村落加錫尤特的公路邊被人發現。她頭部與胸口都有槍傷，鼻子被打斷，手臂上滿是瘀青和膠帶痕跡。黑色蒼蠅大量盤旋在她的屍體上方。她死不瞑目。

殺害她的兇手始終沒找到。這成為一宗懸案。

伊果、尤里、安娜、斯坦尼斯拉夫、安娜斯塔西雅和娜塔莉亞的照片，掛在我們舉行編輯和選題會議的桌子上方。每次有一張新的照片放上去，我們就試著把它與其他照片掛開一點，讓牆上不

1　編註：阿蒙是 OMON 的音譯，指的是俄羅斯國家近衛軍（國家憲兵）轄下的特種警察部隊。

留多餘空間。當你無法保護自己和同伴時，自然會變得迷信起來。話雖如此，每次發生新的謀殺案，那些黑白肖像就會彼此靠得更近一些，而牆上總有空間再掛一張照片。

〈鏽蝕〉

二〇二〇年七月十四日

1.

第一天抵達諾里爾斯克的時候，雨水聞起來像化學物。針對市長里納特的刑事過失偵辦程序已經展開，原因是他「在緊急狀況下未能履行職務」。緊急狀況是：由諾里爾斯克鎳業公司（簡稱「諾鎳」）擁有並經營的諾里爾斯克三號熱發電廠燃料槽破裂，導致兩萬一千噸柴油漏出並滲入達爾迪坎河及安柏納亞河。攝影師科茲瑞夫和我在市政廳前快凍僵地等了數小時之後，出發前往位在偏遠邊陲的凱葉爾坎社區。

當地科學家佐雅，是北極農業與生態研究院主任，她要求在一座公園會面。時間是晚上九點，陰雨霏霏。公園是片空地，一面塑膠牌子上寫著「我愛凱葉爾坎」。

我們在涼亭裡碰面。我知道佐雅跟其他記者說過什麼：諾里爾斯克周圍河流的魚類生殖系統出現奇怪的突變。但我想跟她談的是漏油前後所發生的事。佐雅是個美麗的女子，化了妝的臉上戴著口罩，外套上披著一條淺粉色圍巾。那天很冷。我們邊發抖邊試圖展開對話。

佐雅告訴我們，研究院完全獨立於諾鎳公司之外。然後，三個警察出現。

「各位晚安！」

他們要求我們出示證件。

「哦，莫斯科啊。」

他們又針對我們的採訪任務詢問。

「請跟我們走，你們必須自我隔離。」

我們拿出才剛做完的 Covid 檢測結果也沒用。

我告訴警察我們正在進行訪問，是否可以等我們結束再走。

好吧。

他們包圍了涼亭。

佐雅馬上改口。

河裡的魚確實出現奇怪的突變，也有相關文章探討此事，但她不是魚類學家，無法就此評論。她也無法建議我們還能找誰瞭解。「那些科學家，他們都不是本地人。」

她說，「我想最後一切都會沒事。諾鎳公司會提供資金……身為科學家，我們願意幫助所有人，協助安排一切。最重要的是不要興風作浪。」

「事情一定會解決的！」

她一連說了好幾次。

警察把我們拘留了四小時。負責的警察一直說，「早知你們是記者，我一定不會上前盤問。」

「真是討厭的巧合啊。」攝影師科茲瑞夫說。

這是我們的真心話。

2.

諾里爾斯克是什麼？它幾乎是俄羅斯最北邊的城市，要到這裡只能搭飛機，沒有道路可至，唯一的鐵路只到隔鄰的都丁卡鎮。

這裡是邊境地區，抵達時得填寫一張表格，彷彿進入另一個國家。而真正的外國人，只能在聯邦安全局特殊許可下入境。

凍原下埋藏了貴金屬礦石。銅、鎳、鈷、鈀、鋨、鉑、金、銀、銥、銠、釕在這裡都有開採，還有商用硫、金屬硒和碲，以及硫酸。諾鎳公司生產全世界百分之三十五的鈀，百分之二十五的鉑，百分之二十的鎳，百分之二十的銠，以及百分之十的鈷。俄羅斯幾乎所有的鎳和鈷及一半的銅都來自此地。

這裡一直都有貴金屬礦，但城市慢慢才發展起來。先有勞改營，接著是工廠，然後才是城市。礦業園區是囚犯建造的，城市也是。園區起建於一九三五年，一般認為這是諾里爾斯克奠基之年，但城市的建設要到一九五一年才開始。礦業園區環抱整個市區，兩者融為一體。

管線，管線，村落——已死與依然存活的生物，豎井，礦場，煙霧，以及難得一見的落葉松，似孤魂一樣佇立。

冬天時的氣溫是攝氏零下四十五度，夏天則擺盪於十度到三十度之間。兩個月的永夜，三個月的永晝。我們在那裡的時候，太陽從不沉落，連天際線都沒碰到過。那種光線給人劇場燈光的感覺。到了與白晝無所區別的夜晚，人們會出來遛狗，青少年在遊樂場晃蕩。各種煙霧在天空裡畫出線條。

這裡有十八萬居民，其中三分之一在礦業園區工作。其餘居民若不是在園區的服務部門工作，就是服務在園區工作的人。過去二十年來，諾里爾斯克的每一任市長，包括現任的里納特在內，都是在諾鎳公司養成的。

漏油事件究竟是什麼時候發生的？五月二十九日。消息直到兩天後才傳到「本土」，也就是莫斯科與俄羅斯。「他們有發現就不錯了。」當地人如此笑談。

最大的五號燃料槽底部破裂，長達二點五公尺的裂縫從圍牆外都能看到。破裂的燃料槽和旁邊幾個燃料槽全都覆滿鐵鏽。諾鎳公司將此怪在融化的永凍層，宣稱它「移動了」，但諾里爾斯克人都知道，三號熱發電廠和納德茲達冶金廠都建在一道溝壑上，不在永凍層上。不過大家也都知道，永凍層確實在融化。

問題出在沒有任何護堤可以圍堵漏油。

柴油就這麼湧入達爾迪坎河，流到安柏納亞河，再從那裡灌入皮亞西諾湖。從湖中流出的皮亞西諾河最後流入卡拉海。

根據礦業園區及俄羅斯聯邦自然資源管理局的官方聲明，柴油並未流到皮亞西諾湖，因為諾鎳公司阻斷了漏油。然而，第一批用以圍堵溢油的浮動屏障（圍油欄），一直到燃料槽破裂三十六小時後才裝設。兩條河川可是水流湍急，皮亞西諾湖又離得那麼近。

官員宣稱在離岸風吹拂下，柴油並未流入湖中，還說這道風連續吹了兩天，將順河湍流而下，相當於三百五十輛油車容量的兩萬一千噸柴油，全都擋在湖外。這個故事一講再講，似乎連他們自己都信。

截至目前有四人被捕：三號熱發電廠負責人，總工程師，副總工程師，以及鍋爐與渦輪發動機組負責人維亞切斯拉夫。漏油事件發生時，維亞切斯拉夫才到職五個月，要求釋放他的請願書已有六萬六千人聯署。「要追究責任，對象也不該是他。」「大家都很害怕。」「誰都可能陷入他的處境。」

3.

今天是我們在諾里爾斯克的第二天。我們前往金屬礦運回本土必經的港口都丁卡，與當地原住民族領袖會面。當地有五個原住民族：恩加納桑人、多爾干人，涅涅茨人，埃涅茨人，以及鄂溫克人。都丁卡是他們公認的共同首都。

我們在教育處會面。族人領袖出去抽菸後回來問我們：「你們是不是惹到警察？」此時，門口有人叫喚我們的名字。

是個看來局促不安的年輕警察，他要求我們交代身分，以及到都丁卡的意圖。兩個小時後他打電話給我。

「你打算什麼時候結束？你最好趕快完成採訪。我就明說了，有人通知我你們應該自我隔離。你們必須完成這項要求。如果你們選擇不完成隔離且繼續採訪，那我們將被迫採取某些手段。為了避免這樣的情況，你們必須……我不想讓你們印象不佳或跟你們起衝突，我不是要找碴。我只是在請求你們趕快完成工作，回去諾里爾斯克。」

「伊蓮娜．格納迪耶芙娜[1]，請試著瞭解，也別誤以為我在威脅你……我只是不希望你在泰米爾半島碰上麻煩。」

4.

我們打電話安排與人會面，但之後他們就人間蒸發。這種事情一再上演。電話拼命響卻無人接聽，門也一扇扇關起來。我們訂好直升機機位，出發前一天卻接到電話告訴我們，警察正在登機，不知道發生什麼事情，你們的機票取消了。我們跟某位船長講好要搭他的船，結果聯邦安全局特務出現在他船上，問他：「我們在搜尋毒品走私犯，你不會剛好打算載客吧？」為了確保船長不讓我們搭船，那名特務也找上船公司老闆。老闆威脅船長不得載運我們，否則就要取消合約。一家私人直升機公司的老闆告訴我們，諾鎳要求他不得飛越漏油區，而少了他們的生意就等於沒生意，你們一定瞭解。

不，我們還是不瞭解。

「有人下了封口令。」總編輯告訴我們。

諾里爾斯克有兩家報紙，一家為礦業園區所有，另一家是政府所有。當地記者記得我們家的伊果，也很喜歡他：來到《新報》之前，伊果曾經營當地唯一的獨立報《緯度六九報》。這些記者知道我們在這裡，請我們代為問候報社的大家，但拒絕與我們會面。

5.

律師暨「我的家鄉聯盟」負責人魯斯蘭的用字遣詞非常謹慎，但至少他願意談。我們在他的辦公室會面。他寫過關於漏油事件的一封信，而諾里爾斯克人普遍相信，這封信到了普丁桌上。他已經孤軍奮戰了很久。七年來，他不斷針對市政府和諾鎳公司提出公眾訴願，然後在法庭裡為這兩個單位辯護。他的理由很簡單：我是律師，他說，我想讓諾里爾斯克回到守法這一邊。他深愛這座城市，不過自己也說不上來為什麼，「這裡就是有觸動人的地方。」

他的聯盟沒有會員，但有個精實的工作團隊：八名律師，專攻勞工權益、貪汙腐敗、環境生態。「這些事情環環相扣的程度，你一定不敢相信。」直到去年冬天，這裡的道路都是以市政府向諾鎳購買的顆粒狀礦渣覆蓋。魯斯蘭打了多年法律戰之後，終於迫使官方承認這些礦渣的真相：危險的工業廢棄物。

「諾里爾斯克簡直是貪汙的天堂。諾鎳公司大喇喇地把他們應該處理掉的廢棄物拿來出售，不僅如此，賺的錢還是從市政府的預算支出！真是天殺的！現在終於沒有一個監督機關或官員敢再說，『喔，我們不知道有這種事情。』他們全都知情，根本是他們促成的。」

「接下來發生什麼事呢？我開始收到簡訊，例如『小心一點』，『身上不要帶東西』」這一類

1 格納迪耶芙娜是作者的父名。

的，似乎是有人打算誣陷我。我遭人匿名舉報，說我是恐怖分子、瓦哈比派[2]、軍火走私販。」

某次匿名舉報害得他和太太遭到逮捕。「那次之後，我立場更堅定了。」

魯斯蘭毫不同情維亞切斯拉夫或三號熱發電廠其他遭逮補的人。

「不管你怎麼看，他都是要負責的人。他的工作說明中就寫了，通知大眾是他的職責！不管到哪裡我都跟大家呼籲，懇求他們保護好自己，但也要通報、寫信、發聲，盡其所能改善現況，不要只是乾坐在那裡什麼也不說，然後突然間就變成替死鬼。如果他都不發聲，他就會變成替死鬼，那是他的選擇。不幸的是，這一切都在朝某個方向發展——搬出第五十一條[3]和莫斯科派來的律師。到那時就玩完了！他為什麼不作證？」

「如果他出庭作證說：『沒錯，我在一月份到職後做了一些事情，我跟上司談過，向公司提出申訴，對設備進行評估，將不符法規之處提報給公司並指出有哪些風險。我知會管理層，採取了所有必要措施。換句話說，我做了分內之事，也完成盡職調查以預防災害。』這樣做的話一點問題都沒有！然而他沒有這樣做！不僅沒有這樣做，他還始終保持緘默。基本上他就是幫兇。你到底如何行使職權？你對交付給你管理的危險工業設施究竟有多少控制權？抱歉，就算你整天坐在那兒什麼事也不幹，也不應該容許這種事情發生！」

我想著貪腐一詞的根源：腐爛，敗壞，鏽蝕。

諾里爾斯克自然資源管理局副局長瓦希里決定發表影片時，找的不是別人，正是魯斯蘭。

6.

瓦希里看了我們一眼之後說，「我不會跟你們談。」

他體格很好，穿著襯衫，坐在一張空蕩蕩的桌子後面。這是他擔任副局長的第二十天。他已經遞出辭呈，但上面不准他辭職。一名年輕同事探頭進來，看到我們之後便離開了。調查委員會的成員在樓下逡巡。

「你們應該試著找局長聊聊，」他半微笑著說。「安排一次正式採訪。」

在當地人稱為「政治自殺」的四十分鐘影片中，瓦希里描述他接到漏油的消息時，正在檢視「紅流」（管線永遠在滲漏，最奇特的一些滲出物都被取了這類綽號）。他與諾里爾斯克自然資源局局長前往檢視時，礦業園區警衛卻在警察陪同下將他們擋在漏油地點外。於是他們走去達爾迪坎河畔，看到柴油「像山澗一樣」洶湧流出。他們試著繞遠路回去三號熱發電廠，但有一輛載著武裝男子的廂型車一路跟監。

次日，諾鎳公司的安全部門人員與瓦希里會面，問他對情況有何評估。

接下來，聯邦自然資源管理局在當地的領導層指示他進行水質檢測，但只在圍油欄附近進行。然後他們開始散播一種說法，即沒有任何柴油流入皮亞西諾湖——因為有那道離岸風。然而，始終

2 譯注：瓦哈比派（Wahhabist）是信奉嚴格教義的極端保守穆斯林。

3 指俄國憲法第五十一條，保障個人有權不做出對自己不利的證言（不自證己罪）。

沒人採集過湖水樣本。

「我找來部門的一群人，告訴他們我認為這一切構成嚴重的刑事不當行為，而我並不贊同這樣處理。我請他們以書面形式指派我的工作。他們的回答是：『你不用負責這次檢查了。』他們要我寫個備忘錄給高層，告訴他們我要退出工作。他們要我『把你不滿的事項寫下來』。我說沒問題，但他們要先下令讓我重回檢查工作。」

「因為事實上這不只是白領犯罪，[4]而是對我孩子的罪行。」

「在這裡養小孩已經夠難了。我孩子一天到晚哭著懇求我，『爸爸，拜託讓我們出去玩。』但外頭有二氧化硫，而我總覺得這一切都落在我肩上，是我要負責解決。」

我們一起到外頭抽菸時他告訴我們，「我會辭職，然後離開這座城市。我盡了我的本分，努力奮戰過，」他說。「最重要的是保護我兒女的安全。空氣裡沒有有毒氣體的時候，他們就可以在外面玩了。」

葉尼塞區際自然資源管理局副局長伊凡諾夫告訴我們，「我可以跟你們談，只是我這工作也不用幹了，你們還是走吧。」

7.

「也許天主才知道如何幫助我們這些凡人吧，」拉米爾開口。他是虔誠的東正教信徒，老舊的汽車裡擺滿聖像。他說他曾有一次心跳停止，至今仍記得那種感覺。「我有一兒一女，我必須過正直的生活。」他告訴我們，普丁當選那次他是選舉觀察員，「在那之後，一切都變得顛倒錯亂。」

拉米爾經營一間沐浴用品店。他朋友克柳申一直希望他倒店，「這樣你才能趕快去選議員。」但拉米爾不想從政，他有他那臺索尼相機和老爺車就夠了。拉米爾、克柳申、魯斯蘭和瓦西里耶夫一起經營「諾里爾斯克人」臉書群組，目前有七千名成員。

克柳申曾經是園區報的副總編輯，但他說以前的自己搞錯了。錯在哪裡？錯在他歡迎波塔寧[5]的崛起，反對腐敗的工會，相信諾鎳公司將會「建立起西方式資本主義」。他在二〇〇六年辭去工作，並很自豪自己是帶著黃金降落傘離職：他持有以色列護照，隨時可以離開諾里爾斯克。然而不知道為什麼，他始終沒有離開。「這裡簡直天天像世界末日。」

拉米爾把車開到路邊隱蔽處，克柳申和我則前往紅湖——這是納德茲達冶金廠最老的尾砂傾倒場。[6]我們沿著鏽蝕的管線走了很久。在極地的白日裡，新的燈具照耀著管線。我們周圍的地面都經過整頓，因為在漏油之後與高官到訪之前，廠方把許許多多紅色小水窪填起，再用推土機整平了地面。

---

4 編註：指以取得巨額錢財為目標的犯罪行為。

5 波塔寧（Vladimir Potanin）是諾鎳公司主要持股人，也是俄國排名第二的富翁。一九九五年他任某銀行總裁時，提出舉辦貸款換股拍賣的構想。由政府以國營企業股份為擔保，向商業銀行取得貸款。銀行提供的貸款實際上來自財政部，透過財政部在每家銀行開立的帳戶支付。貸款換股的結果是，國營企業以遠低於實際價值的價格出售。拍賣本身也是黑箱作業。波塔寧最後以一億七千萬美元取得諾鎳百分之三十八的股份，當時，諾鎳每年獲利為三十億美金。

6 尾砂是提煉礦物的過程中所產生的廢棄物。

我們來到道路轉彎處，卡車在這裡將吸滿柴油的土壤倒入紅湖裡。蒸騰的煙霧從惡臭的土地升起。紅色的湖岸旁，一臺怪手將成堆的土壤拋進水裡。駕駛不回答我們的提問，而是指指他諾鎳工作服上面的名牌，露出微笑。

一行人接獲消息，說汙染的土壤存放在五號地面運輸場對面的廢棄停機棚裡。我們周圍都是廢棄建築。拉米爾拍了一張全景照，克柳申則爬了進去。

自從兩年前被哥薩克人跟蹤並毆打後，拉米爾就沒辦法爬上爬下了。他的背不好。但是，明天全諾里爾斯克都會看到他的貼文。

這裡直到三年前才有了真正的網際網路。更早以前只能靠衛星，速度慢到連文字都很難載入，更別提 YouTube 和社交媒體。

網際網路也是諾鎳帶來的。該公司開始使用 SAP 作業系統，若不在當地發展基礎建設根本無法生存。纜線從秋門開始鋪設，通過葉尼塞河底下。如此一來，諾鎳等於在自己腳下埋了地雷。

諾里爾斯克人群組一開始是調查當地官員的貪汙，這些官員喜歡買賀卡與四萬盧布一束的花，以人工草皮鋪設他們建造的「公園」。當三千六百五十間市民公寓空無人居的同時，卻有許多人在候補名單上苦苦等待。

接著，諾里爾斯克人開始調查礦業園區。

這個群組的名稱下方有一條線，顏色隨時變化。這是「人民的」空氣品質和硫排放監測系統。「綠色代表空氣可以呼吸。橘色代表空氣一半的時間可以呼吸，而且不是在哪裡都可以。紅色代表快逃。」

漏油事件後，諾里爾斯克人群組成為主要的資訊來源。

但這個群組是公開的，任何人都可以加入。

除了他們以外，還有一個「地下組織」，成員幾乎全為從前與現任的諾鎳員工。他們帶著玩笑意味自稱地下組織，但他們的安全措施一點都不是開玩笑。與他們會面時，我們必須關掉手機，並分坐不同車輛。他們許多人都已經「受到注意」。

他們給我看他們收到的威脅，而且不同意我引用。這些威脅都以類似用語寫成：頗具水準的俄文，夾雜一些哲學思考。我心想，顯然有人收錢在寫這些。其中一則特別令人難忘：「未來不存在，擔心未來的人只是偽善。只要想現在。現在可能迅速改變，突然間，你就變得獨自一人。」

雖然我不能透露你們的名字，但我感激所有幫助我們的人。感謝你們每一個人。

8.

來自煉銅廠的氣體瀰漫全市，我正將它吸入體內。

那感覺很難形容。一股平淡的甜味包覆喉嚨，黏滯在身體深處。你想把它咳出來但沒有用，二氧化硫已經進入你的肺部。

開始下雨時有人把我拉到遮雨棚底下。水接觸到二氧化硫時，就會變成低濃度的硫酸。

我下一次吸入那個氣體時是在清晨。街上熙來攘往，一群群孩子到處跑來跑去。每個人都有點咳嗽。城裡三分之一的人每天上班時都要吸入這個氣體。

這裡的人告訴我，以前更糟。與煉銅廠分據城市兩邊的煉鎳廠還在營運時，不管風往哪裡吹，市中心的空氣裡永遠參雜有害氣體。自從煉鎳廠關門後已經過了四年，諾鎳公司企圖把煉鎳廠關閉說成是對環境負責任的做法。但前任員工解釋，其實是因為工廠屋頂和機器都老舊不堪，公司不想花錢修理。

到了盛行風吹拂的夏季，每個人都盡可能離開這裡，或至少把孩子送去別地。一輛白色的公司車在城裡四處行駛，測量空氣品質。自漏油事件後，園區產生的廢棄物減少了。雖然這很可能是因為重要訪客絡繹而至，但諾里爾斯克人仍為此感激園區。

9.

自然資源與生態部長科貝爾金，聯邦自然資源管理局長拉迪奧諾娃，以及州長烏斯抵達諾里爾斯克。他們前往漏油地點，會見原住民族代表（經嚴格篩選選出），最後來到清理工作地點。隨行的是經過特別挑選、「立場正確」的一群記者。我們不符合參加這個代表團的資格。交通方式由諾鎳提供，他們沒讓我們搭上巴士。

諾鎳公司代表宣稱他們已經清理了百分之九十的溢油。

10.

納德茲達冶金廠的一名工人說，「在這裡，你在哪裡工作沒有真正差別。諾里爾斯克這種地方就是，不管到哪裡去都是徹底的惡夢。這裡真的自成一國。」

「說起礦業園區的建築與設備，那又是另一個故事。一切都分崩離析，破裂的燃料槽象徵園區整體。每件事情都是這樣。以諾里爾斯克濃縮廠為例，那裡有幾個區域簡直嚇人。有一個電梯間破敗不堪，已經很多年。牆上有幾個這麼大的洞，一切就在風中擺盪。要維修便得暫時停工，但那是不可能的。」

「現在一切都全速運轉。二〇一九年賺翻了，全園區的工廠數字都很誇張，納德茲達的產量是史上最高！他們做了很多冶煉實驗，運來各種不同材料試驗。但機器運作時會發出刺耳的嘎吱聲和哐啷聲。他們頂多加些潤滑劑，很快把什麼東西銲接起來，然後繼續上工。如果內部已經破損不堪，加潤滑劑有什麼用？當然啦，他們盡量避免關掉爐子。停爐是萬萬不可的事情，因為這樣就得重新啟動，那又是一場惡夢。」

「想像一下，有個爐筒在你面前轉動，每個縫隙都有熔融金屬噴濺出來。在噴濺出來的熔融金屬結成半公尺厚的硬殼，覆蓋所有壁面以前，大家只會得過且過，靠著像補丁一樣封起裂縫混過去。」

「我不認為有熔煉工人會願意跟你談。但你可以請他們讓你看看他們的手臂。上面全是燒傷，一直到胳膊都是。」

「問題太多了，但沒人願意指出來。有些人試過跟上頭溝通，但上頭的人只會說他們描述的狀況不可能發生。根本無法溝通。公司讓我們到企業大學上訓練課程，結果北極部門的大頭把我們訓了一頓。大家紛紛回他說，『你到底在說什麼？我們有這些違規行為，是因為我們的主管命令我們這樣做，才昨天的事情而已！』『你們可以拒絕從命！』『但這樣就拿不到獎金了。』『沒這種事！你們那邊況狀很好！一切都好的不得了！你們的工作條件無可挑剔！』」

「如果出了什麼事，那一定是我們的錯。有各種標準依據，比如動態風險評估規定。『你們沒有正確評估風險，這是你們的問題，你們不該那樣做。』」

「這種荒謬無比的情形曾經發生過。五年前，中央停車場有個人下車時被一群野狗攻擊。他從自己的卡車走出來，然後就被狗咬。你要怪他什麼？他就是被一群狗攻擊。他們幫他安排治療，之後還是給予懲戒處分，因為他『沒有正確評估離開車輛後的安全性』。莫名其妙對吧？」

「我們有個紙上工會，但從來沒人收到過他們的消息。」

「還生態呢！你看過那些管線吧？有直的也有橫的，負責將氣體排出工廠。硫磺及其他那些化學物質都會留下殘渣。管線是被什麼東西堵塞呢？跟飄到空氣裡的東西一樣，二氧化硫。這東西必須沖掉。二氧化硫跟水混合之後就產生硫酸。唯一的清理方式就是沖掉。沖掉之後流去哪？你覺得有人在管理嗎？沒有。那只是一條酸性水流，而這是一間私人企業，把水倒到土裡之後就沒他們的事了。從很久以前就是這樣。」

「是，我是在這裡出生，這裡工作選擇不多。公司絕對有用人唯親的情形，事實上非常嚴重，不管在園區或其他地方都是很大的問題。經常有人分派到根本不適任的工作，他們的文憑是買來的，接著就有人給他們一個飯碗。他們壓根不會想到自己要為別人的生命負責，他們只是在上班，做自己的工作，然後逐漸往上爬。結果是我們的領導層完全不適任。實在太荒謬了，這些人根本不清楚各種程序，也不知道設備如何運轉。」

「沒什麼人要談漏油事件，他們根本不願提起。大家都知道那只是冰山一角。那個燃料槽也可以說代表整個園區。這裡所有的事物都生鏽腐蝕了。漏油事件——要他們怎麼說，難道要承認是園區的錯嗎？」

「他們現在忙著派人清理漏油，終於開始使用除油劑了。倒入藥劑後，河水應該可以恢復原貌吧。能派的每個人都派去了。但大家也都知道，最開始那幾天，上頭要他們做的工作根本莫名其妙。好吧，不是完全莫名其妙——為了大老闆要來而撿拾垃圾，清理環境，那不是壞事。但當你在處理一場真正的生態浩劫，卻只是走來走去撿拾瓶罐，那真的是……我不知道該怎麼說。」

「他們誰也不怕，可是波塔寧老闆要來的時候，你最好整理乾淨。」

11.

「這裡的人受盡壓抑，他們唯一能看到的問題是魚價上漲。面對這些人該怎麼辦？一個國家生活在什麼樣的政府與條件下，都是他們應得的。」

第一次訪談未果之後，我們在次日見到了瓦希里。那時暮色已深，我們將手機關機。

他在五月二十日就任自然資源管理局副局長一職。他和局長規劃了第一次共同檢查，目標是流經紅湖後注入達爾迪坎河的紅流。

與他們一起規劃視察的檢察官告訴他們，「你們目標太高了，他們不會讓你們順利進行的。」

「我心想，如果他們對我施壓，我可以在六個月試用期滿時離開。但後來的發展不是這樣。」他說，「我的決定讓我們家損失了我六個月薪水裡的四十萬盧布——還不夠讓我出賣祖國。」他笑了。

隔天，他就提出離職。公司拒絕解僱他，瓦希里只好提醒公司他還在試用期。他太瞭解制度如何運作，這是他最大的力量來源。

瓦希里是諾鎳出身。他第一份工作是在諾鎳旗下的礦冶研究中心。後來，當工廠不再需要科學研究，科學家因「企業優化」而被請走之後，他來到聯邦環境、科技與核管理監督部工作，對諾鎳公司開罰。接著他獲聘到諾鎳的安全部門上班。他解釋，「監督部的人想把我弄走，所以我自己離開……我是跟著錢走。」一六年之後，諾鎳公司告知他安全部門不再需要他，於是他自請離職。如果他們沒有暗示要他走，他會離開嗎？這一點不得而知。

「為什麼我現在要辭職？因為我已被解除所有職務。聯邦自然資源管理局長拉迪奧諾娃對我表示：『拜你之賜，我變成 YouTube 名人了。你這麼聰明的話，為什麼不想個點子然後真的去做？』我跟她說，『我想去檢查皮亞西諾湖左岸。』她說，『你會需要直升機，我們可以幫你安排，你去採些湖水樣本回來。』我認真準備，路線和採樣容量都規劃好了，結果管理局的人告訴我，『我們沒有直升機，你坐船去吧。你自己說過用走的你都願意去，那就去吧。』他們把我載到那裡，我在沼澤裡走了九公里，頭上有一架直升機飛過……事實是，即使你對某件事情深信不疑，旁人的看法還是會影響你。你會開始懷疑自己。我必須找到柴油以證明其存在，最重要的是對我自己證明。那裡聞起來像有柴油，但光有氣味還不夠。」

「後來他們帶我沿著河流左側支流返航時，我從船裡探頭出去，看到了證據。如今我確信自己沒弄錯。我設法拍了幾張照片。右邊那張照片裡的就是皮亞西諾湖左岸，還有從安柏納亞河流入的支流。沿岸的湖水上有一層厚十公分的柴油。這是在圍油欄外側。如果柴油流經這裡，那表示早已流到下游。」

「負責檢查的人形形色色，真的，什麼人都有。不能說每個人都收賄，但我當然認得有收賄的人。其實最後都不會有好下場，因為這畢竟是礦業園區，一個差錯你就變成替死鬼了。如果我什麼都沒做，也會變成替死鬼。我們漏出去的柴油實在太多，簡直難以置信。事情發生的時候你人在哪裡？他們並非不曉得相關法規和來龍去脈。他們會說，如果不照我們的方法行事，就會有個莫名其妙的人冒出來提出申訴，然後上頭就會開始檢視你過去所有的檢查工作是否確實。『那個是你簽核認可的，記得嗎？』他們會展開稽查，而到頭來的結果一定是，原來你並沒有做到盡職調查。」

我問他對於為漏油事件背黑鍋，如今身陷囹圄的人有何想法。他回我說，「我跟你說一個故事，然後也許你可以告訴我該做何感想。我負責監督三號熱發電廠的氣體排放。那裡有個配氣站。為了將廢氣排入大氣，必須打開上面有旋鈕的小管子，稱為煙道。煙道應該從屋頂往上開口。我到那裡檢查的時候，那裡沒有煙道。我開口就問：『這是什麼鬼？現在是怎麼回事？我但願不要發生這樣的事，但氣體不斷累積，萬一冒個火星，這裡全都會炸掉。』我針對這件事寫了一道指令。之後我回來檢查他們是否遵循落實，他們說，『喔，那當然，我們全都照做了！』講這話的是第三號熱發電廠的廠長，你懂我意思嗎？不是隨便一個管廢氣的主管，是廠長本人！他說，『來，我們喝杯咖啡，從我辦公室窗戶你可以一覽無遺。我們上去看。』我告訴他，『別來這招，老兄。這一套對我不管用。』於是我們爬上去裡面，我從下面仰望，喲，還真的有煙道……我又從梯子爬上三樓，廠長跟在我後面。」

「然後我不知道吃錯什麼藥，伸手用力扯了一下某根煙管。管子就這麼被我拔下來了！你明白我意思嗎？他們只是把煙管插進雪裡！他們在管子上焊了幾個支架後，直接把管子插進雪裡！你能想像我的感受嗎？」

「我開了這個違規項目的罰鍰上限。現在我該對那位仁兄有何感想？我不知道！你能想像如果我沒有檢查，如果我說『好啊我們來喝杯咖啡』，最後會出什麼事嗎？要我怎麼信任這些人？如果我信了，今天被控怠忽職守的人就是我。氣爆會把人全身的衣服都扯裂，只有身體被炸飛到天上。最後落得成為地上一具裸屍。」

瓦希里用手重重拍了一下破損的牆壁。「我不知道跟你們談到底對不對。你們會把我變成某種英雄，但我還沒決定我想不想當英雄。人們害怕英雄。這裡沒人需要英雄。」

12.

安全部門是諾鎳公司內部一個小編制的特殊服務部門，以前叫做經濟安全與秩序專署，簡稱安全署，諾鎳員工到現在仍會搬出這個舊名嚇唬彼此。

安全部門有八十名人員，多數是前聯邦安全局探員或警察。有些人比較奇特。比如當地聯邦安全副局長的太太以前曾在這裡工作。「她每次都拿到很高額的獎金。」

安全部門應該負責保護廠區設施和預防竊盜，但事實上該部門的業務卻是包山包海。安全部門底下有許多不同單位，比如「情勢監測」單位（顯然在一座工業城裡沒人想要一場革命）。有內部規範單位，專抓收賄與挪用公款者。還有一個單位負責科技程序安全以及監測生產疏失。

安全部門的員工還要監測社交媒體與論壇，確保沒有人在貼文中分享工廠設施的照片，若有人這樣做便予以懲處。

外部監測有兩種機制。

聯邦安全局與內政部的夥伴會檢查郵件，監聽電話。安全部門與執法部門密切合作，也共同為來訪的貴賓提供保全。

把瓦希里和他上司逐出漏油地點的武裝男子，就隸屬於這個部門。

安全部門也負責審批所有水質與土壤檢測，樣本要經過他們核可才能運出諾里爾斯克。這件事我聽過不只一次，而且許多人告訴過我，包括地質學家、警察、前安全部門員工。他們為我說明整個流程：先到部門總部所在的歐爾佐尼奇茲街 4A 號，交付樣本，之後會收到蓋好章的文件，以及上了特殊封條的瓶子，最後才由運輸警察批准運送。

太扯了，我心裡想。

當地人卻搖頭，「你還是不明白自己身在何處。」

13.

市政當局說：外國勢力垂涎北極地區。俄國的情況已經夠糟了，他們等不及要藉此占便宜。最好別再讓漏油事件吸引更多關注。

市政當局說：感謝諾鎳公司，我們的野生動物保護區狀況良好。何必恩將仇報，惹金主生氣？

市政當局說：不與諾鎳交朋友的人，就是不與常識交朋友。

市政當局說：沒有礦業園區就沒有我們。

市政當局說：你到底為什麼來這？

14.

這是一間狹小的公寓，裡面的家具全是手工做的。瓦希里的太太艾琳娜是位纖細的女性，有雙藍眼睛，身上的橘色襯衫上面寫著「媽媽」。她拿起對講機用英文說：「阿爾謝尼、弗謝沃洛德，**給我馬上回家！**」今年七歲的兩個雙胞胎小男孩趕緊從庭院裡跑進來。庭院裡充滿管路，水流從管子裡泉湧而出。兩歲的阿德萊妲在玩假裝小狗的遊戲，爸爸正幫她在耳朵後面搔癢。

「他們還這麼小，什麼也不懂，還以為我是曲棍球教練。」

我問艾琳娜一切都還好嗎，她說，「我沒事。同甘共苦嘛，我許過誓言要支持他。」

瓦希里離職了，好歹撐了一個月。早上他發著燒，但他依然問我，「怎麼樣，要去嗎？」

我們來到十月鎮礦場旁的鐵路轉運站，爬到管路下方（管路無所不在），消失到灌叢裡。一名男子站在他的汽車車頂上，像個黑色的路標。他朝我們的方向看，但沒看見我們。他動也不動。在他旁邊有一間藍色小屋，那是第一個檢查哨。在他後方有條道路，通往塔爾納赫濃縮廠的尾砂傾倒場。傾倒場於二〇一七年才啟用，但周圍已經有各種顏色的湖泊，從蔚藍到黃色，你想得到的都有。我們已經透過 Google 圖片搜尋看過了，瓦希里認為有液體從尾砂堰滲漏而出。我們想要徒步前往那些湖泊。

車頂上的男子舉起手裡的雙筒望遠鏡。

我們預料到會有安全人員，但沒想到是這種陣仗。

「這很不尋常。」瓦希里說。

我們轉向，往更深入凍原的地方走去。我們一行有三人：我，瓦希里，和他妹妹瑪莉雅，小名瑪莎。她從阿秦斯克來是為了帶孩子們走，但她不想讓哥哥一個人，才和我們一起來到這裡。比哥哥小兩歲的她綁著辮子，很愛笑。瓦希里的體溫在上升，她要確保他記得喝水。我們還要穿越八公里的森林和凍原。

礦業園區此時感覺很遙遠。一隻鷓鴣從落葉松底下飛出來，我們看到牠的鳥巢覆蓋著色彩繽紛的羽毛。一隻兔子跳過一團礦石。

凍原上遍地花朵。它們的模樣很奇特，有些看起來像溫帶地區的花朵，但花莖非常短，也有些看起來全然陌生。毛茸茸的綠莖裡彎曲地長出帶著長尾巴的花朵，藍色的勿忘我，張牙舞爪的野生迷迭香，黃綠色的北極罌粟。蚊子雲集在我們周圍，遮蔽了光線。我們在山丘爬上又爬下，披荊斬棘穿過下層植被，一躍而過小溪。瑪莎在一次完美落地後表示，「以後我要這樣教小孩做大踢腿。」她是健身教練，也教啦啦隊，跟我們說了幾個動作訣竅。

我們又經過三個檢查哨。瓦希里的情緒愈來愈低落。「以前沒這麼多。」他用灰布把橘色背包罩起來，拿起對講機迅速低語幾句。

我們沿著卡拉耶拉克河右岸前進。

之後我們轉進森林，沿著從一座湖泊汩汩而出，奇異而混濁的溪流前行。

那座湖泊已經死去，樹木從內向外突出，像電線桿一樣光禿，沒有樹枝也沒有樹皮。沿岸有一排枯死的灌叢，已死或垂死的樹木，葉子一片不留，但樹皮還在。水面上一片乳狀的浮油微微顫動。

我們聽到引擎聲，但無法判斷聲音來自何處。

我們把瓦希里的相機固定在無人機上，在一片林間空地上施放。無人機很快消失在藍天裡。

瓦希里開心笑了。

引擎聲來自路上一輛黑色的吉普車。車子離我們很近，大約只在兩百公尺之外，但濃密的下層植被讓車子不易開到我們所在之處。我們開始奔跑，遠離汽車，遠離道路。

離目的地還有一公里的時候，我們終於停下來喘口氣，大笑起來。

兩個小時後，瓦希里傳來訊息：「趕快過來。」

我們一起瀏覽無人機拍的照片。

然後我們看到了。

15.

我們看到尾砂池邊緣有三條坡道。其中兩條坡道上面有小亭子，一黃一橘，兩間亭子都有水管穿過。水管一端從鏡面般的池水表面穿出，另一端從池子邊緣延伸至道路另一邊。道路被挖得亂七八糟，到處是挖出來的土堆。嚇跑我們的車子也赫然出現在照片中。

水管降至凍原地表處有一陣陣白色噴氣。隨著噴氣而來的是一條水流，流入那座死氣沉沉的湖泊，再從湖裡流入卡拉耶拉克河，卡拉耶拉克河又流入皮亞西諾湖。

「那是廢水。幹，媽的！那是廢水，」瓦希里咒罵。「已經發生那些事情，他們居然**現在**還在排放！」

他逐一審視照片。「解析度很差，我們無法證明什麼。」

他打開諾鎳公司的《原礦、技術製造產品與商業生產地圖集》，一邊喃喃自語，「不得了的一本書，」然後大聲朗讀，「濃縮的廢棄尾砂成分為百分之零點零六八銅，百分之零點五三鎳，百分之三十七點七鐵，百分之零點零二一鈷，以及百分之十八的硫。」他說，這些物質接觸到氧之後會轉變成離子，可能與水互相混合。

他打開《北極圈以北的金屬生產》，找到關於塔爾納赫濃縮廠的那一章，繼續朗讀，「下列物質使用於濃縮物浮選過程：浮選劑，松油，硫酸氫鈉，黃酸鹽，以及表面活性劑，這些物質會在尾砂貯存設施與尾砂混合在一起。」

再透過通往凍原的水管排出尾砂池，流入那座死湖，流入那條混濁的溪流，流入卡拉耶拉克河、皮亞西諾湖，最後進入卡拉海。

「我們必須再去一趟。」

16.

我們是誰？

我們必須回去傾倒場。但三個人實在不夠，諾鎳安全部門的一輛車就足以擋下我們。可以找地下組織，但瓦希里不信任他們。「一定有人會大嘴巴。只要話一傳出去，諾鎳就會把抽水機關掉。」

瓦希里與律師魯斯蘭在他的住處旁邊碰面。一號熱發電廠管線上的灑水器正把多爾戈耶湖的湖水噴灑到空氣中，渾身濕透的年輕女性沿著充滿工業處理水的管子走過。瓦希里需要有人協助他寫報告，魯斯蘭立刻問起，「什麼報告？你發現什麼？」

瓦希里說，「我晚點再告訴你。但我需要支援。」

「沒問題。」

瓦希里回到家，在灌叢裡跑了一天的孩子們筋疲力竭，已經睡了。「他們派了一整支軍隊在那裡。」瑪莎說。

瓦希里扳著手指數算，默念著什麼，再把計畫寫在一張紙上。

「我們需要時間，需要人。」

「該死的革命分子。」瑪莎說。「哥，我跟你一起去。」

艾琳娜的眼睛睜得老大。她點點頭，沒有說話。

17.

綠色和平組織的人在清早飛抵。尤瑟夫、蓮娜和攝影師狄馬。尤瑟夫負責採集樣本，來自聖彼得堡，專業是森林學，年近四十看起來卻像二十，這要感謝他的笑容和一頭蓬亂的捲髮。大家都叫他尤瑟。他奉行生機飲食，不開車也不抽菸。他說綠色和平就是他的家。

蓮娜學的是翻譯，懂三種語言。她曾在莫曼斯克為遭到拘留的社運人士擔任翻譯，此後開始參與綠色和平。她當過義消，專門撲救野火。她語氣輕柔，連出野外也會上好眼妝。

他們在租來的公寓裡整理行囊。呼吸器口罩、黃色連身防護衣、手套。尤瑟指示我們，「取下瓶蓋，把瓶身在水中洗浸三到五次，把水裝到最滿，放入鋁箔封口墊片，接著把蓋子轉緊。一方面要拍照和攝影。湖底的樣本從船頭採樣。至於土壤，我們要劃定一個方形，上面有五個點，間距一公尺。我們把五個點之間的東西全部挖出來變成一堆，混合在一起。移除石頭與殘根……」

為了選定檢測地點，我們細看衛星影像，研究河流、湖泊與風向。我們選定八個地點：安柏納亞河流入皮亞西諾湖之處、皮亞西諾河支出的一條小溪，以及水流中「明顯有淤塞物質」的渦流和地點。最遠的地方是偏遠的漁業聚落克列斯提。第一個地點和最後一個地點之間，相距一百八十公里。我們還需要從流入皮亞西諾湖的乾淨支流取得對照組樣本，用來與其他的水質與土壤採樣相互比較。

「需要完成的事情之多壓得我喘不過氣，」尤瑟說。「這將是史上第一次從皮亞西諾湖取得採樣，第一次。我們將找出真相。」

18.

那輛車開過來時我們已經在裝船。船長們被帶走，回來時有人陪著，自稱是運輸警察。對方有兩個。一個彬彬有禮，另一個刻意無禮。「他們沒有操作小型船舶的執照，沒有許可證或旗號。你們是怎麼找到這些自稱可以開船的人？」

「我們該有的都有，」船東說，一邊繼續幫我們裝船。「我不懂我們這是住在什麼樣的國家裡。」

「尊敬的公民，你們似乎很沮喪。你們從另一個地區來到這裡，卻遇上這麼不誠實的人。如果你們有人願意協助調查就好了……」

說話的警察忍不住笑出聲來。

船長們被拘留了六個小時並處以罰鍰。之後，他們拒絕搭載我們。

19.

但我們還是去了。整件事像電影一樣。

我們在生鮮超市和一名男子碰面，講好時間。我們「上床睡覺」一陣子，然後在沉默中收拾行囊，上了約定好的車輛，手機關機。我們攜帶的所有東西都在一分鐘以內丟上船。

「快，動作快。」一眾男子把船推離岸邊，再用大手和我們揮別。

20.

皮亞西諾湖就在城市旁邊，距離十五公里，搭氣墊船過去只要十分鐘。看到這樣的公里數你便會明白，諾鎳還在架設圍油欄的那最初三十六個小時裡，柴油絕不可能沒有溢流到這裡。

納德茲達冶金廠及煉銅廠用排放的煙霧和我們揮別。宛如一面透鏡的霧霾籠罩城市。船長告訴我們，「出發的時間正好，只要到了河裡他們就無法碰我們一根寒毛。他們的運氣用完了。」

船長有雙藍色的眼睛，看起來許久未曾闔眼休息。他知道其他船長被處以罰鍰並受到威脅，但他還是載我們出航。為什麼？「我深愛這些地方，也對它們瞭如指掌。」

人說皮亞西諾湖很危險。湖深範圍從四十公分到十公尺，風恣意吹拂水面，風暴時更能輕易造成船隻翻覆。但我們安全通過。

船長說，漏油時戈里吉岬還有冰，而洩漏的柴油流到了那裡。

我們從恰亞齊島後方駛入皮亞西諾河。河流很平靜，水面幾乎沒有閃爍。岸上，殘缺的森林逐漸轉變為真正的凍原。獵人與漁夫的小屋點綴在河畔。

我們經過一艘來自烏斯特－阿瓦姆的駁船。兩位船長向彼此揮手招呼。

我們在一棟廢棄小屋用早餐。小屋後面，是在太陽下曬成白色的馴鹿骨頭。從前這裡有超過數千頭馴鹿，如今鹿群的遷移路線已經改變。官方將此歸咎於盜獵者，但獵人說罪魁禍首是諾鎳的管線和留在凍原地衣上的殘餘氣體。

最後，我們終於抵達克列斯提。

21.

克列斯提位在一道深邃的溝壑上。這裡曾經有一座氣象站，一個漁獵採集事業管理部門的邊遠據點，還有一間商店。沿岸都是看起來曾經是住宅的廢棄建築，以及崩解中的大小冰塊。永凍層裡挖了冰穴，生鏽金屬隨處可見。氣象塔長滿低矮的草。只有兩棟看來可以居住的建物，漁人緩緩從裡面現身。這裡沒有俄羅斯人，只有多爾干人與恩加納桑人，臉上寫滿睏意和不信任。他們同時點起菸，上下打量我們。他們並不邀我們進屋，回答問題時也是惜字如金。

不，他們沒有看到柴油。漁網上有一些油斑，但誰知道那是什麼？

不，水聞起來什麼也不像。

不，也沒有魚。一條魚也沒有。從漏油以來就沒有了。

22.

多爾干人伊拉基爾是森肯岬角的主人。他的昔日同窗熱尼亞是恩加納桑人。他們在烏斯特—阿瓦姆一塊長大，讀同一所學校。如今他們也一起捕魚。

伊拉基爾是漁夫，他說若不是因為養父的遺願，希望他不要放棄家產，他老早就搬去城裡了。他們的家產是這樣的：長得像一艘船的房子，漁網，還有一起捕魚的團隊。房子裡很溫暖，孩子們還在睡。他太太納德茲妲把一條麵包放進烤箱，然後很快出去了。

伊拉基爾幫我們倒了茶，「別擔心，這水不是皮亞希諾湖的。因為礦業園區的緣故，我們很久以前就不喝那個水了。」

他展開漫長的獨白，談論政府，以及人民與國家的關係。語畢，他要我別把他「關於政治」的任何發言寫進報導。「我可以為自己說的話負責。但我有要照顧的人，而我沒辦法保護他們。」

他們的捕魚合作社通常每一季能有三到四噸的漁獲量，銷往諾里爾斯克的超級市場。

他們捕的魚有歐白鮭、寬鼻白鮭、穆森白鮭、高白鮭、哲羅鮭、茴魚、狗魚，以及瀕危且禁捕的西伯利亞鮭。「以前這裡是很富饒的地方。」

「對泰米爾半島而言，這個事件將會像……像車諾比一樣。對皮亞西納河會是如此，對生活在河畔與周圍地區的人也會如此。就這麼回事。」

伊拉基爾與熱尼亞去檢查昨晚設置的漁網。河流不安寧，拍打著船隻身側。

伊拉基爾將引擎熄火，熱尼亞小心翼翼地把手伸進漁網裡掃動。

第一個網子是空的。

第二個網子也是空的。

第三個網子裡纏了一小隻狗魚，伊拉基爾把牠撿起來放回水裡。

「天啊，以前從來沒有這樣過。」熱尼亞說。

伊拉基爾轉過頭去，朝河裡吐口水。這個舉動過去還是不可想像，畢竟這是神聖而有生命的河流。只是現在它已經死了。

23.

科倫納亞、騰特拉納亞及科斯莫菲茲齊，這三處邊遠據點也都沒有魚。漁民說：他們殺了河流。但剩下的只有咒罵。住在騰特拉納亞的維克多說，如果魚不回來，他打算弄個絞索給自己。說完大笑，笑聲令人害怕。

24.

船長想開到一條溪裡隱蔽我們的船隻，因為你永遠說不準會冒出什麼人。但河流般的濃霧悄悄籠罩了凍原。那一晚我們在名為克爾雅的小屋裡度過。

25.

我們在直升機的聲音中醒來。凍原上，亮紅色的直升機極為顯眼，而它就降落在岸邊。四個人下了直升機。一名警察身穿制服，另一名穿迷彩服，頭上罩著防蚊網，還有兩位著便裝且話不多的「一般民眾」。

後來，諾里爾斯克人臉書群組的人認出他們的真實身分：一位是「安全局的沙夏」，另一位是諾鎳公司調查部門的頭頭沙佐諾夫。所謂的「平民」毫不掩飾地在岸上搜索，沙佐諾夫靠得很近，用高檔專業相機拍攝我們。

那名警察詢問，「我們需要搜索船上有沒有武器。」但他們什麼都沒碰，他們要的是船長。我們告訴他們，船長去買柴油了。

警察問尤瑟是哪國人。

「我不知道。」尤瑟回答。

警察一度進了小屋。他檢查床鋪底下，桑拿室的長凳底下，叫我們把睡袋打開。

沙佐諾夫檢查了浴室。

安全局的沙夏用死板的語氣重複，說騙他們也沒用，他們終究會找到船長。

「那你們就找啊。」

警察退至一旁去打衛星電話。

他們沒收了小屋屋主的柴油。

他們把繫在我們船上的剩下幾桶柴油解下，還拿走了插在發動器裡的鑰匙。

「你們要讓我們困在凍原中央還無油可用嗎？」

「我們會叫一支救援隊來，你們現有的量夠你們回到鎮上。」

「我們要扣押你們的船！這個船長沒有營運執照，船隻沒有登記，你們也沒有跟緊急應變管理部登記！」

他們拿著拘捕昨天的船長的令狀揮來揮去。沙佐諾夫繼續拍照。

他們寫下針對這個地點的搜索令。「為終止並預防該團體前進，我們沒收了可以假設是柴油的罐裝物。」

但直升機裝不下沒收的柴油，他們只好分兩趟全部帶走。

為了搜尋船長，他們在樹林上方盤旋許久。

直升機確定離開後，船長終於出現。既憤怒又得意的他大吼，「無恥的婊子。」

接下來經過的幾棟小屋，裡面的人都把他們的柴油給了我們。柴油在這裡可比黃金。有人警告，「直升機找你們找了兩天了。」

「他們殺死了湖泊，殺死了河流，現在又到處飛來飛去找你們，媽的混帳。不管你們怎麼做，一定要拿到那些樣本，拿到以後帶出去。至於**你**——你要寫，寫這裡的情況，寫這裡正在發生的事情，把這一切全都寫出來。」

26.

尤瑟取得了樣本，過程頗費周章。得先把瓶子徹底洗淨。河底很多石頭，觸底後會自動關緊取樣的特殊勺子一直被石頭卡住，回到水面時都是打開的。此外，每個樣本都要有兩份，因為我們不知道哪些樣本能從諾里爾斯克送出去，又要如何送出去。莫斯科正在探聽我們要怎麼運送這些裝著土壤和水的小容器，但諾里爾斯克不是莫斯科——如今我們知道了。

穿著黃色連身衣的蓮娜拿著漏水的袋子，站在一段距離外。根據規定，尤瑟必須經過去汙處理，也就是以乾淨的水沖洗後才能脫下連身衣。

船長氣呼呼地吸著菸。他現在害怕了，一直嘟囔著，「快點，快點，否則我要放你們在這裡下船。這樣你們就得帶著那些試管自己走回去。」一邊說他邊看著天空低處有沒有紅色直升機的蹤跡。

湖上颳起風暴。小小的波浪衝擊我們的槳葉，讓我們無法前往瓦希里最初拍到湖濱覆滿柴油的地點。我們調轉方向，朝城市返航。珍貴的樣本已經包好，編號，並加了祕密註記，以防被掉包為假樣本。

我們快速將行囊卸到車裡。沒了鑰匙的船將靠著最後一點燃料被開去藏起來。船長向我們點頭告別，離開了鎮上。

27.

納德茲達冶金場和煉銅廠像平常一樣噴煙吐霧。

莫斯科市議會議員米托洛金睡眼惺忪地抵達。

從他下飛機那一刻起就有人跟監——某個藍眼睛藍手套的友善年輕男子「認出他」，自告奮勇提供協助，問他來訪目的。米托洛金笑而不答，把話題轉開。年輕男子提議載他一程，最後卻獨自坐上了米托洛金同志的吉普車，而且立刻開始打電話。

米托洛金這一趟來是要試著把樣本帶回莫斯科。

他返回機場前，幾位生態學者請他喝茶，沙盤推演如果機場人員試圖沒收樣本，他該怎麼做。

「乾脆不要叫樣本，」蓮娜提議。「就是些土壤。」

這個計畫在第一個行李過X光時就失敗了。

「樣本？你有取得諾鎳同意嗎？」一名航空運輸安全官員質問，接著拿起對講機喊，「快點過來！二號入口！」

警察現身，另有一名穿著長風衣的男子，以及安全檢查官員瓦西列芙娜。

每個人都直言不諱：米托拉金需要獲得諾鎳許可才能攜帶樣本。航空運輸安全值班主管斯特巴耶夫說明，「我們唯一的規定，就是只能攜帶五公升以內的液體上飛機，而且不得為可燃性。但事情不是我們說了算，只能奉命行事。」

「你和諾鎳是什麼關係？」

「這個嘛，我們不是諾鎳公司的人。但機場是諾鎳的，我們是子公司。」

他走去一旁跟警察和穿風衣的男子交談，回來時笑著說，「他們正在研究如何把你們變成我們的問題。」

瓦西列芙娜板著臉。她領我們走進一間會議室，要求我們打開行李，接著要求我們打開樣本瓶。一番交涉之後，我們同意打開一個瓶子。瓦西列芙娜俯身靠近。

「聞起來真的像柴油！」她一邊說，一邊吸入皮亞西諾湖水樣本的氣味。

他們拿了一個光譜儀來。機器對樣本沒有反應，顯示燈是綠的。沒有違禁物質。

斯特巴耶夫回來了。他臉上的變化令我訝異，先前的友善已經無跡可尋。

「上頭命令，我們要沒收樣本進行分析。這是不明物質。」

「可是你們剛剛才檢查過！」

「我們收到警方來的密報，就在剛剛。有匿名電話檢舉，說有人企圖偷帶燃料與潤滑油到這個班機上。」

「你們打算對航班上所有乘客進行搜索嗎？」

「是的。」

「那我們不搭這班飛機了，樣本也要拿回來。」

「那要警方授權才可以。」瓦西列芙娜說，接著坐下來撰寫扣押程序單。

在他們確保一切符合程序的短暫空檔中，我們設法取回了裝著樣本的行李，離開機場。

米托拉金空手飛回莫斯科。

28.

現在沒有什麼好趕的了。我們有時間去確認我們最壞的猜想。

我們在晚間啟程，前往塔爾納赫濃縮廠的尾砂貯存設施。

這一次陣容比較壯大，徒步前往的時間花了比較久。我們已經知道要避開的安全檢查哨位置，奔跑著穿過林間空地。上下山時，我們跋涉在灌叢和溪流之間。卡拉耶拉克河大水橫流，我們必須繞過它前行，腳都濕了。

結了露水的凍原閃閃發光。海鷗在頭頂喧囂。

「這些海鷗瞪我們瞪得好兇，」瑪莎說。「守夜的人當中至少有一些還沒睡吧。」但我們沒有被抓到，順利抵達了目的地。

第一個聽到馬達聲的是瓦希里。

我們在死湖旁的一小片原野迅速進食，一邊打簡訊，一旦手機開機就會傳送出去。

「趕快走吧。」瓦希里說。

我們沿湖走到路邊。

我們聽到水聲，接著是抽水機的嗡嗡聲。

最後，我們來到傾倒場。

29.

不，這裡跟無人機空拍照裡看到的並不完全一樣。照片裡看到的是一小股白色噴氣，是點狀的，只是一些像素。

現實中，這些管子寬達半公尺，正以駭人的速度噴出白色泥漿，伴著泡沫與水花。液體沿著使用已久的途徑隆隆流洩。白色水流兩側的落葉松是枯黃的。

「聞起來就是黃酸鹽的臭味，」瓦希里說。「操他媽的鬼。」

他取出追蹤器，記下坐標。

我們打開手機和相機。

收到我們的訊號後，留守在城裡的尤瑟打電話給警察和緊急應變管理部。再來是魯斯蘭。他打給克柳申後，標題為「傾倒！！！」的貼文出現在諾里爾斯克人臉書群組。

瑪莎連上臉書直播。她的追蹤人數不多，但重點是如果手機被沒收了，影片依然會留在臉書。

泥漿不斷湧出。抽水機嗡嗡作響，管子在吞吐之間發出哨音。我們離開傾倒場來到馬路上，走到尾砂池的牆邊。我必須要完全確定才行，所以我要親眼看看。而我看見了，管子確實是從尾砂池通出來的。

瓦希里打電話報警。「你好，我是瓦希里，我要報案。」

但首先抵達現場的卻是諾鎳安全部門。

共三名男子，其中一人不自然地和瓦希里握了手。

他們沒把我們的電話拿走，只是要求我們停止攝影。工人開始從他們後方魚貫而入。一名工人和一名警衛跑去把抽水機關掉。幾分鐘之後，緊急應變管理部分支單位救援服務局的人員抵達。抽水機已經關掉了，但我們把影片放給他們看。他們只能抱頭表示難以置信。

警察來了。驚恐的工人已經在拆除管路，但警察並不擔心這個。「一切都已經記錄下來。」一名年輕女警說。她的搭擋爬下山丘，去採取那個乳狀液體的樣本。

「我是葛洛沃依，首席犯罪調查員。」

「你知道這些人剛告訴我們什麼嗎？」攝影師狄馬說。「他們說這裡不是天然地區，而是諾鎳的物業。」

「就我觀察，他們覺得一切都是諾鎳的財產。」

一個小時後，我們周圍已經全都是人和機器。穿著西裝或制服的男子擠在機器旁邊。警察忙著寫下搜索令和報告。

機器很快就動工，開始拆卸管路。檢察總長辦公室的人從城裡趕來。諾鎳公司的推土機倒車時壓扁了檢察官搭乘的一輛警車。裡面的人及時跳出，毫髮無傷。警車駕駛站在路邊不斷重述，「我希望他只是沒看到我們，差點以為我要死了。」

緊急應變管理部的上校撥了一通電話。他說，「他們什麼都不說，只是互相點頭。警察不能訊問他們。不，米海利奇，我們在進行偵查。這裡有一座湖，他們一直在往裡面倒東西。」

上校自我介紹，「我是薩夫琴科，希望你們記錄到這裡真正發生的事情。」

緊急應變管理部的人向我們道賀，「做的好。」

該部門的馬卡洛夫少校私下表示，「我有個老同學說，他們從二〇一七年起就在這裡傾倒廢棄物了。你知道你們還應該去哪裡嗎？歐嘉納爾跟塔爾納赫的廢棄物處理設施。他們誰也不怕。」

「你為什麼不去？」

「我們要怎麼去？我們沒收到訴願，誰會對諾鎳提出訴願？」

另一個人說，「瓦希里跟你們在一起嗎？哇。喂，大家，是瓦希里！」

30.

「我知道有一百個地方正在傾倒廢棄物。我們可以工作兩天，休息一天。你覺得這主意怎樣？」

此時是晚上，瓦希里和魯斯蘭剛寫完他們要寄給普丁的信。兩個人都累到發抖。

「我愛死這個主意了，」魯斯蘭說。「我的事務所專做這個就好。你還會在城裡待多久？」

31.

與此同時，諾鎳董事會爆發醜聞。財務監督部門根據公司內部文件，完成了漏油事件及破裂燃料槽現狀的報告。

報告內容如下：

雖然諾鎳管理層知道燃料槽劣化，將近十四年期間卻從未更換。最近一次檢查在二〇一八年十二月，那次報告詳細指出牆壁、地基、底部和設備的「功能有限」，以及持續使用的既有風險。

重建燃料槽的計畫自二〇〇六年起延宕三次，而且從未脫離規劃階段。預估支出經過優化後減少了四分之一。同時，燃料槽的個別零件卻修理頻繁。

檢查員陳述了漏油災難背後的系統性成因：預算刪減，未能優先處理必要的維修計畫，以滿足政府監管單位規定，以及產業與生態安全相關要求。檢查員指出，過去數年來，諾鎳一般投資計畫每年的未達成率約為百分三十，相當於一年六億美元。

根據該部門所說，第三熱發電廠燃料槽地基底下的永凍層融化情形，可能是局部性的，源自人為因素。

但燃料槽壁面快速而大面積破裂的直接肇因，是其劣化的程度。

也就是生鏽的程度。

檢查員也列出後續發生同性質漏油事件的潛在地點清單：諾里爾斯克—泰米爾能源公司的一號熱發電廠，以及諾里爾斯克、凱葉爾坎和都丁卡的石油貯存設施。

這個報告引發了對檢查員帶有偏見和能力不足的指控。另有謠言說，報告本身只是諾鎳大股東波塔寧與德里帕斯卡之間的新一輪戰爭。

32.

這段期間（整整三個星期）我一直嘗試聯繫諾鎳。許多員工提供我很多協助，但沒人願意具名受訪。

不過，在我們要攜帶樣本離開被拒，也記錄了塔爾納赫濃縮廠傾倒廢棄物的行為之後，終於有人願意受訪。諾鎳公司北極事業處主管烏特金同意與我進行訪談。

抵達採訪地點時我頭髮裡都是沙。因為我先去了勒比雅茲耶尾砂傾倒場的周圍地區，觀察若塔爾納赫沒有停止傾倒會變成怎樣。

會變成一片蒼白的沙漠，充斥著枯死的樹木和風中飛舞的沙塵。

死水般的庫佩茨河流經曾有馴鹿沿岸漫步的這片沙漠。

微紅色的氧化生鏽金屬從灰色的泥漿狀土壤裡探出頭。

我不知道如何把我在當地察覺到的事情化為文字。

諾鎳北極事業處總部，位在諾里爾斯克最堂皇的史達林時代建築裡，最中心的街道上，最重要的廣場內。

裡面沒有任何一點和史達林時代的相似之處。全是平板燈具和高速電梯，處長辦公室的桌上擺著一瓶瓶 Evian 礦泉水。

來自莫斯科中央辦公室的政府局處合作部門主管格拉切夫在場旁聽。我們的訪談就是由他安排。他從桌對面看著我說道，「當你需要為自己找理由時，總是能順手找到一個。」

「我不需要為任何事情找理由。」我回答。

「我不是要你為自己找理由。有時候，悲劇發生時，就是有人會冒出來讓事情雪上加霜。」

「悲劇，」他是這麼稱呼漏油事件的。

烏特金精神奕奕，體格健壯，態度友善。他抵達時帶著列印好的文件，上面是對我提問的答覆，但他幾乎看都沒看一眼。我們談了一個小時。

「發生的事情令人痛苦。對我個人而言如此，更別提對諾鎳而言。」

「你在那邊看到的不是鏽蝕，而是防水處理。我再說一次，那是在二〇一七和二〇一八年保養維修時做的，也有記錄可查。燃料槽的表面磨損是雨水和極端溫度所造成，每過一兩年自然會變色。那就是你所看到的。」

我問他諾鎳干預我們把樣本帶回莫斯科的事。「我聽說了，」他回答，「而我可以向你保證，北極事業處沒有任何一個單位或什麼安全部門與此事有關。」

我問他傾倒廢棄物的事。「我可以確認一項事實，那就是塔爾納赫工廠的領導層徹底違反尾砂貯存設施的使用規定作出決策，這是為了預防……喔，是了，當時在下雨，水位高漲，於是他們決定進行傾倒——但傾倒的不是尾砂而是滯水，而現在正透過反向排水回到工廠。這是很嚴重的事件，諾鎳對此深感憂心。我們會嚴肅以對，採取措施加以解決。諾里爾斯克鎳業公司不是這樣做事的。此次事件是個例外。」

「至於這座城市，不出十年，你就會在這裡看到全新的現代化建築，擁有當代科技，足以與芬蘭或加拿大正在興建的建築相比。這是我眼中十年後的諾里爾斯克，一座綠色城市，空氣中聞不到硫磺的氣味。更重要的是，它會充滿諾里爾斯克人快樂的臉龐。」

「我希望大家都能翻開新頁。最重要的是，記住諾鎳公司現在已經做了很多。這項意外不會有任何影響，絕對不會限縮我們運作中的龐大生態計畫。」

道別時，烏特金送我一本書，書名是《泰米爾半島自然風光》。

33.

「是媽打電話來，」瑪莎說。「我們兩個慘了。」

瓦希里夫婦才剛把公寓裡的一面壁紙撕下。

「你們完全沒有替父母著想。」兩兄妹的母親劈頭就罵。

「爸爸有捕到魚嗎？」瓦希里問。

「一整桶。」

沉默。

「我希望你這些事都搞完了。」

「我們還有幾件事得收尾。你們是我父母，應該支持我。」

「我支持你，可是……」

「你就直說吧。」

「你的生活更重要。」

「拜託，每個人能做的有限。只不過，雖然在狗屎堆或沼澤裡也能活，總是要為了更好的生活奮鬥。」

「公寓怎麼樣了？」

「我們正在慢慢拆壁紙。」

「沒必要慢慢拆，要做就要有魄力。總之別惹麻煩，這下你要去哪裡找工作，天才？不要再亂搞了，你們都是有爸媽的人。」

「我現在這樣是你教的，媽。」

「但你要想著家人。」

「我做這些就是為了我家人。」

34.

針對第三號熱電廠柴油洩漏事件，自然資源管理局估定的生態損害賠償金是一千四百八十億盧布（當時約為二十億美元）。這樣的罰鍰金額在俄國史無前例。

「北極地區整體自然資源受到的損害史無前例，罰鍰反映出這一點。」自然資源與生態部長科貝爾金表示。

諾鎳可以主動配合支付損害賠償。但該公司卻回應，將針對罰鍰提出異議。「本公司認為，葉尼塞區際自然資源管理局估定水質與土壤損害賠償所依據的原則，導致了估定金額有所偏差，需要修正。」

這份聲明發布的六天後，充滿航空燃油的一條輸送管在特克哈爾德村附近破裂。四十四點五噸燃油噴灑到凍原上。那條生鏽的輸送管早已破損不堪（我們有照片為證），業主是諾里爾斯克瓦斯公司，母公司正是諾鎳。

第十二章　睜開你的眼，這國家法西斯很久了

那是三月近尾聲之時。收養七個孩子的薇拉，在她的部落格貼了幾張照片。照片很模糊，裡面是一座墓園，有初融的雪，低矮的新草。墳墓只是沒有標記的土堆：沒有十字架，沒有墓碑，沒有姓名。薇拉宣稱裡面葬的是拉茲諾奇諾夫卡的孩子。「有些似乎是集體墳墓。」她寫道。

拉茲諾奇諾夫卡是一間兒童精神療養院（internat），收住智能障礙的孩子。檢察總長辦公室的調查揭露，十年期間，共有四十一名孩子在該院死亡。

如果沒記錯，我是自請前往。

阿斯特拉罕位於俄國最南端，大草原上生長著比人還高的羽芒。窩瓦河在這裡壯闊奔騰，溢流到上百條支流。陽光亮眼到讓人總得瞇起眼，尋找陰影處。

薇拉住在一棟小小的木造房屋，又髒又擠。我一次見到她所有的孩子。娜迪雅、洛馬和瑪莎在讀書，塔薇法正換上新洋裝。「她實在很喜歡搔首弄姿，」薇拉說。「一天不換四次衣服，對她而言就白過了。」米夏坐在薇拉腳邊，焦慮地看著我們。院子裡，科亞與馬克辛正輪流溜滑板。

薇拉的孩子全都經診斷為神經發展障礙患者。

娜迪雅、洛馬和米夏來自拉茲諾奇諾夫卡，科亞、馬克辛和瑪莎來自一般孤兒院，但差點被轉去拉茲諾奇諾夫卡，是薇拉出手相救。塔薇法是薇拉帶她去德國動手術後領養的。

薇拉是新生兒專科醫生。她說她在九年前第一次前往拉茲諾奇諾夫卡。和她同去的義大利女子沒有及時拿到領養文件，所以孩子被送到那裡。「孩子當晚就死了。院方告訴她的時候，簡直是欣喜溢於言表……保母們帶我們參觀。那天是星期六，主管都不在——當年他們還肆無忌憚。我們到了臥床者病房。孩子躺在地上和塑膠墊上。有些人的腳被綁在床邊。保母說，『這樣他們才不會逃跑。』但他們不是臥床病人嗎？」

那是薇拉第一次見到米夏。他被人用尼龍褲襪綁在床上，咬著手。薇拉領養米夏的同時，也領養了娜迪雅和洛馬。「保母說不知道他們為什麼會在那裡，他們是完全正常的孩子。」

「一開始真的好艱難，孩子們只會用粗話加上手勢溝通。他們不要上學，大喊著『我們是智障，我們不需要上學！』我舉起手想撫摸他們，他們卻瑟縮起來，以為我要打他們。他們一直被殘忍對待，從不知道還有其他方式。那時米夏還不會走路，只會爬。有一次我請洛馬幫忙帶米夏到廚房，結果他開始踢米夏的肚子，要這樣子把米夏從房間踢到廚房。我抓牢洛馬對他大喊，『不行！不可以這樣子！』他好震驚！」

薇拉絮絮叨叨地一直說，告訴我促使她開始做志工的是一位波蘭神父，說在她工作的醫院，嬰兒會因為喝不到適當的配方奶而死；說她原本打算從拉茲諾奇諾夫卡收養第八名孩子，卻被兒童服務局駁回申請；說米夏被注射托拉靈，而她為此寫信給檢察總長辦公室之後，他們回覆說托拉靈是用以治療癲癇發作。「托拉靈不是用來治療癲癇，院方為院童注射只是為了讓他們躺著不動。」我用以治療癲癇發作。「托拉靈不是用來治療癲癇，院方為院童注射只是為了讓他們躺著不動。」我的原子筆寫到沒水，我又拿出一支，繼續寫筆記。孩子們在看《哈利波特》電影。我心中暗想這不可能全是真的，她告訴我的這一切太瘋狂也太戲劇化了。但話說回來，她是個醫生，而醫生是足以信賴的，不過她已經不當醫生，現在只是一位母親，有七個身心障礙的孩子——沒有一個神智清楚的人會自願承擔這些。她是因為院方不讓她收養第八個孩子，憤而報復嗎？似乎各種可能都有。

我和娜迪雅講話。十七歲的娜迪雅即將讀完九年級。她在十一歲被薇拉領養後才開始上學，「智能發展遲緩」的診斷也被推翻。娜迪雅告訴我孤兒院的事情。日程表很簡單：早上「穿衣服，排隊點名，吃早餐，」接著他們被安頓在遊戲間，通常在那裡度過一整天，不過保母偶爾會帶他們去外面。「院子裡有一座很大的涼亭，我們就坐在那裡。」她說，「那時我不識字，但他們有教我們刺繡。」她說有位保母因為她抱了一隻貓咪進來，打了她一巴掌。「我們如果穿著內衣到處跑……或是他們覺得你偷東西，也會挨打。有一次，某位保母對我大吼，『你偷了我的筆！』然後把我推到地上……要是攻擊保母，他們會給你吃藥丸，然後把你綁在床上，之後你就睡一整天。但我從來沒有攻擊保母，那太危險。他們很多人到傍晚時已經喝醉了。」她說，「有一天我們還來不及回到床上，他們就把燈全關了。有一個保母急著趕去參加派對。她撿起一根棍子開始亂揮，打中我的頭和手指。但不是她的錯！她根本沒看到自己打到誰，因為燈全關了。也許她只是想在我們之間幫自己開出一條路。」

薇拉坐下來加入我們。「當地的精神科醫師跟我說，『但他們不正常啊。』他說，『把他們跟普通小孩一比，馬上就看得出來。』我回嗆，『把一個普通小孩送去拉茲諾奇諾夫卡待九年，然後再來比比看。』」

薇拉讓小孩坐上廂型車後，我們朝窩瓦河出發。孩子們直接往水邊奔去。瑪莎在河濱踏水。我想起薇拉說的，她把瑪莎帶回家後才發現，她的舌繫帶太短，導致說話有困難。「他們就基於這一個原因判定她有智能障礙。一個人會被送去那裡的主要決定因素完全是隨機的。」這怎麼可能？我坐在水邊想了又想，最後曬傷。我彷如著了火，我想吐，我的皮膚變成亮紅色，無法碰觸。

我不記得我怎麼找到斯維拉娜。她是自己把兒子送進拉茲諾奇諾夫卡。「我別無選擇，我是因為別無選擇才讓他去的。我們家的東西全破了，全被他砸壞了。他把梳妝檯砸到自己身上三次，還常常想跑去陽臺。」我們在她滿目瘡痍的公寓裡走動，她一邊說明自己曾帶他去隔壁鎮的復健中心，晚上幫一家美容院做帳好在白天照顧兒子。她要我知道她是個好母親，這不是她的錯。在俄國，家有這類兒童的家庭不會受到任何支援。斯維拉娜帶兒子去看醫生時，他們總告訴她，你的兒子無可救藥，唯一的辦法是把他送去兒童精神療養院。

拉茲諾奇諾夫卡院方告訴她，要送兒子入院，她必須簽署同意放棄親權。「所以在法律上，如今我對他而言誰也不是。」她會去院裡探望。

「他瘦成皮包骨，全身都是咬痕和傷口。院方告訴我院童會咬自己，但以前他從來不會這樣。他只會擁抱所有人。也許因為這樣他們才會咬他？他變了好多。到哪裡都要開燈，而且現在他會怕水——以前他進浴缸就不想出來。他現在不哭，再也不哭了。我要怎麼做才能知道他在裡面發生什麼事了？他都不說話。」

我去了拉茲諾奇諾夫卡。院區位在阿斯特拉罕三十二公里外的村子裡，通往那裡的道路充其量是硬化曬焦的黏土。村裡有俄羅斯人、哥薩克人、梅斯赫特土耳其人，異族婚姻很多。有一個畜產合作社，但規模很小。每戶人家都有成員在院裡工作。

拉茲諾奇諾夫卡養了一整村的人。

當地人不願和我談論此事。「就只是一份工作，但薪水不多。」他們評論，「有人想關閉我們的療養院，因為他們看中那塊地。那塊地就在窩瓦河邊，附近很多渡假中心。這就是他們抹黑我們的原因。」「院長安德瑞耶芙娜對院童就像母親一樣，而且院裡給他們的伙食之好──我們自己的小孩都沒吃那麼好。打他們？你瘋了嗎？誰敢動生病的孩子一根寒毛？」

我的下一站是墓園。我很確定我有去，但我想不起來。在我記憶中應該有一座埋葬許多孩童的墓園，但那份記憶的位置只有一片白熾的空缺。

拉茲諾奇諾夫卡是窩瓦河畔的一棟長形建築。灼熱的陽光照在空蕩蕩的院落裡，外頭一個孩子或影子也沒有。圍欄低矮，可以從縫隙直接看到裡面。我走進門口，努力不要讓自己被踢出去。微笑，微笑，微笑。

院長安德瑞耶芙娜開口，「我在這裡服務三十四年了，這裡的第一個護士就是我母親。我哥哥蓋了主建築，我妹妹在廚房，全家人都在療養院工作。」

「蘇聯時期，可教化與不可教化之間有清楚的界線。沒有法律規定一定要努力教育所有人。現在不同了，對復健的定義比較廣泛。我們的受監護人有超過一百位經過調整已經能投入勞動。年紀大的參與工作，負責掃地清潔。他們會自己穿衣服，自己脫鞋，多數人也能自己鋪床。所有孩子的情況都很棘手，診斷結果從輕度到嚴重智能發展遲緩都有，很大一部分有腦性麻痺。其中五十人受到加護照顧，長期臥床。我帶你去看看。」

房間裡有十五張鐵床，搭配高高的床頭板。一張張色彩鮮艷的床緊挨著彼此排列，上面有孩子或坐或躺。過大或過小的頭，變形的臉，瘦到讓人難以置信的身體。我凝望院童時，院長凝望著我。我懂什麼呢？

「他們為什麼這麼瘦？」我問。

「因為生病，他們的肌肉萎縮。」站在院長背後的一名保母告訴我。「我們給很好的伙食。」

「你知道診斷結果嗎？」院長問我。「實在恐怖，最後奪走他們生命的就是這些疾病。」

「我知道你目前正受到調查。」

「放心，調查會證實一切。這些孩子病得很重。前陣子其中一位需要就醫，醫院的人很驚奇孩子被照顧得這麼好，因為他們深知中樞神經系統疾病和腦性麻痺的病程。」

「我們現在不讓志工進來了。以前他們會不請自來，說要幫忙。我們帶他們看過這裡的情況以後，他們會送尿片、廚師、書本過來，開始從院童身上打探資訊，給他們手機用，開始問一些會刺激他們的問題……」

「像是什麼？」

「比如，『他們會打你們嗎？』這些孩子病了，什麼話都說得出來。但志工對他們說的這些故事照單全收。志工相信他們，你懂嗎？以前我們會讓他們與院童一對一談話，但現在必須有員工在場。因為員工才瞭解院童的病情，知道孩子在這些情況下的行為表現。檢察官辦公室的人來訪時，他們與院童的所有談話我都在場。我是他們的正式監護人，必須在場。」

「我可以和孩子們談嗎？」

「當然，」院長說。「把娜斯提雅帶來。」

一名老師把娜斯提雅領進辦公室。她雙眼圓睜，瞪著前方，大大的淚珠從眼裡流下。她沒有抽噎也沒有抹眼淚。她有哪裡痛嗎？她在害怕嗎？

「你為什麼要哭？」

娜斯提雅盯著我，然後咧嘴露出了大大的微笑。

我該問她什麼？我該問任何問題嗎？

「你喜歡住在這裡嗎？」

娜斯提雅比了個大拇指，接著她開始快速地用手比畫。我懂一點手語，但我完全看不懂她在說什麼。院長試著摟住娜斯提雅，但娜斯提雅掙脫了她的掌握，走到一邊去，僵住不動。

「把她帶走，」院長對老師點點頭。「好了，這下你親眼看到了。這女孩十七歲，患有精神疾病。沒有這種小孩的家庭很幸運，悲劇和他們擦身而過。但千萬別忘記，悲劇就在不遠處！我們這邊多數人都瞭解這一點。孩子們受到妥善照料，這裡很舒服，環境也優美。生活在這裡很溫馨。我相信一個人應該努力工作，這樣一來，在生命盡頭的時候，你會知道自己為他們盡了一切努力。」

接著她給我看院童的刺繡，「這些全是孩子自己縫的。」她帶我看菜園，「這裡的土壤很肥沃，我們總有香芹、蒔蘿和沙拉可以吃。」

我揮之不去的念頭是，這裡為什麼這麼安靜，有兩百個孩子住在這棟建築，他們在哪裡，為什麼我聽不到他們的聲音？

「這些孩子之後會怎樣？」

「什麼意思？他們會去ＰＮＩ。」

「ＰＮＩ是什麼？」

「也是間療養院，像這裡一樣，不過是給成人的。他們無法獨立生活。」

我去了一間PNI。有位女孩剛從拉茲諾奇諾夫卡轉院過來，一名志工告訴我她的名字是史薇塔。

我走進去，那裡的味道撲鼻而來，直到很多年後我才明白那是什麼味道。我一步都還沒邁開，一名警衛就跑上前來，是個穿著袍子的高大女性。「你來看誰？」我報上史薇塔的名字。「所有會面都在涼亭進行，在外頭靠右邊的地方，你可以去外面等。」她等到我出去才離開。另一名女性領著史薇塔出來。我擔心我得說明自己的身份，但史薇塔假裝認識我，走上前握住我的手，直到護士離開後才問我，「你是誰？」

我告訴她我是誰，接著問她拉茲諾奇諾夫卡的事情。

「他們會打我們，通常是打男生。他們有次處罰某個女孩，用滾燙的水淋在她全身。她死了。但那是很久以前的事，早在我去那邊之前。」

「她叫什麼名字？」

「我不知道，你以後會常來看我嗎？你有帶吃的嗎？」

「你餓嗎？」

「我好想要咖啡跟糖果。」

大約二十名年輕男子突然從建築裡一湧而出。他們打扮怪異，穿的似乎不是自己的衣服。一半的人跑到涼亭外，他們圍住涼亭，在我們旁邊坐下。每一個人都想跟我們說話。史薇塔換了話題。她開始講這裡的工作坊有多棒，可以做木工或畫畫，她還剛在一場演奏會上表演。

穿著袍子的那名警衛從陽臺上監視我們。

史薇塔靠近我，「村裡的男人會跟這裡的女孩上床。有些女孩得去墮胎，還有的被絕育。」

「什麼？」

「那是一種手術，讓人沒辦法生小孩，你會寫這個嗎？」

「我會。」

「你要怎麼證明？」

我不知道我要怎麼證明。

史薇塔記下我的電話號碼後返回建築，穿袍子的警衛跟在她後面進去。

檢察官辦公室的調查顯示，拉茲諾奇諾夫卡的孩子都死於自身疾病，埋葬方式也一切符合規範。他們沒有發現違規事項。

我始終沒寫出這則報導。

院長安德瑞耶芙娜一直安穩工作到退休，但兩年後她成為調查對象。村裡一名男子綁架並強暴了一名六歲的女院童，而安德瑞耶芙娜掩蓋了整起事件，禁止下屬聯絡醫生。但女孩活下來了。她還有媽媽，而她媽媽發現了真相。這件事上了法院。院長被判處四年緩刑，並禁止從事兒童相關的工作兩年。

拉茲諾奇諾夫卡的下一任院長，在院區周圍建起三公尺高的圍籬。圍籬很密實，沒有縫隙。

〈精神療養院〉

二〇二一年四月三十日

圍牆之內

走到牆邊之後你停下腳步。牆高二點四公尺。外側牆面漆成活潑明亮的天藍色，搭配黃色菱形。那是市政府漆的油彩，觸感冰冷而粗糙。入口兩側各有一個水泥花臺，夏天時有花朵生長。內側牆面是灰色的，但此時我們還不知道。

一棟棟灰色公寓一路綿延到圍牆邊。窗戶裡透出燈光，窗子後方可見色彩繽紛的窗簾和人影移動。汽車和公車駛過。某間店家的招牌光芒閃耀。

牆壁前面有一道深邃寬闊的壕溝，裡面充滿雪水。沒人記得這道壕溝存在多久，或是否應該存在，但它的存在滿足了一個目的，所以沒人打算將它填起。

白樺樹枝從牆壁後方伸展而出。春天來了，樹葉已經換上新色。牆的另一邊是黑暗，還有白色的樹幹。

建物本身在黑暗的更深處。一共有三層樓，形狀像英文字母H。

看起來就像任何一座小鎮的學校或市政廳。

但這裡不是小鎮，而是一座城市，只是工業風的偏遠郊區讓它感覺自成一地。在建築裡工作的人通常就住在附近。

如果你走到建物後方（不是每個人都可以去），會看到其他幾棟建築，有洗衣間還有鍋爐室。然後你很快來到一面板金牆，阻斷通往池塘的路徑。以前可以去池邊的（不是每個人都可以，但有些人可以），不過自從一名年輕女子在那裡投水自盡之後，池塘就成為禁地，無望抵達之地。

也不是每個人都能看到白樺。

在這裡，你的世界有多大，取決於別人對你的認定。

這裡是一間PNI（PsychoNeurological Internat），也就是神經心理療養院。院民是沒有親屬願意照顧他們的精神與神經疾病患者，他們會在這裡一直住到死。在病房護理站的每一則病例中，都註記了院民死亡時應該採取的步驟。

我將在這裡以客人的身分度過兩星期。我會被准予離開。

院方給了我一支萬能鑰匙，是一根方形的金屬棒帶塑膠手柄。這把鑰匙可以用來打開門窗，也能用它通行於各個病房。每間病房都有閉路電視監看，並以一個字母加一個數字識別：3A、2D、3BG，諸如此類。在這裡，這把鑰匙是權力的至高象徵。

首先襲來的是氣味——食物、尿液、汽油、漂白水，以及人類汗水。

有四百三十六人住在這裡，其中僅有四十二人是法定的行為能力人，其餘都已被宣告為法定無行為能力者。他們被稱為「客戶」或「院民」。還有一個簡稱：PSU，社會服務受益者。他們的名字寫在寢室門上。職員和他們說話時使用非敬語的「你」，彼此之間談論院民時則使用他們的姓氏。

院民稱呼職員時則必須使用敬語「您」，並使用他們的名和父系名。因為疫情的關係，職員也必須住在這裡，輪流值班。每一次為期兩週。疫情使院內生活簡化到最簡單的形式。沒有各種活動，沒有舞蹈之夜，住在不同病房的人已經整年沒見到彼此。如今，就官方而言，疫情是接近尾聲了。

每個人都已精疲力竭。

新冠病毒在這裡一如野火燎原，分三波襲來。第一波始於四月底，一直持續到仲夏。一百四十一人病倒，七人在當地醫院死亡。第二次高峰在十二月來到，但院方靠著為全體住民進行電腦斷層掃描，壓制了這一波疫情，最後僅有八人受到感染。第三波發生在一月一日，五十七名院民感染，四人死亡。管理層設立了隔離病房。

院方埋葬了沒有親屬前來領取遺體的院民。沒有最後的告別，整間設施沒有任何地方可供舉行告別式。

迪斯可舞會

「嗚～～嗚～～」有人在我們的窗戶下面呼嚎，高亢而綿長，彷如某種珍禽的叫聲。那是塔絲雅，她住在安養病房，剃光頭，藍眼睛，中指的指腹磨損到幾乎只剩骨頭。她發出一陣陣短促的嗥叫，整棟樓都可以聽到。

今天是很久以來的第一次迪斯可舞會，每個人都興奮過頭了。生活正逐漸回歸常軌。

男性與女性院民將在睽違一年後首度重逢。男女混合的病房只有兩個：復健病房和慈恩病房，其餘病房皆嚴格實施單一性別，病房之間的門上了鎖。

復健病房管理最寬鬆，裡頭的院民正在挑選鞋子。助理謝爾蓋耶芙娜取出鞋，灰髮的她戴著頭巾，面容溫順和善。此時正逢四旬節，她在守齋，只吃黑麥麵包和鹽巴，並為院民朗讀禱文書。

他們在幫即將表演唱歌的妮娜挑鞋。她穿著從服裝室拿出來的一襲紫色洋裝，看起來像公主。

所有的寢室裡都充滿了竊竊低語。「洋裝不夠分配，但裙子又都太小了……拉不到我的肚子上面。」「少吃一點吧。」「絲襪都有接縫！我該穿嗎？」

全女性的一號病房住民穿上黑色毛料洋裝，看起來好像要去參加葬禮。沒分配到洋裝的人拿到新的成套運動服。

佐爾菲亞拿著一條快見底的口紅，用顫巍巍的手把嘴唇塗成紅色。柳芭戴上有綠色石頭的耳環，那是一名護士送的。內八字腳的沙夏來自管理最嚴格的 3A 病房，正努力穿上一套灰西裝。西裝太大了，不過是真正的西裝，就像在外頭穿的一樣。院民稱圍牆以外的世界為 volya：自由。

謝爾蓋耶芙娜正在勸說安雅換一雙襪子。「要開心、明亮，這樣才適合派對。」安雅想穿有條紋的那雙，但面帶微笑的謝爾蓋耶芙娜毫不動搖。她四處巡視了一圈。

「我不要，不要，」莉莉亞喊。「這是我試的第三件了，穿起來都很難看。」

「我們一定會幫你找到合適的。」謝爾蓋耶芙娜向她保證，一邊鑽進衣櫥裡。什麼東西在哪裡她都知道，因為每兩週一次的大掃除時，助理都會檢查院民的東西。有些東西會由看護工或護士作主丟掉。

謝爾蓋耶芙娜和這裡的其他人都知道，莉莉亞以前跟斯拉瓦是男女朋友，但他後來娶了一名志工，永遠離開了療養院。沒人覺得斯拉瓦這樣不對，因為這機會太難得。但他們也同情莉莉亞。她不想去舞會。此時謝爾蓋耶芙娜宣布，每個人都必須參加事先排定的活動。薇拉原本打算今晚終於要來染個頭髮，現在也被迫參加。

大廳通風過了，但聞起來還是像腐爛的地板。復健病房的住民最先進場。有一排排椅子，牆壁漆成黃綠色，上面有紙花環拼出的字樣：「歡迎參賽者。」其他病房的住民相繼入場。慈恩病房的住民由助理推輪椅而來，安置在前排。他們耳朵後面都有一簇簇頭髮，因為剛剛被馬馬虎虎地剃了頭。

誰是職員一目瞭然：穿戴口罩和實驗袍的就是。

男性開始與女性互動。他們坐在一起，牽著手，低聲交談。「有你在這裡感覺很好。」歐莉婭對奧列格說。

一名神采奕奕的金髮女子帶著一疊紙張出現。

「大家都記得我的名字嗎？我們終於又聚在一起了！幫自己拍拍手！」

她深吸一口氣，接著進入開場白，「春天的氣息充滿在空氣裡，春天也在我們心中。但春天是什麼？春天是屬於愛的美好季節。是愛讓世界轉動！每一個生命，不管多渺小，都愛著另一個小生命……你們想念跳舞嗎？」

但現在離跳舞還很遠。首先由一名才華洋溢的看護工上場，表演唱歌。「這是國家資助的機構！這裡是ＰＮＩ！我們是快樂的大家庭！每個男孩女孩都是一家人！」

之後是猜謎遊戲。「誰在早晨歌唱？鳥兒！誰快速而活潑的奔騰？溪流！」參賽者還得講出春天的月份，說一則繞口令，猜出哪種昆蟲以巢為家。

接著，終於輪到妮娜公主拾起麥克風。她紫色的洋裝在黃色牆面襯托下光芒閃耀。

我愛了你好久好長
但你從沒聽到我歌唱
你不送我花
也不一待數小時和我說話
玫瑰在溪邊綻放
而我正如玫瑰一樣
為了對你的愛獨自夢想、綻放！

又有幾位表演者上場，終於，音樂開始播放。

在場一半的人湧入舞池。另一半待在座位上，這是他們相聚談心的時間。有一對男女試圖溜出大廳，但被看護工制止。

大家賣力地跳舞。「跟你在一起的時候我熱愛生命，真的！」矮小的年輕男子擁抱著一個女孩，雙手在她頭上交纏，親吻她的手指。

「這場疫情把相愛的心硬生生拆散！」那名金髮女子高喊。「不是每個人都有手機！現在來跳慢舞吧！」

一對年長的男女共舞，由男方不慌不忙的引導。女方妝容精緻，穿一襲藍色長裙，長長的耳環垂墜至肩膀，她尊貴自持的模樣彷如女王。

一個女孩熱切地在另一個女孩耳邊低語。一名年輕男子親吻一名女子。

個頭非常嬌小的一名年輕女性走向我，牽起我的手。「我愛你，你叫什麼名字？」

慢舞結束了，但一對對佳偶仍待在原地。他們隨著較快的節奏共舞，動作有些斷續而僵硬。他們必須爭取時間，因為音樂快要結束。獨自跳舞的人小心翼翼，避免介入成對的舞者之間。只有那位金髮主持人在舞者之間穿梭，熱情洋溢地在他們面前拍手。

患有唐氏症的一名年輕女子身著紅色襯衫，和坐在輪椅上的另一名女孩共舞，在她旁邊迴旋轉動。但她朋友很快就被推走，那張輪椅不適合她，導致她背痛，她沒辦法再坐著。

「好了啦，小兔，」沙夏對亞娜說。他們一起坐下。「別生我的氣。」

「你走開！你去跳舞啊！」

「小兔……」

金髮女子宣布接下來又是一曲慢舞。

「他不是我男朋友還是什麼的。」亞娜解釋，一邊走向舞池。

迪馬正和安雅共舞，他們理著一樣的平頭。他看著她，無法移開視線。

迪斯可舞會持續了半個小時。每個星期三都是迪斯可日。

一號女性病房

「去死！你怎麼還不趕快去死！去死，你這婊子！」

喊叫的人是對面房間的阿格拉雅，年老的她有著鷹鉤鼻和圓凸的眼睛。她要每個人都趕快去死一死。大家都習慣了。

這裡是我待的一號病房。龐大的空間分成兩區，男性與女性區。我這一區有四十一名女性居住。

燈光開關在寢室外面，門窗都沒有把手，插座也付之闕如，不管是在這間或其他寢室都一樣。事實上，一共只有一個插座，位在電視機旁邊，而且由護士監管。其實也沒有需要充電的東西：一共只有三支手機供四十一名女性使用，而且由社工保管。每週二與週五，社工會在下午的點心時間後發放手機，大家可以使用半個小時。

早點名的時間很早——七點一到每個人都已經起立站好。我們都想來根菸。牆上貼了抽菸時間表：九點半，一點半，四點半。一人每天有五根香菸——男性有十根菸，不過他們沒有自己的熱水缸。他們的熱水是從外面送進來再拿出去，所以如果過了晚上七點想要熱水，就得去熱水龍頭那裡取水。

我走去以木柵欄封起的陽臺，看到奧蕾斯雅也在那兒。以前是俄國語言和文學老師的她有一頭深色頭髮和冰藍色的眼睛。今天是她生日。她是思覺失調症患者，話語裡盡是警句和諺語。

有人從後面推我。「快點！這樣會被他們看到。」

我把外套拉緊，再往陽臺外緣走一點。天氣很冷，其他女性穿著家居服在抽菸。這是個兩難的狀況：要在外頭抽菸必須穿著冬季大衣，但大衣都鎖起來了，只能在特定時間取出，而寢室裡不准存放外出服裝。此外，在規定時間以外抽菸的懲罰，可能是被撤銷吸菸權利，而且不只違規者受罰，整間病房的人都會一起遭殃。

我點起自己帶來的菸。其他人抽的都是紅色包裝而難聞的ＬＤ牌香菸。不是每個人都有菸。幾個老奶奶在一旁徘徊，希望有人會留幾口給她們抽。她們自己的香菸都抽完了，要她們省著用實在太難。大家用指尖彈掉菸灰，沒人理會她們。

「我們好像政治犯，」奧蕾斯雅說。「要關一輩子。」

她瞇眼往上看著雲朵說，「希望我生日這天有點陽光。」

儲物櫃門上貼了一張菜單，今天的早餐是「友誼牌糯米糊加牛奶」。

電視放在貼著磁磚的門廳裡，正在播放關於一隻小貓的卡通。

「等我長大我也會戴嘴套，跟他一樣。」

「你為什麼需要戴嘴套？」

「這樣我才不會咬人。」

早餐前三十分鐘，大家在關閉的門前面排隊站好，等待著。一名頂著光頭、嘴巴裡只剩一顆牙齒的女性蹲下來，盯著地板看。我終於能夠細細端詳這些女性。只有奧蕾斯雅留著長髮，因為她偶爾會在活動上演出，而長髮很漂亮，訪客看著喜歡。有兩個人是鮑伯頭，還有兩個人是短髮。其他人都是光頭，包括那些老奶奶在內。

她們也在研究我。

「你的牙齒好漂亮，我不曉得有人的牙齒可以那麼好看。」終於有一名女子開口說。

並非每個人都會去食堂用餐。有八個院民在病房裡吃飯——臥床者，一名盲眼女性，還有因為行為惡劣而被撤銷權利的人。

門開了，一群人迅速走下樓梯。有三名女性緊貼住牆壁，徘徊不去，等待著從另一區出來的男性。門開了，男性一湧而出。愛侶迅速親吻之後一起走去食堂。能在一起的機會實在太少，只有早餐時間，「花園」裡的散步（那也要看運氣，看男性和女性是不是在同一時間放風），以及星期三的迪斯可舞會。

男女交往稱為「當好朋友」。

他們會互傳包裹和小紙條。包裹裡有咖啡（在這裡是絕對的珍品），還有可說是計價貨幣的茶包，可用五比一的「匯率」換得一根香菸。愛侶總是盡可能照顧彼此。

我想把牛油抹在麵包上，但這個牛油不是牛油。我只好再吃一片麵包，配著混濁的褐色飲料一起吞下肚。這飲料聞起來不知道是什麼，但喝起來熱熱甜甜的。糯米糊則帶著濃烈的漂白水氣味。「那是健康與衛生的氣味。」一名醫生經過時告訴我，我不吃糯米糊似乎冒犯了他。

這間療養院以它的食堂為豪。早餐還包括一小顆硬如石頭的梨子，我用牙齒用力啃下去。

我回到房間後，其他女性魚貫而入，把自己的梨子放在我的床頭櫃上。她們在跟我交朋友。有我這個朋友很好：我是從外面來的，我不僅有香菸，還有一支手機。

「羅莎，你要咀嚼！先把糯米糊嚼完，然後再嚼肉！」

長期臥床的老太太羅莎看起來很脆弱，眼神黯淡。柳芭正用湯匙餵食她，她聽話地咀嚼著。來到療養院之前，柳芭在家畜農場工作。柳芭列舉她失去的寶貝：丈夫、女兒、母親、父親、公婆、外甥、外甥女、兔子、鵝、種馬「雪貂」和「懶骨頭」，以及五頭母牛，分別名為睡衣、瑪塔、桃莉、日出和日出。她現在的財產是護士送她的一些小玩意兒，電池已經沒電的卡帶隨身聽，五個卡帶，包括珍菲拉的專輯《十四週的沉默》，還有一張她先生和女兒的照片。「我只剩下回憶，其他什麼都沒有。」柳芭說，一邊又餵了羅莎一湯匙。

「她只剩幾顆牙齒，但還是會咬我的手指——你不要再把食物藏在嘴裡！」

柳芭戳了戳羅莎圓鼓鼓的臉頰。

「她會把食物都擠到臉頰那邊，然後躺在那兒嚼啊嚼。我不讓她躺著吃飯，會噎到。」

「我會領你到你的墳墓！」阿格拉雅低沉平板的咆哮從走廊另一邊傳來。

「要是我能這樣照顧我先生而不是一個陌生人，我會比較快樂。」

她丈夫幾年前過世，死前他來看她，給了她一支手機。葬禮是他朋友安排的，柳芭直到後來才知道。她從未去過丈夫的墳前。「誰能讓我去那裡好好哭一場？」

護士帶著藥來，大家排好隊，像雛鳥一樣張開嘴。如果被抓到沒有把藥吞下去，下次他們就會把藥丸溶在水裡。拒絕喝的話，就等著被注射針劑。要是抗拒打針，就會被送去當地的精神病院。

一名魁梧的女子直接走到隊伍最前面。她名叫娜斯提雅，活潑又強悍的她是病房裡的老大。電視遙控器在她手裡，只有她和她最信賴的密友才能切換頻道。她不用自己的洗髮精，而是從別人那裡挑她喜歡的洗髮精來用。新年日前不久，她從比較怯懦的院民那邊搶來糖果，用以交換香菸。除此之外，她跟管理層的關係很好，有需要時她可以幫忙抓住並壓制其他院民。娜斯提雅力氣很大。

我得知，因為我在這裡的緣故，助理必須自己洗地板，不能差遣院民為了額外的香菸去洗——每刷一個走廊跟廁所可以多換一支菸。助理很暴躁。她把大家趕去電視機那邊。「你要我尿在褲子裡嗎？」柳芭嘲弄地說，一邊踩著腳後跟跳過剛洗好的地板。「你小心挨針！」一名助理恐嚇沒有及時排隊的一名纖瘦女子。她輕跳著去了另一個房間。她被大家排斥，從來不跟她們一起看電視。

至少今天病房主任不會前來巡視。她像擲彈兵一樣高大強壯而聲音渾厚，之前是整間療養院的負責人。我們初次見面時，她告訴我俄羅斯需要對抗中國，而「那個祖克柏用他的網路網羅了一切。」她出現時最好把聖像都藏起來。她對聖像很有意見，總在找藉口把它們丟掉。

聖像通常安置在窗臺上。院民把門關到能關的極限，然後跪在窗前禱告。

在這裡想有獨自一人的時間是癡人說夢。每間寢室都容納了三四個人。廁所有兩個隔間，通常兩間都有人。門可以上鎖，但從來沒人鎖，「我們習慣了。」

女性們焦慮地等待發放香菸。「他們是完全忘了我們吧？」護理長終於出現。大家圍著她，她在每隻顫抖的手裡放了兩根香菸。

之後，大家搶著去陽臺和拿菸灰缸，地上不可以有一丁點菸灰。

她們快速地吞雲吐霧。

年老的幾位把香菸濾嘴掰下來，讓味道更濃。「肢解香菸。」奧蕾斯雅解釋。

大家都知道昨天奧蕾斯雅收到家裡寄來的豐盛包裹：洋芋片、礦泉水、汽水、咖啡。此外還有真正的蛋糕。不少人向她懇求分一點吃。

奧蕾斯雅已經把三分之一的蛋糕分給真亞，他是她十一年來的伴侶。「我們在二〇一四年的演唱會表演了一首二重唱，」奧蕾斯雅說明。「但從那以後就沒合唱過了。他本來有一把吉他，有次一個看護工把吉他砸毀丟掉了，因為有隻蟑螂從裡面爬出來。」

並不是每個人都能享用蛋糕。沒分到的人不滿抱怨，罵奧蕾斯雅是個蕩婦，不過是壓低了聲音說，以防她改變心意。

快到我們去外頭透氣的時間了。我們會去嗎？這由護理長決定。她不喜歡下雨，對濕答答的鞋子和外套更是無法忍受。今天早上下過雨，現在雨停了，但水窪怎麼辦？她會做何決定？

我們要出去了！和男性院民同一時間！

外套間裡一陣擁擠。這裡有多少女性就有幾件外套，但不是每件都衣況良好：有的拉鍊壞了，有的缺了鈕扣。特大號外套只有一件，但大個子的女性有三位，於是其中一人抓了就走，另外兩人只能穿上薄薄的雨衣，希望護士不要注意到，還是放她們出去。帽子也不夠，所以少數幾名女性包上了頭巾。

每件衣物內側都以白漆標示了００１，這是我們的病房編號。

奧蕾斯雅無法決定要穿漂亮的白色靴子還是舒適的黑色靴子。她選了漂亮的白靴。

照顧人員用鑰匙開了門，我們走下樓梯前往「花園」——這是一座封閉的院落，位於H型建築中間那一橫與兩腳之間。出口有柵欄而且上鎖。院落裡有兩座小涼亭，一座給吸菸者，還有八棵白樺。一百二十四步就能走完一圈。地面一半有水窪，一半結了冰，走起來很滑溜。老奶奶們馬上撤退到最遠的涼亭裡坐下，伸展她們胖墩墩的雙腿。

少數人繞著圈子行走。

我們朝吸菸者的涼亭走過去，今天我們是香菸富翁。男性從他們那一區魚貫而出。奧蕾斯雅遍尋不著真亞的人影，發起脾氣。

「你告訴他，」她對和他同病房的尤拉說，「我跟他之間結束了。我敢打賭，他正和他那些兄弟坐在一起喝我給他的咖啡。他在裡面做什麼，打手槍嗎？我以為他會出來透透氣。我實在厭倦透過這些欄杆看世界。他擔心我會跟他討香菸嗎？我自己就有！他連一根香菸都不願意分我，他在乎香菸勝過在乎我！就像娜斯提雅說的，四月是愚人的月份！」

尤拉點點頭，轉過身去親吻瑪莉娜。她有一頭及肩的鐵灰色頭髮，雙頰紅潤。她聽到的聲音告訴她，她會吃得很好，生下一個又一個寶寶。那些聲音告訴她，優格與煉乳會從她的胸脯流瀉。

尤拉把掌心滑進她兩腿之間。瑪莉娜說，「我們抽菸就好，可以嗎？」

尤拉點點頭，取出兩根香菸，一根是給她的。我心想，在裡面就跟在外頭一樣，男性總有比較多資源。想著想著我笑了，奧蕾斯雅說我不該無緣無故發笑，否則就會變得跟他們一樣。

尤拉揉搓著瑪莉娜的胸部。她臉紅了，嘆了口氣。

「他們根本就是在打炮，」奧蕾斯雅評論。「到夏天他就會脫掉你的衣服，真的跟你做起那檔子事。」

瑪莉娜和尤拉忙著親熱。坐在他們另一邊的女院民問我有沒有看到大家在搶外套，然後告訴我儲藏室裡很多新外套，但「他們不想浪費在我們身上」。「你來之前他們有發新的運動衣，有些人還拿到洋裝。」

一名老婦人跟另一名老婦人討菸抽，「我會還你，我發誓，晚餐時我就會還你，你就幫個忙。」

「真亞跟我在一起十一年了，」奧蕾斯雅說，「我們還上過床，他趁我在接受團體觀察時偷溜進來看我。他是吉普賽人，真正的吉普賽人！他會說吉普賽人的語言。你聽喔：Tu miro devel，意思是『你是我的神。』Tu miro rap，意思是『你是我的血。』鼻子是nag，眼睛是yagkha。我語言天份不錯！」

每條板凳上都坐著一對對情侶，沒地方坐的人就繞著圈圈散步，在滑溜的冰上走著。也不是全無選擇：可以選擇順時鐘或逆時鐘方向走。

「不要跟他說我們玩完了，尤拉你聽到了嗎？你就說：『奧蕾斯雅很生氣你沒出來。』虧我還想著要請他吃蟹肉棒沾美乃滋——娜斯提雅會幫我們弄到美乃滋。你以為我自己沒香菸嗎？我現在不需要他的。我給了他一些咖啡、香腸和茶。他可能正在上頭吃吃喝喝。還是他關節炎犯了？因為天氣而發作嗎？」

門邊有人大喊，透氣時間結束了。我們的戶外五十分鐘用光了。大家踏著重重的步伐上樓。在樓梯最上面的平臺，有個男的在病房旁邊很快親了一下愛侶。看護工推了他一把，他匆匆離去。

電視上有個變態持刀挾持女子，老太太們看得捧腹大笑。廣告。咖啡機。美人。珠寶。新聞。

弓形腿的卡塔雅是無線電工程師，也是思覺失調者。她在療養院待了二十六年，自殺未果後摔斷雙腿，也失去了法定行為能力人的資格。她有問題想問：「蓮娜，普丁說話時會看著每個人嗎？我覺得他只看著我。這是我生病的症狀嗎？還是有可能是真的？」

午飯時間到了，我們得以離開病房。奧蕾斯雅抓住真亞的領口問，「你是不是喝我給的咖啡喝得太爽了一點？」

「昨天發給我們喝的發酵乳很冷，害我喉嚨痛。原諒我，親愛的。」真亞有一口金牙，看起來一點也不像吉普賽人。

午飯。午飯是微溫的湯，肝臟、沙拉和義大利麵。碎肝、甘藍菜和貝殼麵全堆在一起。我在主任醫師責備的眼神下挑揀著碗裡的食物。大家都吃得很快，簡直狼吞虎嚥。最後我終於明白為什麼要吃得這麼趕：樓下有個電話亭，電話亭後面已經有幾個心焦的人排起隊。只能撥打當地號碼，而午飯時間一過看護工就會趕大家回房間，無論你有沒有打到電話。門是一定要依照規定時間鎖上的。

現在要洗第二次地板。女性看護工手拿拖把，冒著無聲的怒火。晚上下班前還得再拖一次。柳芭正努力想快點餵完羅莎時，有個可憐兮兮的聲音從另一個房間呼喚她。一名臥床的老婦人請她幫自己換尿片。

「你小心我用你的屎塞滿你全身，操你這婊子，」柳芭一邊抱怨，一邊把一隻手用力塞到老婦腿間。「哪裡濕？尿片根本沒漏。」

臥床者每天可以用三個尿片。「如果尿片真的很濕或她們在裡面拉屎我才換。吃過晚飯、睡覺前也會換。她們實在很蠢，通常什麼也不說。得在早上、傍晚和午飯時間檢查。但她尿片根本是乾的——她為什麼要說謊？就算尿在裡頭，再尿一次也不是問題。」

女性們慢慢聚集起來，準備享用奧蕾斯雅的生日咖啡。不是每個人都有，只有她最親近的六個人。但有個問題：護士已經離開，而且離開前把有熱水的那個房間鎖上。她們必須用熱水龍頭。

「奧蕾斯雅，你可以為我打開一顆糖果嗎？」

咖啡泡好了。在場的女性兩個人一杯，斯文地啜飲著。杯子長得都一樣，所以她們用水果貼紙識別。大家輪流從打開的袋子裡拿洋芋片來吃。蛋糕早吃光了。

「逝去的歲月讓我感覺有些沉重。」奧蕾斯雅說，但其他女性只專注於食物。

「石榴石是天秤座的誕生石，」奧蕾斯雅繼續說，「但我的誕生石最好，我的是鑽石，或者水晶。」

「咖啡非常芳香，即使是冷水泡的也一樣。」一名女性回答。

「一罐將近三百盧布！黑卡牌的。」

「我以前喝過。」

「有種冰淇淋叫做 Glissé Angelica，」奧蕾斯雅告訴她們。「是漂浮咖啡，最上面加了鮮奶油，我在迷宮咖啡喝過好多次。那裡有私人的小包廂，還有冰淇淋。以前我會去那邊喝咖啡加干邑白蘭地。一邊抽菸，一邊喝藥草利口酒，配上安靜的音樂。」

「排隊吃藥！」有人從走廊上喊，所有女性一古腦兒全站起來。

「生日讓人哀傷，」奧蕾斯雅說。「就是這麼回事。」

吃完藥可以再領兩根香菸，所以大家再次湧向陽臺。這一次沒有早上起來第一件事那樣的急切感，年長女性分到幾個菸屁股。

大家在聊自殺和自殺的方法。一致共識是唯有上吊最保險，而療養院有史以來，從窗戶跳下去沒有一次成功的。「即使頭朝下跳，最後還是會腳先著地。夏天時有人試過，結果就是那樣。想都別想。」駐院自殺專家卡塔雅說。

電視上在放音樂錄影帶——年輕的登山者自己切斷繩子，墜入一座精心描繪的山谷。

廁所傳來尖叫。一名護士跳起來，但她還沒來得及趕過去，娜斯提雅就出現了，看起來洋洋得意。後面跟著早上才被看護工責罵，看來弱不禁風的那名女子。

「又是帕拉莫諾娃，」護士嘆道。「帕拉莫諾娃！你等著，我去找醫生過來！」

「她那慘叫聲好像殺豬一樣。」一群老女人笑著說。

娜斯提雅站在圍成一圈的女性中間，也在笑。

「我在廁所裡，結果那女的開始在我面前揮手。於是我給了她一拳！更早之前她也在我旁邊晃來晃去，總有一天我會把你打死，你聽到沒？」

「她無緣無故打我。」帕拉莫諾娃邊哭邊告訴護士。

「那是因為你到處挑釁！拜託你好不好，根本沒人打你。」護士回答她，但整間大廳都能聽到娜斯提雅正大肆吹噓自己打人的事蹟。

「一群黑烏鴉把白烏鴉啄到死！」帕拉莫諾娃說，一邊把雙臂當成翅膀一樣鼓動。

「回你房間去。」護士說。

另一名護士和她一起走回來，手裡拿著注射器。帕拉莫諾娃即將因為「情緒激動」而挨一針鎮靜劑。每個人的檔案中都載明了他們若情緒激動應該注射哪種藥物。帕拉莫諾娃的是抗精神病藥物氯普麻。

「這只是維他命。」護士說。

「我不要打針！我要走了！」

「這是醫生處方，」護士說。「用來治療你的原發性疾患。」

「我什麼毛病都沒有！」帕拉莫諾娃跑去躲到廁所裡。

「去把看護工找來。」護士跟一名助理說，她點點頭出去了。

高大粗壯的看護工站到廁所門前，朝我看了一眼。「你不是要我進去廁所把她抓出來吧。」

「她不可能一直躲在裡面，我們可以等。」拿著注射器的護士說，她走去看護工旁邊。

「她在食堂的時候就不守規矩，剛剛又打了娜斯提雅。」第一位護士說。她轉向我說，「而且現在是春天，她的症狀更嚴重。她會起濕疹，把腿都抓爛。」

「這裡簡直像幼稚園，跟她們相處要很有耐心，不是每個人都受得了。我看得出來你同情她們，但我們必須嚴格管理。」

帕拉莫諾娃從廁所裡探出頭，仔細看著護士和看護工。

「我自己走，」她說。「我走就是。」

她自己走回房間，帶著注射器的護士跟在後面。看護工待在門邊。

我經過她房間時，帕拉莫諾娃躺在床上，裹在被子裡，面朝牆壁。一動也不動。

電視上播放著外面世界的新聞。晚餐是紅蘿蔔與洋芋泥，配上砂鍋烤魚。

吃過飯我回到房間，但我沒有機會獨處。住民一個接一個跑來我房間，想用我的電話打給家人。她們很緊張，因為這裡不准使用其他人的電話。電話號碼寫在褪色的紙張上。打電話的人祝福大家身體健康，對他們的困擾表示慰問。柳芭的哥哥住院了，她對著電話裡哭著說，「拜託別讓他死掉。」奧蕾斯雅在懇求女兒：我的身心障礙支票全都可以給你，你帶我離開療養院就好。她女兒說她得先把工作狀況和債務理清才能想這件事。

「復活節你可以帶著索涅奇卡一起來看我嗎？」奧蕾斯雅懇求著。「我已經兩年沒見你了。」

一名嬌小女子的電話一直斷掉（對方拒接），最後她請我改為發一則簡訊。

「凡亞，我是媽媽，拜託接電話。」

「不方便，我在上班。」

沒有人被逮到偷打電話。

七點一到準時熄燈。電視上在播《兒童好聲音》。晚上一到就沒人想講話。我溜去陽臺，已經有幾名女子安靜地站在那裡。我們在沉默中一起吸菸。牆外窗戶裡的燈火彷如星星一樣遙遠。

一名護士和看護工衝過來，火力全開。兩人好像在比賽誰喊得比較大聲。「衣衫不整！」

「不按時間抽菸！」

「你們在幹什麼？」

「要是感冒怎麼辦？」

「明天別想有香菸！」

「那邊是誰？怎麼光著腿站在外面！」

一名女子試圖鑽出去。「我有穿好衣服！」

「哦是嗎？這樣叫穿好衣服？」

「那邊那個是誰？穿著室內服的。好了，夠了！」

「去睡覺！」

但女人們慢慢吞吞的，有人要我把菸屁股留給她。

「我們好像關在籠子裡的動物。」

「不能半裸著跑出去抽菸！你們又不是不知道規定！」護士們還沒嘮叨完。

「好大的膽子！她們一點羞恥心都沒了，什麼都嚇不倒她們！」

「你們這樣會得新冠肺炎或是把下面凍壞！到處都缺醫生和病床！就算有也沒人要收治你們這些瘋子！」

「我要把伊卡特琳娜找來，讓她好好教訓你們！」

「明天別想菸抽！」

女人們小心地摁熄香菸，側身回到室內。

「這一輪班的人都很好，他們不會告狀的，別擔心。」一名女子跟另一名女子說。

「好刺激的一天啊。」奧蕾斯雅讚嘆。她不受影響，今天才有人送她一整包菸，夠她抽了。

睡到一半我醒了，因為感覺有誰的眼神在注視著我。這時夜已深沉，有個人在我留在窗臺上的外套裡翻找。短短的灰色頭髮在街上照進來的燈光下閃耀。

我從背影認出她，是老等著抽菸屁股的老奶奶之一。她從來什麼都不說，只是看。

我站起身，輕觸她的肩膀。她轉過身，嚇到了。

「原諒我，原諒我。我不知道我在做什麼，我真的不知道。不要告訴他們。我是一時失去理智。」她側身傾向一邊，用手指在空氣中探尋，尋找可以倚靠的東西，尋找我的床緣。她不願離開。

我不瞭解她想做什麼，害怕起來。
然後，我瞭解了，卻依然害怕。
她想要跪下來。

貼在金屬櫃上的一則公告

注意：由於客戶嘗試脫逃情形日益頻繁，早班時，男性看護工必須陪同女性看護工前往洗衣間。客戶不得在無人陪同下離開病房！！！違規者將以扣薪處理。

——管理部

問天

有個男孩因為碩大的紫色血管瘤而臉部變形，此刻正在用大大的印刷體書寫：

看在老天份上把我轉到另一間療養院
否則我就會吹毀你[1]
百分之百一定會
你毀了我的一生。

你說，毀了？
你當然毀了我的一生！
為此我永遠鄙視你！
這裡的人全都是笨蛋。
我想要自由和獨立。
在這裡工作的人全是道德敗壞者。
我痛恨這間瘋人院和裡面的一切。

這個男孩會寫字的事情在這裡被引為趣談，他的室友能朗讀普希金長篇詩體小說《尤金・奧涅金》，但並不瞭解文意。每次的長官巡視行程一定會包括他們房間，這樣才能炫耀這些天才洋溢的少年。

提歐瑪

這是唯一不能用萬能鑰匙打開的病房，因為門只能從裡面打開（工作人員必須由專人開門才能出入）。3A病房尿味濃重，據說這裡面收治最棘手的客戶：會逃跑的、攻擊性強的，以及情緒

1 編注：原文中此處拼法為 disstroy，為 destroy（摧毀）的訛誤。

激動的患者。他們不在食堂用餐，但有些人可以到戶外散步。院方建議我們不要背對這些人。

和我一起的是塔蘭琴科，她領導的志工組織「天際線」專門與精神療養院合作。我們走近一扇鋼板門，這只是許多門的其中一扇。門門上有個掛鎖，沒有鎖起來，但穿過門扣。

門上有個小塑膠窗。

塔蘭琴科往裡頭窺視，再取下掛鎖走進去。

臭味撲鼻而來。

一名年輕男性站在房間中央，全身赤裸。他很瘦，頭髮剃到幾近全禿，屁股上都是打針留下的瘀青。他的眼光望穿我們，但很奇怪，我看不出他的面容。一條口水掛在他嘴邊。

房間裡除了他還有兩張床，只有一張上面有床墊。

角落裡有個桶子。

年輕男子走去桶子尿尿，接著回到房間中央。他用一隻手擦乾自己，然後用手穿過頭髮。

護士正在悄聲向我們說明：提歐瑪，病情嚴重，以前有室友，不過室友現在住院，剩下他一個人。「他把所有東西撕毀後吃掉，他最近在吃窗臺，你們看！」石膏顯然被摳過。

「他多常離開房間？」塔蘭琴科問。

「提歐瑪不出去散步。」護士頓了一秒後告訴我們。

「他的衣服呢？」

「等一下。」護士匆匆離去。

提歐瑪站在原地搖晃身體，他瞥了塔蘭琴科一眼，然後往上看。

他走去床邊掀起床墊，拿出他的內褲和襪子。

「謝謝你，提歐瑪。你想把衣服穿起來嗎？」塔蘭琴科問他。

提歐瑪穿上衣服，而我終於看懂了他的臉。那是卡通裡飢餓小狼的臉。蒼白，深邃的棕色眼睛，招風耳。他看起來只有十五歲左右。

護士帶著長褲和T恤回來。「我們把衣服拿走是因為他會把所有東西撕毀，連床單也是。那可是政府財產。」

「我們想帶提歐瑪出去，」塔蘭琴科說。「這間病房的散步時間是什麼時候？」

「要醫生許可才行，我打給他。」

她撥了號碼後，把話筒遞給塔蘭琴科。我在旁邊聽到話筒傳來的話：「他發展嚴重遲緩，目前正受到密切觀察。他的病不是外因性而是內因性的。先天性智能缺陷，伴隨長時間的緩解。就是這樣，很抱歉。」他不同意讓他出去。

塔蘭琴科把話筒遞回去。

「那好吧，我們就在病房裡走一走。提歐瑪，你有鞋子嗎？」

提歐瑪伸手從床底下拿出一雙塑膠拖鞋。

我們走出他的房間。提歐瑪直直走向病房大門，用力拉著門把，發出一個聲音，「呃。」

「是啊，」塔蘭琴科告訴他。「沒辦法。」

我們四處走走，經過許多住滿人的牢房。好多人。我們看到一個擺著幾張桌子的房間，那是吃午飯的地方。再走過去還有更多人，不過他們住的是宿舍房間，不是牢房，因為他們沒有「受到觀察」，享有較多自由。他們以為我們是來這裡檢查環境，一名年輕男子抱怨自己的塑膠餐具被扔掉了。「因為髒了啊！」護士說。「沒有，是乾淨的！這樣我拿什麼來攪拌茶？手指嗎？」後來我得知有一份清單，規定哪些個人物品可以收納在特殊的塑膠箱子裡——這個箱子放在窗臺上，裡面可以有梳子、手帕、牙刷、牙膏、和衛生紙，其他都是多餘，因此會被沒收丟掉。「但他們老是想要偷渡東西進來，把一些小玩意兒藏起來：用過的口罩、散步時撿到的落葉，這一類的。也許他們就是這樣吧。」

提歐瑪走得很快，幾個大步就到了陽臺門邊。這讓塔蘭琴科有了個想法。

但首先我們必須讓提歐瑪回到牢房並鎖上門。他溫順地跟著我們走。他脫下襪子把它們藏在床墊底下，接著躺在床上，轉身面對牆壁。塔蘭琴科一語不發地走出去，留下我把掛鎖掛回門上。

次日，我們去見提歐瑪的主治醫師「七區」。七區這個綽號源自他常說的一句話，「你也許負責一間病房，但我可是負責整整七個區！」每一名精神科醫師通常負責一百名病患，但因為疫情，現在他們每人必須負責四百名病患。而搞了半天，原來七區一個禮拜前才到職，對提歐瑪毫不瞭解。他讀出提歐瑪的病歷：「從國立孤兒院轉來精神療養院。母親遭褫奪親權，父歿。十八個月大時從嬰兒車掉出來。三歲時出現明顯行為轉變：躲在家具後面和被子底下，繞著圈子跑，強迫性地看電視廣告。話愈來愈少，最後完全失語，將所有管狀物的內容物擠出來，把家裡的每一根電線咬壞。上課時間到處亂跑，扯爛自己的衣服，把花和筆記本吃掉。尖叫，咬人。」

我們懇求他讓我們帶提歐瑪去陽臺。醫生有點不悅。他想知道我們為什麼要做這些，有幾次話到嘴邊卻又停住。

提歐瑪在等我們，他已經穿好衣服了。

「哈囉，你自己穿好衣服了，好棒，提歐瑪。我好高興見到你。」塔蘭琴科說。

我們走到陽臺門邊。塔蘭琴科幫提歐瑪把外套穿上，他也配合地自己把手臂穿過袖子。塔蘭琴科遞了一頂帽子給他，他把帽子往下拉，拉到都快遮住眼睛。

我們走出去。

陽光，高樓，直入天際的樹木，濃厚的雪水氣味。

提歐瑪把臉貼在鐵欄杆上，吸收並體驗著這一切。

他轉過頭看我們——第一次真正看著我們。

「你要我放點音樂嗎？」塔蘭琴科說。「你喜歡音樂嗎，提歐瑪？」

她用手機放了《綠馬車》，這是關於春天來臨的一首搖籃曲。提歐瑪在長凳上坐下，然後躺下來，蜷縮起身體，雙臂緊緊抱著膝蓋。他透過欄杆的空隙看天空，用張開的嘴巴吸入這一切。

隔天我們又去找七區，告訴他提歐瑪表現良好，應該試著讓他去外面。我們會陪著他，男性看護工也會跟著，何況花園大門上了門閂。我們還準備了更多論點，但七區出乎意料地同意了。「不過，你們要為他負責，我已經告訴你們我的想法了。」

提歐瑪已經穿好衣服等我們。他和我們一樣緊張。「我們要出去外頭，」塔蘭琴科告訴他。「去外頭散步，到下面有街道的地方。我們等一下就去，先吃點糖果吧，這樣你才有力氣。」她遞了幾塊巧克力給提歐瑪。

看護工拿了一些衣服到牢房裡，她在搖頭。

「我們不在時你可以幫這裡通通風嗎？」塔蘭琴科問道。

「可以，稍等一下。」她用特製的鑰匙打開窗戶。

塔蘭琴科轉身幫忙提歐瑪穿衣服，但他已經自己在穿了。他把長褲套在睡褲外面，正在穿毛衣。塔蘭琴科教他怎麼把外套拉鍊拉起來，提歐瑪這才想起來他早就知道怎麼拉了。他的手指纖細而修長。

我們來到走廊上，碰到一群戴著帽子的男人。他們看起來很像洞穴巨人——大塊頭，笨拙，人畜無害。我從什麼時候開始不再害怕他們？為什麼不怕了？看護工打開門鎖，大家魚貫下樓。我們殿後。

提歐瑪走起樓梯還不穩，但他走得很快，非常快。

外門一盪而開。

我們面對著一百二十四步就能走完一圈的那片圍牆院落。

陽光。最後的殘雪。

內八字的沙夏瞇著眼睛往上看著二樓，他的愛人亞娜住在上面。她站在窗邊，他朝她大叫：

「要不要吃糖？你要什麼，小兔？」

「我要去洗澡。」亞娜說，但遲遲不走。

「那你去啊！」

「我要去把自己淹死。」亞娜說，但還是沒走。

沙夏抬頭看著她，笑了。

「我會淹死自己！別以為我不敢！」

「去啊，你去啊，去去去！」樓下眾男人對著她大喊。仰望的臉被同樣的黑帽子框著，帽子和地精戴的一樣尖尖的。「喂，那邊那位，你帶著菸屁股想去哪裡？」看護工厲聲喊道。

提歐瑪在院子裡繞了一圈，再繞了一圈。

他看起來非常失望。他把帽子拉得更低，幾乎蓋過眼睛。他的步伐愈跨愈大，然後他停下來轉向塔蘭琴科。

「呃！」他張嘴。「呃呃呃呃呃呃呃呃！」

「我知道，可你看這裡，看這個。」塔蘭琴科帶他走到柵欄旁。另一邊，灰色高樓彷如峭壁，在此刻的光線下幾乎像粉紅色的。

他們站在一起凝望。然後提歐瑪牽起塔蘭琴科的手，帶她走回門裡，走上樓梯。病房門又鎖上了，但我們有鑰匙。

提歐瑪走進病房，回到自己的斗室。他脫下衣服，躺到床上，把被子拉上來蓋住頭。

我們在他旁邊坐了一會兒，之後便離開了。

隔天，提歐瑪在牢房門邊等我們。他會從塑膠窗戶往外看我們來了沒有。他已經穿好衣服了。幫我們開門的護士告訴塔蘭琴科，「你一定是催眠師還是什麼的，自從你開始來看他，他就沒有再亂撕或亂咬東西了。真是不可思議，你有天賦。」

塔蘭琴科的臉扭曲起來，我嚇到了。但她什麼也沒說，只是走進房內。

她把窗戶解鎖，往外推開。春天的涼風穿透濃烈的尿味迎面而來。

塔蘭琴科轉身面對我們，表情已經恢復平靜。

「哈囉提歐瑪，見到你我好高興。你也高興嗎？你準備好了沒？我們再去試著散步吧。」

提歐瑪靠近她，直視著她的臉龐。他打開掌心，帶著探詢的意味。

「有，我帶了一些給你，」塔蘭琴科溫和地對他說。「這是士力架巧克力棒。你以前聽過嗎？裡面有堅果。」

到了戶外，提歐瑪離開鋪設的路面，直接踩在泥土上。殘雪乾燥而鬆脆。提歐瑪在長凳上坐下。「提歐瑪你看太陽多熱。」塔蘭琴科說。他從帽緣底下瞇起眼睛看太陽，用力吞嚥了一下。我已經好幾天沒看到他流口水了。他走向涼亭，男人們為他讓出位子，他在他們旁邊坐下。塔蘭琴科問大家她可不可以放點音樂。

男人們點點頭。塔蘭琴科放了格列賓希奇科夫的《心電圖》。

這些日子以來夜鶯歌唱得太過喧囂
新的字句迅速消失在藍天裡
似乎有人抓住了我的心
有時我猜想那人是你

我的嘴唇忘卻如何微笑
我的面容也已模糊，確實如此

但有一件好事在我心頭發生
你知道嗎，我想那就是你

「我想那就是你。」塔蘭琴科對提歐瑪唱著。他微笑，一開始有些遲疑，後來真心微笑起來。「看到你微笑真好。」塔蘭琴科說道，他們倆都在微笑。

陽光在這旋轉的浮世灑下淺淺光芒。

隔天，塔蘭琴科離開了這座城市。

班尼亞日

班尼亞日[2]是每週一次的洗浴日。進去洗浴間之前先得穿上法蘭絨浴袍，女性如果有自己的洗髮精就自己帶來。

在前廳脫下衣服後分小批進入浴室。浴袍和內衣全都放入同一個大洗衣袋。奧蕾斯雅不想交出她全新的浴袍，但浴袍還是被拿走了。

我們進入貼了磁磚的房間，有個護士守在門口。

「洗好的就趕快離開！」

2 譯注：班尼亞（banya）是俄式傳統蒸氣浴室。

只有兩個淋浴間，赤裸的女人排隊等待。得在蓮蓬頭底下沖兩次水：第一次是為了打濕身體，然後去找看護工，把手伸出來，從無標示的瓶子裡接一點藥草味的綠色肥皂液。接著去拿一個海綿（這是大家共用的，之後會消毒），把肥皂泡沫抹上身體和頭髮。最後再去排隊，等待第二次淋浴。浮滿泡沫的髒水深及我們腳踝。

女人們清洗私處，把乳房往上撥起加以清潔。我拿出自己的除毛刀時，竊竊私語的聲音在整個浴間傳開。除毛刀是違禁品，有除毛刀的人都把它藏起來。像這樣公開使用，那簡直要膽大包天才行——以前從來沒人這樣做過。

身體，好多身體。肉感的，瘦削的。平頭，凸肚。我們審視著彼此。

「好了，出去了！站起來！後面五個人，進來！」

有張長凳專供無法自己洗浴或動作太慢的人使用。職員用黑色橡膠管幫他們沖水。通常這是其他院民的工作，但因為我在這裡，只得由看護工來做。看護工身上都弄濕了，為此非常不爽。他們那動作之粗魯，簡直像在刷肉。

肥皂流到某個女子的眼睛裡，她像小孩一樣哭起來。看護工不耐，「唉，好了啦。」

坐輪椅的人被搬到有輪子的塑膠椅上。看護工用水管把他們淋濕後，用椅子推著他們到蓮蓬頭下方。

「我的椅子，我的椅子，我的椅子！」一名老奶奶哀號。「把我的椅子還給我！我站不起來！我自己沒法走路！」他們只是自顧自地幫她洗澡。

羅莎大在自己身上，糞便流到了共用的排水槽裡。

離開浴間時必須把乳房往上撥以供檢查，這樣才能確認有洗乾淨，而且沒有疹子。一名護士負責檢查所有女性。一切會記錄在洗澡日的專用日誌裡。

現在發放毛巾、浴袍和內衣。內衣從大家混用的袋子裡拿出來，已經洗到退色變灰，尺寸通通不對，但女人們順從地拿到什麼就穿什麼。

之後，大家回到前廳等待被帶回病房。

「洗得真舒服啊，各位女士！」奧蕾斯雅說。「靈魂都要為之歌唱了，不是嗎？」

絲維塔

我在慈恩病房遇見絲維塔。這間病房在一樓，每個人遲早都會來到這裡——通常在瀕死之際。這裡有許多長期臥床或坐輪椅的病患，裝潢是常見的瓷磚牆面與鋼板門。這個病房甚至有專屬的禁閉室，門從外面鎖上。

絲維塔的頭髮全被剃掉，只剩下一顆牙齒，使她的臉龐看似一個正圓。她有雙活潑的棕色眼睛和大大的笑容，但她的身體受盡痙攣折磨，經常襲來的抽搐扭曲了她的四肢。她的雙臂卡在頭部後面，沒辦法放下來。她是腦性麻痺患者，父母很久以前就不要她了。從前她和祖母一起住，後來是一位阿姨，但絲維塔滿三十一歲時，這位阿姨病倒，親屬把她們兩個人都交託給國家：阿姨到養老院，絲維塔到療養院。如今，絲維塔四十七歲了。

即使只是想說短短一個詞語，絲維塔都必須克服來自身體的巨大反抗。因此她說話非常慢，字詞之間因為身體的扭曲和抽搐而出現長長的停頓。我聆聽她說話，不忍卒睹。

「跟我講話是不是很困難？你累嗎？」

「不累。繼續講。我想講。」

絲維塔的室友兼摯友尤莉雅坐在她床邊的自製輪椅上——其實只是一張裝了腳輪的圓凳。尤莉雅餵絲維塔吃飯，幫她拿便盆，協助她穿衣服。尤莉雅是歸類為低口語的身心障礙者，但絲維塔和她溝通無礙，還能為我流暢翻譯。「我們像姐妹。沒人跟她說話。」絲維塔說，「也沒人跟我說話。一個都沒。曾有個護士會跟我說話。但後來她辭職。她會幫我把東西寫下來。」

「什麼東西？」

尤莉雅拍拍我的手，然後滑著圓凳來到床頭櫃邊。她翻出一個塑膠袋，裡面有兩本筆記本。筆記本裡寫滿詩。

我們在天上的父，請祢告訴我為何
我受此苦處，無依無靠、無朋無友，我的命運已經封緘
直到永遠
我的生命如地獄，雖然罪不在我，無人聞問我死去
在貧病和苦難交加之中，亦沒人聽見我靈魂的哭泣

詩的世界遠超越療養院的牆垣，比當下的任何可能都要寬廣。

從前有間房子位在某個村裡。
兩條街道和半空中的山坡。
村裡充滿勤奮善良的人。
外婆和我曾經住在那裡。

絲維塔也愛過。那個人也住在慈恩病房，但結局並不美好：

他們無法接受這樣一對——醫生與護士之中沒有一人
能夠。
憤怒中他失去理智——年輕的男人決心逃走。
他在清晨回到家裡，警衛發現他不在
院裡。
但他久病寡歡的母親，將逃跑者帶回
這裡。
那時他才明白自己如此愚昧，摧毀他們的生活就在
一夕——
因為他拋下摯愛將他們的幸福

遺棄。

年輕男子被送去樓上的3A，那是逃跑者和棘手病患的病房，位在難以企及的兩層樓之上。他們將永遠無法重逢。

這裡每個人都知道這個故事——戀人分隔兩地無法聚首。
他們將永遠無法重逢，因為那些醫生連一顆心
都沒有。

「這些都是你口述的嗎？」

「對。一開始。後來。有了。電話。我寫的。我寫作。」

絲維塔把臉抵在床墊上，用扭曲的手從墊子底下抽出一隻小小的阿爾卡特牌手機。她用左手小指頭戳刺按鍵。存草稿的資料夾亮起來，裡面是一行行文字。

「你花了多久才學會這樣不用看也能打字？」

「六個月。」

稍晚，絲維塔傳給我一則簡訊：「我寫詩非常小心而精確。只要有一個錯字，我都會堅持馬上修正，一個錯誤的字母或用詞就足以毀掉一首詩。」

「這裡有一首詩的標題是〈給我女兒的搖籃曲〉。你有女兒嗎？」

「沒有。那是我在做夢。」

絲維塔的生活以她的床沿為界。普通輪椅對她毫無用處，但這是她個人復健計畫中所指定的，因此她只能分到這種輪椅。角落裡有一臺電視，已經兩年不能用。「尤莉雅會看走廊上那臺。她告訴我。在播什麼。但我想要自己看。」

窗戶太遠，她只能看到對面牆壁。牆上有一幅畫，裡面是奔騰的馬。

牠們在開闊的草原上奔騰，像閃電箭矢般發亮——

牠們的鬃毛在陽光下飄動閃耀，馬蹄奔騰時塵土飛揚。

我去見七區，跟他談絲維塔的輪椅和電視的事，還有她的痙攣。絲維塔有使用鎮痙劑嗎？有這種藥物存在吧？

原來她沒有使用鎮痙劑。為什麼不？「我哪知道，我才來一個星期。」醫生翻出她的病歷。「腦性麻痺，腦損傷，嚴重發展遲緩。嚴重先天失智，到了精神發育停頓的地步。低口語。透過手勢與表情溝通。能回應簡單指令。原始。認知功能明顯衰退。植物人狀態。」

「這說的是絲維塔？」

「對啊。」

「『植物人狀態』，那是什麼意思？」

「就是一個人只對食物和生理刺激感興趣。」

「她會寫詩。」

「詩？什麼意思？」

「她的筆記本裡寫滿了詩。」

「你看到她寫嗎？聽著，這太荒謬了，她從來沒上過學。普希金的字彙量是兩萬，她連表達思緒或情感的最基本字彙都沒有。」

「我跟她談過。」

「而她讀了自己的詩給你聽？好，那我們去看她，現在就去，讓她也讀詩給我聽！」

七區真的生氣了。

「你以為我們這些紀錄是隨便亂寫嗎？這還不是我寫的，她是在塞爾布斯基精神醫院做的檢查——他們是專家！」

「我們明天去跟她談吧。」

「好，如果你想明天去，我們就明天去，」七區不滿地咕噥著。「我等不及聽她要說什麼。」

次日我抵達時，七區已經在絲維塔的房間了。他顯然非常困惑。

「昨晚我想把事情弄清楚，試著自己來跟她說話，結果沒有用。讓我看看你是怎麼做的。」

「絲維塔，早安。你今天好嗎？」

絲維塔額頭抵著床墊，用蜷曲的左手搜尋手機。她用小指頭戳刺按鍵，按錯了，又再試一次。

她今天的痙攣更嚴重了。

最後她終於叫出草稿夾，「我出生於N鎮。我七個月大的時候得了腦膜炎。九歲以前我都和祖父母一起住在一座村子裡……」

「這誰寫的？」七區問她。

「絲維塔，這是你寫的嗎？」

一陣痙攣。又一陣。

「我。」

「你什麼時候寫的？」

很長的一陣痙攣。醫生盯著天花板看。

「昨天晚上。」

「我們來看她寫些東西，什麼都好，一句話也行。」

「絲維塔，你可以寫下你的感受嗎？拜託你。」

絲維塔被一陣猛烈的震顫襲擊。最後她抵著枕頭，把手機滑向自己。

我打開其中一本筆記本，翻到〈一名年輕女子詰問上帝〉那一頁，遞給醫生。「請你讀出來。」醫生開始讀詩。

絲維塔開始用小指頭戳刺手機鍵盤。我的手在發抖，我把手藏起來。

我看向尤莉雅。她在滾輪圓凳上努力坐得直挺挺的。她臉上的微笑寧靜、驕傲而充滿信心。她朝我點點頭。

絲維塔輕輕把手機推到床緣。

我把手機遞給七區。

「我感覺很緊張。」

七區看著絲維塔。她回望他，然後她看向我們。

絲維塔說，「你選了我。為什麼？」

我喃喃說了些自己聽了都難堪的蠢話，關於她的才華那類的。

「還有其他像我這樣的人。」絲維塔說。

「還有很多，」七區不知對著誰說。「體制不夠細緻，難以容納他們所有人。」

在絲維塔的房間外，七區狠狠地對著我說，「我們的人手嚴重短缺。在西班牙，像這樣一間好的療養院有五千名員工，一千床病人。我們是一個護士對四十床病人！智性是複雜的東西，我們必須仰賴心理測驗。從身體而言，這名女子是植物人狀態。在安寧療護環境中，我們的職責是提供照護。她會寫詩，好，但她的智性和記憶都有障礙，她也有自主性的問題。她的認知功能、推理、鏡映能力，全都有障礙。她被褫奪了法定行為能力人的資格！法定行為能力的認定是一臺機器，一臺由國家運作的機器，不是我褫奪了她的行為能力人資格。是專家小組，是塞爾布斯基精神醫院，是法院！你真想幫忙，不如利用你的人脈幫她把輪椅問題搞定！」

職員的說法

「我是護士，對吧？我應該監測客戶的狀況，那是我的工作，對吧？你想知道我一天要填寫多少文件嗎？你看：交班記錄單、醫生指示清單、私人購買處方用藥清單、顧問約診紀錄、班尼亞日的點名單、單劑病患用藥紀錄本、理髮與刮鬍紀錄本、處方藥調劑紀錄本、醫生開立神經阻斷劑調劑紀錄本、每日開立藥物調劑紀錄、消毒劑使用與存量紀錄本、防火安全紀錄、病患點名表單、病患衛生要求表單、病患戶外活動許可表單、室內溫濕度紀錄、醫生每日註記單、紫外線殺菌時間表，以及大廳、走廊、兩間廁所、淋浴間、值班護士辦公室與房務部的殺菌完成單——每一項都要個別登錄。然後是職員衛生表單、客戶體溫紀錄本、清潔衛生目視檢查與防疫措施登記簿、庭院燈光充電時間表、追蹤月經的「經期簿」、深度清潔登記簿（每一個清潔過的空間各有一個簿子）、藥物調劑申請紀錄、癲癇發作紀錄簿。還有 Kront 空氣清淨機濾網更換記錄簿，幸好那個只需要每月十八號換一次。」

「我要是漏了一行沒填就會被扣全薪。所以我問你：我到底有什麼時間可以監測病患的情形？」

* * *

「病患出去透氣也要依照時間表。理論上這是自願的，但實際上，他們在外面的時間愈久，待在裡面晃來晃去的時間就愈少，這樣護士就可以喘口氣，包括醫生在內的每個人都可以休息一下。所以盡量把他們拖出去外面是有道理的。我從來不帶他們出去，但這裡有個名叫娜塔莎的助理等不及擺脫他們。有次有個傢伙躲起來，因為他不想去外面。她就拿了一支掃把開始戳他。要他走啊，快點出去。他把掃把搶過去，用掃把打了她的頭三下。」

「然後他就慘了。儘管他道歉了，他還是被注射一堆藥物，送去精神病院。娜塔莎要求將這次事件以職業傷害列入她的工作紀錄。」

* * *

「當然會有這種事情，我就親眼見過。有次病患S把床單扭成一條勒住病患A……看護工正在巡房，聽到某間禁閉室傳來呼吸困難的哮鳴聲。S把A整個人壓在床上，用床單勒住他的喉嚨讓他無法出聲，一邊在他身上猛撞。A的撕裂傷很嚴重，後來縫了好多針。」

「復健病房的情形比較單純，裡面男女都有。但他們的性慾沒有出口，好像動物一樣。女性也會被性慾沖昏頭。前幾天就有一個四處大喊，帶我去精神病院，我只想吸屌。也許那裡面沒那麼嚴格吧。她想要男人，但她知道在這裡不可能。於是她們找上室友，哪裡有洞手指就往哪裡去。男性也會找上其他男性。有些人喜歡受到這種關注，有些人會抵抗。」

「偶爾也有不介意這種事情的人。以前有個名叫沙夏的，大家都叫他達莎，彷彿他是個女人。對此他從來沒抱怨過。不過他總是想逃跑。大家要去食堂的時候，沙夏卻不見了，原來他躲在地窖裡，等待喧鬧安靜下來，他就可以伺機逃跑。」

「如果逮到他們在亂搞，我們會把醫生找來，由醫生決定該怎麼做。如果是性侵，醫生會設法讓他們轉診接受治療。如果是兩廂情願，醫生會很嚴肅地告訴他們下不為例。否則下次就不會只是受到警告，而是會被注射針劑，讓他們以後不再產生性興奮，省得麻煩。」

* * *

「我很為他們難過。我為了輪班在這邊住過一年，所以現在我真的瞭解他們的生活是什麼樣子。這裡真的是一座監獄。事實上，在監獄裡可能還好一點。這裡的每一件事情都照表操課：叫你吃就吃，叫你睡就睡，吃藥，沒有警衛陪同不准去戶外……要是多說幾句就等著針頭伺候。」

「如果有病患膽敢抱怨任何事情，護士就會威脅他們。你再說一個字就幫你注射藥劑，打好打滿。在記錄裡他們就寫成是因為病患情形發生變化。他們都隨自己的意思寫。」

「即使有人在大喊大叫，即使他們大力揮動手臂，那也是因為有什麼事情驅使他們那樣。但誰會站在他們那邊呢？誰會聽他們說話或相信他們？護士可以為所欲為。他們可以用拖鞋打你，也可以對你說很難聽的話。你試著回嘴看看。」

「有個護士只是因為你看她的眼神不對就會捅你一針。我不騙你，她精神有問題，還好她休產假去了。」

「我不常幫病患打針，除非有人癲癇發作，或者我看得出來他快要精神病發作。又或者是有個患者來找我說，幫我打一針，因為她又開始幻聽了。但這些事情並不總是我說了算。我們有個副護士長——代理副護士長，她會到處去刺激病患，然後把護士長也搞得緊張起來。這一區是我們負責，事情也歸我們決定，但她總是多管閒事：給這個人打一針，那個人也打一針。我並不總是照做，但她會四處巡視，跟管理層打小報告。」

「那個護士，就那同一個護士，在快要交班前出言羞辱譚雅。當時我在護理站，我聽到譚雅說，我好想回家。結果那護士當著大家的面對她說，你以為你以前在家裡是怎樣的人？你是個魯蛇，酒鬼。譚雅激動到全身發抖。然後這個護士走來跟我說：『捅她一針。』我說我不要，為什麼要打針？只因為她說想家嗎？我請醫生下樓。這位醫生比較好，他開了藥丸，沒開針劑。說得好像還有地方可以下針——每個人的屁股早都青一塊紫一塊了。」

「必須由衛生部直接下命令，規定我們不准毆打他們，或談論他們的過去，讓他們想起從前的生活。」

「我們需要真心關懷他們的員工，這樣院民才不用生活在對他們的恐懼中。有些員工覺得他們全是遊手好閒的人，但我們的薪水是由他們的殘障福利金支付。有些員工覺得我們的患者全都是神經病，必須訓練他們乖乖聽話。我現在不跟其他員工喝下午茶了，不想聽他們講幹話，辱罵病患：那些白癡在外面是怎麼生活的？就這樣無止盡地抱怨患者。他們無腦到不能理解人就是會生病，誰都可能會生病。這裡對患者沒有一點同情心，毫無憐恤可言。」

愛

從前有一名住在療養院的女孩。曾經，她可以依靠枴杖走路，但現在她只能坐輪椅。如同住在療養院裡的每一個人，她非常寂寞。但她也很幸運，因為她母親會來看她。她母親很老了。她們會一起散步，而且不只在院子裡，還沿著建築物的外圍，甚至可以整個走一圈（通常這是禁止的）。有時候，這位老母親會帶著同病房的一位年輕女孩一起出來，她也不能走。她是唐氏症患者，頭上有小片小片的禿髮，看起來有點好笑。女孩問母親，你為什麼要帶她一起來？母親回答她，有一天我會告訴你。

然後有一天，母親告訴女兒，那女孩是你妹妹。

「我的親妹妹？」

「是的，」她母親說，「你們是有血緣關係的姊妹。我先有了你，接著生下她。你們姓氏不同，因為你們的爸爸不一樣。但她確實是你妹妹，你要照顧她。」

這名女子開始照顧妹妹，餵她吃飯，幫她換尿片，替她洗衣服。她會擁抱和親吻妹妹。接著她開始照顧其他像她妹妹一樣的女孩。她要求員工將四名唐氏症女孩移置到自己的房間。她們全都介於二十四歲到二十九歲，卻全都只有四歲小孩的身高。這是因為唐氏症小孩需要愛才能成長。女子的房間開始以「幼稚園」為人所知。她的生命因此充滿愛，那些女孩也開始一點一點的成長。女子對四個女孩給予同樣的照顧，但她最愛妹妹——因為「全世界我只剩下她」。

職員們全都看過相關文件，知道關於妹妹的故事全是編造的。但沒有人透露半個字。如今想問這名女子的母親也問不到了，她已離世，但死前留下了讓女兒付出愛的人。這名女子沒能出席母親的葬禮：首先，她不能走路，其次，誰會放她出去？

絕育

她們一共有三個人。我們在某個房間裡聚攏在一起，生怕有護士進來。女人們掀起上衣，拉下長褲和褲襪。肚皮上有白色疤痕。有一個人的疤細細的，像剖腹生產的疤痕一樣是橫的。另外兩人的疤痕是寬寬的垂直縫線，手法很粗糙。

她們都曾懷孕，但都被終止妊娠，之後接受了絕育手術。

她們是艾琳娜、薇拉和歐雅。

艾琳娜和薇拉接受人工流產時都已經懷孕五個月。歐雅不記得了——她精神障礙較為嚴重，要記住時間比較困難。發現她懷孕時，歐雅的親屬申請讓她出院就醫，在鄰近的鎮上讓她接受絕育手術。「我想要照顧寶寶，但沒那個機會。那裡有一個護士很好心，她叫瓦倫提娜，在醫院裡幫忙。我祖母來了，我媽也來了，在醫院裡照顧我。在那裡工作的人有些很好。」

艾琳娜和薇拉是由療養院進行了絕育手術。

艾琳娜在二〇〇七年接受手術，薇拉在二〇一六年。艾琳娜當時二十一歲，薇拉三十。

這裡禁止懷孕，官方理由是該院章程並不擴及照顧兒童。準媽媽若想養育自己的孩子，必須具備法定行為能力且離開療養院。但院內多數女性已被剝奪了法定行為能力人的資格，不准養育小孩。他們生下的孩子都會被送去國立孤兒院——但事情不會發展到那個地步，孩子永遠會被打掉。

療養院怎麼知道一名女性懷孕了？

這裡的女性沒有自己的衛生棉，想要衛生棉得去找護士，而護士會登記在專用的經期簿裡。衛生棉使用情形受到定期監測：助理或護士會在疑似掩藏懷孕的女性如廁後進行檢查，確認她是否真的丟棄了用過的衛生棉。

連續兩個月沒有請領衛生棉的女性，就得去看婦產科醫師，接受檢查和驗血。懷孕的女性會被轉介進行人工流產。法律規定必須獲得這名女性的書面同意，但從來沒人問過她們的意願。

反之，女性被嚴厲地告知她們必須拿掉胎兒。說這番話的可能是她的一般內科醫師，主任醫師，或是病房負責人。他們總不忘提到，從前從前，就在這間療養院，有位女性把剛出生的嬰兒從窗戶丟了出去。

艾琳娜與薇拉的情形是體制出錯的結果。她們太晚才被發現懷孕，被迫接受剖腹產將未足月的胎兒取出，「附帶」做了絕育手術。薇拉的輸卵管經切斷後再電灼。艾琳娜的病歷語焉不詳，只提到「已絕育」，此外沒有任何說明。

兩名女子都不知道自己將接受絕育手術。沒人取得她們同意，不管是在療養院或醫院都沒有。返回療養院後護士才告訴她們，她們永遠不會有孩子。

艾琳娜說，「我想要小孩，任何女人都想要。這是精神性的。我二〇〇五年來到這裡，他們在二〇〇七年春天發現我懷孕。如果住家裡，我們可以為自己做選擇，但在這裡是管理部門做選擇。『你們有身心障礙，生活已經夠困難了。小孩被遺棄的新聞經常可見，最後都到了孤兒院或療養院。我們還需要更多這樣的情況嗎？』醫生是這樣對我說，是她決定我要墮胎的。『你都不怕跟男人睡了，別跟我說你會害怕婦產科醫生。』」

「他們帶我去醫院做超音波，可是連孩子是男是女都不說。有個女的說，『好了，我們要帶你去做人工流產了。』主任醫師問她，『你不為寶寶難過嗎？這女孩還年輕，你確定嗎？』助產士說，『不會啦，那邊的人精神都有問題。』她說的是我。」

「沒人問過我，一個都沒有。我什麼也沒簽過。他們在我手指上裝了個東西，又往我的血管裡插了一管針，接著我就睡著了。誰知道他們對我做了什麼。醒來後我多了個縫合的傷疤。我從來沒見到寶寶。後來有個很漂亮的護士告訴我是個男孩，就像一般的新生兒一樣，被臍帶纏繞著。」

「隔天，那個助產士來看我。我喊道，『滾出去，我恨你。』我好生氣。我做了什麼，要被那樣對待？」

「回到療養院時，他們才告訴我我的輸卵管結紮了，以後不會再有寶寶。」

「我很愛小孩，我好喜歡照顧他們。我朋友有個女兒，以前我都會照顧她。我朋友抱著她一直搖啊搖，但寶寶就是不睡。我抱過來之後，寶寶馬上就睡著。以前大家會把一直哭不肯睡的寶寶帶來給我外婆。她對著寶寶朗讀聖母禱文三次之後他們就會睡著，沒有一次例外。我想我沒遺傳到她的天賦，又或許我有？」

「天氣變化時我的疤痕會痛。」

「我可以不談我的感受嗎？」

薇拉說，「那時我一直吃糖果，很想吃甜食，也想吃鹹的。我偶爾會覺得噁心，但我心想只是食物中毒吧。我在澡堂工作，幫別人洗澡，搬重物，後來才知道那時已經懷孕很久了。」

「我們每年體檢一次，是那時才發現懷孕的。」

「當年的主任醫師不是現在這一個。他指示，『去剖腹，你不能在裡面生孩子。』」

「於是院方送我去婦幼醫院，也住這裡的譚雅跟我一起去，在術後照顧我。醫生問我，『你要自然產還是剖腹產？』我說我不知道。那裡負責的小姐說，『你確定不後悔這樣做？殺死自已的寶寶？』」

「但我能怎麼辦？」

「況且那時候我已經快昏迷，什麼也感覺不到，直到在加護病房醒來。負責產婦病房的女醫生告訴我，『你生了一個女孩，五個月大。』我說我想看她，所以他們就帶我去。她躺在那邊，好小好小，全身都是線路和管子。她用小小的嘴巴朝我笑了笑，對我揮了揮她的小手。」

「我沒來得及幫她起名字。」

「我在醫院待了一星期，準備出院時他們告訴我她死了。她沒能撐下來。我簡直要發瘋，他們只好讓我去看她。機器都關掉了。他們讓我跟她道別。」

「從來沒人告訴我她葬在哪裡。」

「我也想跟著她一塊去，我想自殺。但他們一直在監視我。」

「和我同病房的其他女性一直跟我說，『你還會再有孩子的。』」

「一直到回來這裡我才知道，我動了絕育手術。護士艾洛奇卡告訴我，『你的輸卵管結紮了，以後不能再有孩子。』」

「在外頭，輸卵管可以再接通嗎？這裡沒人肯跟我講。」

「我的疤痕不在肚子上，在下面一點的地方。縫得很整齊，幾乎已經看不出來。」

「我的靈魂已經碎裂，但我從不讓任何人看見。絕對不可以，否則就會被送去精神病院。若是尖叫或哭泣，下場就是淪落到那裡。」

「怎樣才能離開這個地獄？」

根據聯邦法律，只有法院能裁定法定無行為能力人必須接受絕育，而且當事人必須在場。但這裡從來沒人上法院。

艾琳娜的檔案裡有一個附件，是療養院長寫的申請信，裡面引用過時的衛生部指導方針，列出一些得以終止妊娠的醫療理由。清單中雖然包括精神疾病，但指導方針從頭到尾沒有提到絕育。療養院或醫院並未因此停手。對他們而言，那份清單，加上宣告艾琳娜為法定無行為能力人的法院文件，已經足夠。

一名看護工告訴我，「如果兩個思覺失調症患者，或者就說兩個智障好了……如果他們發生性關係，那小孩一定會跟他們一樣，百分之百。他們會把所有孤兒院都塞爆。倒不是說我們可以禁止他們生小孩，但話說回來，他們其中一人完全失能，另一人也完全失能，兩人加起來連百分之一的正常都沒有。要不然就是一人有智能障礙，另一人也是。我就問，他們要怎麼生出一個正常的孩子？」

一封信

親愛的絲維塔，

請原諒我們這麼久沒能來看你。叔叔身體還是很差，這些日子以來很少開車了。自從伊凡死後他老了很多，這也難怪，畢竟他們家現在只剩他一個人。莉妲換了間比較小的公寓。卡塔雅結婚後生下女兒，但她丈夫抓到她跟一個亞美尼亞人亂搞，把她趕出去。現在她帶著寶寶住在她媽媽家。李歐希卡住在N地，他太太在那兒有間大房子。他們有個兒子，長得跟伊凡好像。塔雅身體也不好。自從兩年前葬了沙夏之後，她一直沒好過。

夏天時，蓮娜和她女兒卡秋莎從O地來到L地度過，不過現在已經離開。卡秋莎今年要畢業了，之後她想讀牙醫學院。李歐夏離開O地到P地定居。他有一男一女兩個小孩。艾琳卡生了一對雙胞胎女兒，名叫桑雅和達莎，現在十九個月大。塔提安娜還是一個人，在上班，最近又拿了一個大學學位。她依然住在N地，不常回家。

村裡幾乎沒剩幾個人了，只有夏天時來別墅渡假的人。我們村子跟另一個村子加起來，只剩下安娜老奶奶是在這裡出生的了。蓮娜會回來，但都去別墅待著，不會來看我們。她也不去她母親墳前或造訪村上的墓園。暫時由我們照料所有墳墓。

好了，我想差不多就是這些消息了，原諒我們。如果可以，我們也許會來看你，但我沒法保證什麼。這都要看我們的身體狀況。這裡有沃洛迪亞叔叔、妮娜阿姨和我。我動了兩次手術，發生一次小中風。所有事情都在我肩上，我不像從前那麼堅強了。原諒我們。

法定無行為能力是什麼意思？

法定無行為能力人，是指無法透過自身行為獲取或行使公民權，以及承擔並履行公民義務之公民。這是白紙黑字的法律。孩童是法定無行為能力人。成人若因精神疾病而無法理解自身行為後果或控制這些行為，也可經法院宣告為法定無行為能力。法院會委託進行精神鑑定報告，通常也會採納報告中的建議，幾乎從無例外。

依法，當事人必須出席審理庭，但只要醫生出具一紙證明，宣稱當事人「因精神狀態之故」而無法出席，就足以在他們從未出庭的情況下決定他們的命運。

法定無行為能力者會被指派一名監護人，並且被剝奪特定權利，這些權利包括：管理個人資產與財務、投票、締結婚姻、養育子女、提交政府文件、遺贈財產或締結商業協議，以及領養子女。他們可能與配偶仳離，小孩被領養，個人資料由他人經手——全都不需要他們同意。

他們的其他公民權利不受影響。

那麼，一間成人精神療養院的法定無行為能力客戶，會遭遇什麼情形？

療養院既是監護人也是服務提供者。也就是說，療養院是自家產品的買主。這創造出一些著實驚人的好機會。

就從錢說起吧。住在這裡的四百零四名法定無行為能力人，銀行帳戶內總計有九千八百九十五萬六千六百六十五盧布。[3] 依規定，他們每人都會收到身心障礙年金，而這筆錢會逐漸累積。療養院保留百分之七十五的年金作為提供勞務所得，剩餘百分之二十五可用來提升院民的生活品質，但必須經過監護人許可。

既然如此，為什麼柳芭的卡帶播放器沒有電池？為什麼大家必須刷地板才能多換一支香菸？很簡單，因為院民的需求是由療養院決定的。

被宣告為法定無行為能力者，實質上等於被禁止出去外面的世界。我遇見的一名女性告訴我，她最大的願望就是能去最近的市場（療養院三條街外），在那裡挑選、試穿並購買一雙鞋。

一名法定無行為能力者，若無另一名外部監護人陪同，不得離開療養院。院裡的主任醫師是新來的（被視為思想進步），他認為療養院有權為法定無行為能力人決定一切。因為這樣的人無法為自己的行為負責，而他們的監護人，在這個例子中是療養院，才知道什麼對他們最好。

最能突顯這項政策的例子，就寫在每一名院民的病歷中：不由病患簽署而是由療養院負責人簽署的治療計畫，負責人「在充分瞭解精神疾患的性質，建議治療方案的目標、方法與持續時間，以及副作用、風險和成功指標的情況下，」對計畫內容基本上照單全收。這不合法，因為病患理論上必須對自己的治療計畫知情，但現實從來不是如此。患者不需要知道他們被迫吞下的是什麼藥丸，而注射器裡的又是什麼藥劑。沒人問那些女性是否同意墮胎，甚至懶於告訴她們，她們被施行了絕育手術。

許多院民不知道也不敢問自己的診斷為何。我碰到一名二十六歲就停經的年輕女子。她做了體

3 折合約一百一十四萬美金，約三千五百萬台幣。

檢，病歷中也有紀錄，但沒人告訴她，她也不敢問。為什麼不敢？因為問問題有可能被當成在抱怨。任何抱怨都有可能、也很可能被視為「精神狀態惡化」，並且視不識好歹的嚴重程度而以打一針，轉去3A病房，或更慘的是轉去精神病院來對付。

這又是一整個不同層面的地獄：你永遠不可以情緒不佳、生氣或流淚，也永遠不可以直指卑劣為卑劣，殘酷為殘酷。如果你想全身而退，就必須面帶微笑，或至少面無表情——無論他們怎麼對待你和你周圍的人，都得漠然而溫順以對。

妮娜在某次住院時失去了法定行為能力人的資格。「有個男人解釋了法定行為能力是什麼，」她告訴我。「我才意識到我失去了一切，活著還有什麼意思？如今我已喪失所有人權，那對我打擊很大。我很恐懼，恐懼我再也不算一個人了，任何人都可以跟我說，『你以為你是誰？你什麼都不是。』我是這麼理解的，後來也果真如此。」

復健病房

四十九名無比幸運的人住在這裡。

復健病房是療養院裡最不受限的地方。這裡的門只在晚間鎖上，住民可以去圖書館用電腦（自己去，不需警衛陪同），或是去體育館打網球。病房有自己的淋浴間，大家都可以使用，還有廚房，要來鍋碗瓢盆便可自己下廚。每兩天發一整包香菸。還有一個飼養箱，裡面養了三隻活生生的烏龜，雖然會咬人但沒關係。管理病房的不是精神科醫師而是心理學家，有需要時可以找她談話。

復健病房的住民散步時，不是去那個一百二十四步便能走完的院子，而是沿著院區建築外圍走。建築是長形的，走起來才真的像在散步。

病房為男女混合，但數人共用的寢室是單一性別。愛侶可以坐在沙發上摟抱或親吻。甚至可以躲到護士看不見的地方，和愛人「很快享受一點私人時間」。

這幸福的生活也有另一面：它以無止盡的無償勞動為代價。女性刷洗這裡和建築內其他地方的地板，也在洗衣房工作；男性裝箱、卸貨，推輪椅，在澡堂日幫只能坐輪椅的病患洗澡。任何病房都可以派職員下來調用「一些人手」。有些具法定行為能力的住民可以領取四分之一薪水，其他人則用工作，或者該說是「接受職業重建」，換取住在天堂的權利。

復健病房在二〇〇一年由州長下令開設，目的是幫助住民準備好迎接療養院外面的生活。在其設立後的二十年間，共有四人成功到了「外面」：一名女性酗酒至死，一名男子渺無音訊，另外兩人則結了婚，找到工作。

凡亞住在這裡兩年了，今年二十六歲。

還在外面的時候，他是訓練有素的焊工，有份工作。

我想詳細講述他的故事，因為外面和療養院之間的那條線，細得不可思議，簡直快像不存在。凡亞的母親在他十五歲時去世。他爸爸在妻子死後開始酗酒，兩年後也隨她而去。然後是他的祖母去世，剩下凡亞孤身一人。他部分繼承了家裡的公寓，他爸爸的小套房，還有他祖母的兩房公寓。但這情況沒有持續很久。

他阿姨接手打理一切。她是個房地產經紀人。

這位阿姨要求他把持有的家中公寓份額轉移給她，方便她女兒取得貸款。為了幫助家人，凡亞同意了。接著需要賣掉那間兩房公寓，以支付小套房的翻修費用。凡亞也同意了。然後是一連串複雜的操作，牽涉到購買一間別墅、賣掉那間別墅、賣掉小套房，最後再用那筆錢購買另一間公寓，這次完全在他阿姨名下。

凡亞不大關心這些買賣。失去所有近親之後，他「生活脫軌，抽辣大麻和吸白粉樣樣來。」他還記得用藥後神智不清地瘋狂跳舞，把別人的車整臺撞爛。

「然後我看了電影《哈利波特：消失的密室》，看完後我想，如果真的有蛇妖怎麼辦？我真的是瘋了，最後到了精神病院，進去了幾次。我一直看到吸血鬼和其他詭異的東西。醫院判斷我是思覺失調症。那兒有個醫生認識我阿姨。他叫她想辦法讓我被宣告為法定無行為能力人，再把我送去成人精神療養院。她照做了。一開始我被送到 2D 病房。我看了一眼之後就對她說：你在做什麼？放我出去。她就在那邊說什麼我沒辦法負這個責任。萬一你幹了壞事怎麼辦？我會被抓去關。她偶爾會來探望我。公寓嗎？她租出去了吧。你為什麼想知道公寓的事？」

停用毒品之後，凡亞已經不會產生幻覺。但這不重要，他還是得乖乖吃藥：一顆苯海索，半顆氟派醇，還有每天晚上兩顆鎮定劑。這些藥物會讓他不由自主地一直眨眼，但他「已經習慣」。醫療人員並不認為他真的有思覺失調症，但也不急著審查他的案子，或是針對法院裁決提出上訴——凡亞現在是療養院的受監護人，他們也可以打官司爭取他的財產。

凡亞和妮娜在交往，妮娜就是迪斯可之夜以公主裝扮表演唱歌的那個女孩。她也是說自己在喪失法定權力後「失去了一切」的那個女孩。她在這裡很久很久了——十五年。她在這裡失去了一個寶寶，是人工流產，但幸好她沒有被施行絕育手術。那是她懷孕初期，人工流產以子宮擴刮術進行，所以「他們沒有把我切開來」。妮娜的夢想是，有一天，他們可以一起生活在自己的家，也許就是她曾經住過的那間房子，她想「離開這裡到我們自己的天地，就在那裡生活。有新鮮空氣，房子帶一座老式的俄羅斯爐灶。有一小塊地，一間桑拿浴室。都過了十五年，我不知道房子是否還在那裡。當然，我會需要一雙強壯的手，需要一個男人。凡亞太年輕，對他而言難以負荷。不過，凡亞，也許你會讓我們驚喜？」

我忍不住想，即使在這裡，人的夢想也是那麼平凡無奇，跟其他人沒有兩樣。

但是，那天傍晚，安靜的迪馬（他想媽媽時會嗚咽著哭喊她）被轉到 3A 病房，因為他罵某位助理是婊子。他無法清晰言語，但她還是聽出他在說那個字眼。這名助理是前文提過的謝爾蓋耶芙娜，她是位虔誠的老婦，之前在協助女孩們為迪斯可舞會著裝打扮。她把護士叫來，結果護士幫迪馬打了一針，然後在（來和七區換班的）值班精神科醫師同意下，把迪馬送到樓上關禁閉，那是間空蕩蕩的上鎖牢房，只在角落裡擺了個桶子。他們沒有為了病歷註記中要怎麼寫而傷腦筋，沒那個必要，他們只是簡單寫下「行為惡劣」。

身為虔誠的基督徒，謝爾蓋耶芙娜自然對這樣的結果很不開心。她說她只是想嚇唬他，沒想到護士會直接注射針劑。但顯然那名護士本來就對迪馬有所不滿。謝爾蓋耶芙娜說自己一直都為「迪馬和其他孤兒」祈禱，而儘管他對她出言不遜，她不會停止為他祈禱。

＊＊＊

復健病房沒有抽菸時間表，掛在衣架上的大衣想拿哪一件都可以。透過陽臺欄杆往外看，眼光越過黑暗的院子，我可以看見車屁股沿著灰色的道路漸行漸遠；看見一間店面的光線和裡頭的人影；看見公寓建築的入口通道。一名穿著黑色大衣的男子從裡面走出來。他停下步伐，燃起一根菸，從容地抽著。他一定是戴著耳機，因為他似乎隨著音樂在起舞。他把手舉起來揮了一下，有輛車的車頭燈隨之閃爍。他坐上自己的車開走了。

我知道，對他而言，我是黑暗中的一個暗影，難以辨識，和黑暗無所區別。

最後落腳在療養院的人，他們每個人的共通點是什麼？提歐瑪和絲維塔，凡亞和迪馬，一號病房的女人們，永遠無法生育的那些女性，他們有什麼共通之處？不是他們被診斷出來的病症，因為各自相異，而且有些顯然是誤診。

他們全都被自己的家人遺棄。他們的人際關係與社會連結被切斷了，或者是變得薄弱，一直到完全消失為止。

一旦失去人與人的連結，剩下的就只有國家。

療養院就是我的國家。不是史普尼克V疫苗，不是奧運，不是太空梭。我的國家真實的面孔就在這裡，我可以親眼看到。

在療養院待了兩個星期後，我有何想法？

我覺得我只觸及了地獄的表面。

我在特殊安排下住進療養院，在特殊安排下來到了彩繪著明亮菱形的外牆背後的地方。依照《新報》與療養院管理方的協議，我不得透露這間機構的名稱或地點。文中提到被監禁在此及在這裡工作的人，那些姓名都是化名。

這間療養院最近設立滿五十年。根據造訪的志工和當地社會服務局，這間療養院不好也不壞。它很一般，普普通通。

全俄羅斯現在有十五萬五千八百七十八名成人住在精神療養院裡，兩萬一千名孩童住在專門照護機構，注定最後會淪落到療養院。每八百二十六名俄國公民中就有一位會在某間療養院度過一生，死在它的牆垣之內。

第十三章 戰爭開出的血紅花朵

我五歲，在上幼稚園。那是冬天，我們在玩打仗。高高的雪堆是堡壘，裡面全是德國人。我們發動猛攻。敵人不多，因為誰想當法西斯。至少他們擁有戰術優勢，畢竟防衛堡壘簡單多了。雪球飛來飛去。所有的男生都是戰士。我也想當戰士，但他們只讓我當護士，因為我是女生。我把傷者從戰場拖走，傷者全身是雪，放聲大笑。

我六歲。媽媽告訴我外公曾經打過戰爭，在法西斯攻擊我們國家時挺身捍衛。他志願到前線去，在那裡擔任砲兵（「砲兵」，我照著說了一遍）。他受了傷，然後他復原，又回去打仗，這次是跟日本人，因為日本人在幫法西斯。這場戰爭名為「偉大的衛國戰爭」，因為是為我們的祖國而戰。為什麼偉大？因為幾乎所有男人和許多女人都參與其中，媽媽說。死了一千一百萬人。那是多少人？媽媽動了動嘴唇，悄悄計算著。等於十六個雅羅斯拉夫那麼多的人。想像我們的城市裡沒有人活下來。再想像其他十五個跟我們一樣的城市，沒有人活下來。一個都沒有，全部殺光光。

我想像那些死亡之城。

我八歲，這天是勝利日。我們要去鄰居彤亞阿姨家。她打過衛國戰爭。我們幫她買了蛋糕與紅色康乃馨。彤亞阿姨穿著藍色的自製洋裝，胸前佩戴勳章。看到我們和蛋糕她很開心，走過來擁抱我。我不喜歡彤亞阿姨，她聞起來臭臭的。她也耳背得厲害，跟她說話要很大聲，而且嘴巴要誇張的開合，才能讓她聽懂。還有她的公寓，每樣東西都閃閃發光，一塵不染，乾淨的讓我害怕，因為那不正常。彤亞阿姨很寵愛我。她會問我在學校過得好不好（很糟，但你得說很好）。媽媽倒了茶，我們舉杯祝賀。媽媽會說：「致和平。」

我十歲，看了場電影。電影名為《只有老兵去打仗》，講的是年輕瀟灑的勇敢飛行員，在天上駕駛戰機與法西斯作戰的故事。電影是黑白的，裡面每一張臉似乎都是從光雕塑而成。他們把年輕男孩送去飛行中隊，但老鳥想保護他們，不要他們加入戰事。然而男孩們一心只想捍衛祖國。在天上鏖戰後，飛行員聚在一起，合唱著美好歌曲。他們死去，但死得英勇壯烈，在一朵朵黑色煙霧中灰飛煙滅。其中一人死前大喊：「我們將永存於世！」電影裡也有浪漫愛情，對象是女飛行員。她們死去，男飛行員會來到她們墓前，承諾戰爭結束後會再回來，再次合唱他們鍾愛的歌曲。我沒有在思考，情感不經大腦：哇，這太棒了，好精采的人生。

我十一歲，我問媽媽，外公是怎麼說戰爭的？她說，什麼都不說。一點都不說？一點都不說。有一次外公說他們吃死馬，不對，他是說「陣亡的馬」。當時是冬天，所以他們得用力從馬身上把肉砍下來。他就只說這些？就這些。他有勳章嗎？有，但他從來不戴，他把勳章都給了我。那時我還小，把勳章拿來玩，埋在沙裡，最後全弄丟了。真是可惜，太可惜了。他是怎麼死的？心跳停止。外婆喊他吃晚飯，但沒人答應。他就坐在這，死了，就這個位置。

我十二歲時去彤亞阿姨家。見到我她好高興。我問，彤亞阿姨，跟我說說戰爭的事情。她說，我聽不到你講話。彤亞阿姨，跟我說戰爭的事情！我什麼也聽不到，小蓮娜，我一定是全聾啦。**戰爭的事**！什麼，蘇聯的事嗎？蘇聯，那是個好國家。**戰．爭．的．事**！我一點也聽不到你說什麼，助聽器一定是壞啦。彤亞阿姨把助聽器拿出來後跟我說，阿姨累了，得去躺一會。再見，蓮娜。

我十二歲時去圖書館。我要找關於戰爭的書，他們好像給了我五本，我全都讀完了。我又借了五本，然後再五本。書中的戰爭不像電影裡那麼歡樂，但有更多英雄事蹟，而且可以慢慢細讀，好好感受一切。在卡雷利亞的森林裡，瓦斯科夫士官指揮著五名女高射砲手，試圖擊敗悄悄潛入的法西斯間諜，阻止他們前往具有戰略價值的運河。五個女孩，對上十六名間諜。最後所有女孩都死了，最優秀的一個臨死前還說，「我們祖國的起點並不是這些運河，也完全不是由這些運河所孕育。我們捍衛運河是為了捍衛祖國，因為先有祖國，才有運河。」我為這段話痛哭，淚水如此甜美。那些運河當然連我摯愛祖國的一小角都算不上。

我十二歲時曾經想過，如果又有一場戰爭呢？如果我們的國家受到攻擊怎麼辦？我當然會捍衛它。如果我能快快長大就好了，我就能當狙擊手，殺光法西斯。為什麼是法西斯？我也不知道，那是我唯一想到的敵人。也許我會陣亡，年紀輕輕就死去。媽媽會哭泣，但也會深深以我為榮，平靜抱持某種低調但驕傲的哀愁。我只有兩個朋友，他們想必會逢人便說我們曾一起上學，告訴人們我是怎樣的人。這份幻想唯一的阻礙是，我是班上個頭最小的女生，一窩裡最瘦小的那一個，弱者。沒關係，我扛得動狙擊步槍。

我十三歲，我們街上有一場葬禮。一名年輕男子遇害——昨天還只是個學童的他，被徵募，被送去車臣，然後被殺。我問鄰居蓮亞是誰殺了他。車臣人。為什麼？因為那裡在打仗。跟誰？跟恐怖分子。哇，我心想，殺恐怖分子比殺法西斯還要酷。轉念一想，還是殺法西斯比較酷。或是說，殺恐怖分子更酷？好吧，可憐的傢伙，是個真英雄。但蓮亞稱之為戰爭還是太誇大了，電視上說那是「反恐行動」。如果真的打仗，我們不會沒有聽說。

我十四歲，正在讀安娜．波利特科夫斯卡婭關於車臣的報導。哇操。

我十四歲，正在讀斯維拉娜．亞歷塞維奇的書。哇靠。

我十七歲，就讀新聞系。我旁觀了一場跨國參與的權利策略比賽，各院校的新聞系都派出隊伍。車臣隊的成員是兩個女孩，阿絲亞與瑪莉卡。她們嚴肅而美麗。我在賽後邀請她們來宿舍，並在房內替她們泡茶。我非常想讓她們喜歡我。我說，讓我帶你們逛莫斯科！話還沒說完，外頭就放起煙火，彷彿早有預謀。你們看，是煙火！快看！我指著窗外說，煙火在莫斯科常常見到。她們沒有答話。我轉身一看，人早已不見蹤影。去哪了？原來在桌子底下。

我二十歲，俄羅斯入侵喬治亞。總統說這是維和任務，因為喬治亞攻擊了南奧塞提亞與阿布哈茲。《新報》派出三名記者前往當地：博布洛娃、巴布琴科與阿寧。我特別嫉妒阿寧，因為他只比我大一歲。我完全可以去，但我和其他三個女孩分到的工作是監看新聞來源。我必須查核所有消息，寫成簡報。我也必須追蹤特派員的行動，接收來自他們的突發新聞，同時告知他們俄羅斯與喬治亞軍隊的動向。我的電話沒有離手過，錯過來電是很可怕的。同樣可怕的是要分辨出哪些是關鍵資訊，必須與我們在當地的人員分享，哪些又不該拿去煩他們。要是他們哪個人因為我而受傷呢？或是喪命？我連續三天晚上都睡不著。到了第四天，眼前開始有透明的光影閃爍，雙腿也開始不聽使喚。其他女孩說，蓮娜，睡覺去，我們會負責監看。我在辦公室沙發躺下來，蓋上被子，手機放在臉頰下。我沉沉睡去，直到有人碰了碰我肩膀。我驚跳起來。怎麼了？艾琳娜說，戰爭結束了。彷彿有一道隱形的光芒盈滿了房間。

我的手機從此無法離手，少了它我會害怕。

一天後，巴布琴科回來了。會計為了做帳，找他要收據和票券。結果巴布琴科衝著會計大吼：吃屎吧你，然後走回他的辦公室。我跟著他，他給我看照片，焦黑的屍體，缺了腿、鼻或眼睛的，在陽光下腫脹如壞掉麵團的，身上布滿彈孔的，活人，死人。他指給我看他頭上的擦傷和褲子上的破洞，說是流彈惹的禍。接著他開始踉蹌與搖晃。怎麼，你醉了？沒有，我什麼都沒喝。他在我身邊悄聲說：聞我，我聞起來像死人嗎？什麼？我覺得我聞起來像死人，我搭了一輛載滿屍體的卡車，你在我身上聞得到他們嗎？聞不到。你騙我，蓮娜。我沒有，但你等我一下。我去找副總編輯，告訴他巴布琴科狀況不好，我們得送他回家。好，副總編說。真的就只等了一下。

我二十三歲，副總編輯說，你永遠不會被派去報導戰爭。這是男人的工作，而你是位女孩。我在心裡頭回嗆，你他媽瘋了。

我二十四歲，前往埃及報導革命。我看到有人被汽油彈砸中後活活燒起來；我看到飛過空中的石頭撕裂人的手指及耳朵，弄得頭破血流。然後是槍聲響起。

我二十六歲，頓巴斯戰爭開打。烏克蘭境內的頓內次克與盧甘斯克地區宣布獨立，成為頓內次克人民共和國與盧甘斯克人民共和國。烏克蘭於是展開自己的「反恐行動」，兩個「共和國」也以相同的手段回敬。俄羅斯政府宣稱當地沒有半個俄軍，說烏克蘭在打自己的公民。我四處尋找俄軍士兵的遺體（都被藏匿起來），而我找到了。

我二十七歲，前往頓巴斯。我從飛機上打電話給母親，因為不敢事先跟她說。我以為我媽會大哭大鬧，結果她只是問：我的聯絡資訊有寫在護照裡了嗎？記得把護照用保鮮膜包著，隨身攜帶，但不要放進包包，要放在衣服裡。試著一天至少跟我聯絡一次，簡訊也好。記得喝水，保持溫暖，待在醫院旁邊，避開軍車。你有帶抗生素嗎？記得弄些止血帶。

我終於見到了戰爭。我讀過的書沒有一本告訴我，戰爭就是泥土。重型機具破壞表土，淺褐色的泥漿就從裂縫中湧出。泥漿覆蓋一切，覆蓋人、車、建築、狗。好多好多被遺棄的狗，好多好多帶著武器失眠的人。

我兩度置身砲火，我學到逃跑時可以四肢並用。我手舞足蹈，邊滑行邊跳，宛如做夢一般，身體變得輕盈柔軟。我不覺得我會死。

我兩度回到頓巴斯。

我寫下許多文章，沒有一篇讓我想重讀。

我三十一歲，在紐約市立大學新聞學院修課，艾莉亞正在教授國際新聞。她是敘利亞人，美麗無比且機智過人。我為這門課花得準備功夫比其他課都多，只希望她能注意到我，但我沒什麼可以讓她產生印象之處。我書讀不多，思考也慢。艾莉亞要我們謹慎而誠實地寫作，教導我們要專注聆聽與保持謙卑。最後一堂課，她帶了百里香糕餅和阿拉伯甜點給我們。大家一邊吃，一邊輪流播放自己喜愛的歌曲。我上前告訴艾莉亞，我就要返回莫斯科了，歡迎來造訪。艾莉亞的臉變得好蒼白，彷彿有人切換了房裡的光線。她俯身靠近我，悄悄聲地說：我永遠不會去莫斯科，你們的軍人正在屠殺我愛的人。

我三十四歲，我的母親得了新冠肺炎，我回來照顧她。我們坐在電視機前面聽普丁講話，他說俄羅斯承認頓巴斯與盧甘斯克共和國的獨立地位。「這場悲劇還要持續多久？」普丁問，然後是

「謝謝各位收看」。我出去抽根菸，順便買了臺洗衣機。我對自己說，還好我的公寓已經整修好了。轉念一想，我還真他媽的實際啊，簡直噁心。盧布這下慘了，我跟我媽說。她問我之後會怎麼樣，我告訴她，政府會派軍隊進入頓內次克與盧甘斯克，至少這回是正式出兵。也就是說，會有更多戰爭。我媽接話說，但至少他們會保護俄國人。你知道有多少俄國人住在那裡嗎？我接著告訴她，我必須趕回莫斯科。但我真正的意思是，我得去一趟頓內次克。我媽只要我帶著外公的照片。把檔案弄好，印大張一點，好嗎？好。我把外公的照片夾進護照。

回到莫斯科之後，我開始做起栩栩如生的夢。美麗異常，但也鮮明到幾乎令人痛苦。我起身抽菸，再回到房間。女友坐在床上讀手機，我讀不出她的表情。你為什麼不睡？他們在轟炸基輔。什麼？他們在轟炸基輔和烏克蘭所有大城市。我們在轟炸他們？我們在轟炸他們。

我強迫自己再睡兩小時，然後穿好衣服去上班。同事問我，你準備好了嗎？我當然準備好了。說真的，要準備好當法西斯是不可能的，我一點準備也沒有。

〈米科萊夫〉

二〇二二年三月十三日

南布格河彷彿一面銀色鏡子，映照出分布在周圍的米科萊夫市。布格河上的橋樑升起又放下，接著再度升起。每一天，滿載婦孺的大巴從這裡出發前往敖德薩，那裡目前仍屬安全。也有人逃到更遠的地方，到摩爾多瓦或尚未被戰爭吞沒的烏克蘭其他角落。

城市北邊與東邊約二十公里處，就有俄軍部隊進駐。他們正在轟炸城郊。

米科萊夫正在實施燈火管制，夜幕降臨就必須熄滅燈火。市政當局警告，只要有人不遵守規範，就會導致整棟大樓停電。雜貨店和藥局仍維持營業，學校及托幼中心自從戰火爆發後就休息了。沒人想分開孩童與家長。公車路線大都停駛，有些公車被軍隊徵用，其他則用於撤離居民。城內的道路交叉口堆滿了輪胎，準備在俄軍進城時放火點燃。有些輪胎還留有油漆痕跡，顯然是從市街花圃外緣的裝飾拆下來的。「戰爭有一個好處，」市長說，「至少我們可以把那些橡膠天鵝處理掉。」

大家秩序井然的排隊，領取裝有穀物、罐裝食品及牛油的人道救援物資。

日常生活在空襲之間繼續。創傷中心已改建為戰地醫院。傷患在手術完成與包紮好傷口後隨即後送，迅速清出床位以供下一位使用。醫療人員就住在現場，自戰爭開始以來就是這樣，如今已是兩週過去。

外國來的人道救援物資，透過港都敖德薩抵達米科萊夫。敖德薩是一座更加雄偉的城市，市民卻對米科萊夫投以敬畏的目光，因為他們相信，敖德薩尚未被俄軍圍城的唯一原因，就是米科萊夫的屹立不搖。

「米科萊夫一部分被包圍了，」七十九旅的新聞官亞洛斯拉夫表示。「城鎮外圍部署了十七個俄羅斯營級戰術群，」他說。「假設每個戰術群有一千兵力，就表示有一萬七千名士兵和一千五百個軍事技術單位——包括武器設備及車輛。我們顯然無從得知敵方指揮部的盤算，只能假設這些營級戰術群可能有一些會北上去克里維里赫，另一部分則會留在此地攻打米科萊夫。我們知道俄羅斯指揮部受命要拿下米科萊夫，拿下敖德薩，可能還要打通一條通往聶斯特河沿岸的陸上廊道。我們只能強化防禦。他們對米科萊夫按兵不動的每一天，我們都用來強化防禦能力。」

「俄軍已經發動過幾波攻擊，大概有四次吧。前面三次只是為了搜集情報，兵力很少，我們擊退了他們，炸掉他們的車輛……但三月七日那次是真正的攻擊，一開始是飛彈和旋風多管火箭砲，接著他們派出兩個營級戰術群。」

「有意思的是，俄軍明明多的是武器載具，但只要炸掉幾輛戰車和裝甲車，就足以讓他們掉頭撤退。他們只要有一點損傷，無足輕重的損傷，就會打退堂鼓。坦白講這讓我們很驚訝。你用戰車和裝甲車發動攻擊，戰鬥中會一定會有部分損失，但這不該妨礙你繼續推進。」

「根據官方數據，烏克蘭各地共有三千名俄國士兵遭俘。我相信這些數字。即使在這裡，俘虜也是一批接著一批。我們幾天前才接收了十二位戰俘，當場戰鬥就分出勝負。」

「俄國人用冰雹、颶風和旋風這三種多管火箭砲轟炸城市。冰雹的口徑約一百二十二毫米，但颶風有兩百四十毫米，旋風三百二十毫米。一開始只打軍事設施。二月二十四日那天，他們砲擊我們在庫爾巴基諾的軍用機場，好在戰機當時都已經起飛。四日晚上，他們瞄準火車站和燃料儲存槽，接著轉而攻擊麵包工廠——天曉得他們在想什麼……接下來，尤其在六日和七日晚上，他們開始猛轟我軍單位，甚至直接瞄準住宅區。他們幾度攻擊市郊的自來水處理廠，我們猜是想破壞民間用水供給。俄軍砲兵就駐紮在米科萊夫與赫爾松之間的村鎮，火箭砲就是從那裡發射。」

＊ ＊ ＊

砲彈如雨點般落在赫爾松斯卡亞街上，該街位於科拉貝涅地區最南端的住宅區巴拉巴諾夫卡鎮。這裡的住宅嚴重毀損，看起來彷彿只蓋好了一半。石牆側面的磚瓦被炸飛，屋頂則落入爆炸坑裡不見蹤影。破碎的日常在房舍之間的街道上散落一地。牆壁裂成四散的磚塊，倒是標示地址號碼（二十二號）的小牌子依然留存。沒有一扇窗戶留有玻璃，宛如廢墟。綠色大門的後面，停著一輛被壓扁的 GAZelle 廂型車。

門後是一片菜園，泥土最近才犁過。一顆櫻桃樹在重砲轟擊下倒地，樹枝四散在溫熱的泥土。閣樓屋頂有三個大洞。

沙夏站在梯子上，清理屋頂上碎裂的石磚，幾乎沒注意到沿著臉龐下滑的眼淚。

「先是砲彈攻擊，小麥田上空傳來呼一聲巨響，我們的窗玻璃全給炸飛。然後一切看似安靜下來。我太太在陽臺上，我在廚房裡。我從窗戶往外看，看到她坐了下來，也看到天曉得從哪來的兩架飛機，機身像隱形轟炸機一樣漆成黑色。我太太撲倒下去，然後就是噠噠噠噠！一陣白煙飄過。我飛撲到太太身邊，兩個人開始匍匐前進。之後我就一直在撿拾碎片。你看看這有多利，可以把人割成兩半。」

他太太娜迪雅坐在一旁，雙手放在膝蓋上。「我就是在這裡坐下來，就在這。我坐著，周圍一點聲音也沒有。沒有讓我害怕的聲音。那兩架飛機是很嚇人，黑色還是深灰色的，但我當時連離開坐位的念頭都沒有。我以為他們不會轟炸老百姓，結果下一秒他們就開始炸天花板……我無法形容那有多恐怖……你看那道門，上面那麼多洞，我只差一點就要變成那樣。我現在還是很震驚，感覺不到雙腿。我實在太過害怕。我也害怕逃離，因為你得先活著抵達某處才行。我在新聞上看到一家人，他們在逃離時遭遇空襲。孩子們死了，父母也是，全都死了。」

* * *

戰爭爆發時，米科萊夫孤兒院就立刻疏散與撤離。有九十三名從三到十八歲的孩子住在那裡，他們都是「社會孤兒」，也就是父母仍在世但無法照顧他們的孩子。這些孩子被送去西北方六十六公里遠的村子，安托諾夫卡。三月八日早上九點二十分，俄軍朝沿著基洛沃格勒公路載運孤兒院員工的車輛開火，三名女性因此身亡。

車輛駕駛是阿納托利。他一直焦慮地挪動雙腳，因為他右腿裡卡了一枚砲彈碎片。「外科醫生說如果開始腐爛再來開刀，」他解釋，目前先不打算做任何處理。他的女兒瑪莎就待在旁邊，她有著一雙藍色及棕色的異色瞳。「我有三個兒子兩個女兒，」阿納托利自豪地說。現在他明顯地打著哆嗦，「好冷。」

這是他第三次去安托諾夫卡。他不收錢，只拿油錢。他用封箱膠帶在擋風玻璃上貼了一個紅十字。如今這輛賓士 Sprinter 廂型車已連同裡面的屍體一起燒掉了。

「我們順利通過了每一個檢查哨，每一次都要出示護照。車上座位載有六名女性，還有兩人在最後座。某一處檢查哨曾經說道，今晚出事了。唉，他們不應該讓我們通過的！」

「對向沒有來車，只有空蕩蕩的車道。我們大概開了二十四公里吧。我眼睛不大好，但車上的女士看到前方兩三百碼之外好像有什麼東西，看起來像是軍事單位。我問，『各位女士，我們怎麼辦？』我才把車子慢下來，機關槍就開火了。我其實沒聽到槍聲也沒看見火光，只看到眼前的礫石飛濺起來。現在我知道為什麼了。」

「我記不清楚他們是怎麼朝我們開火，可能我已經把車停下來了，或者車子還在微微移動。我沒看到爆炸，只感覺到好像有東西撕裂開來，從車廂掉落。我腳邊閃過一陣光。我趕緊跳下車，看見軍人提著步槍朝我跑來。我趴在柏油路上大喊：『裡面有婦女！有婦女在裡面！』」

「俄國人打開後門，裡面還有四個人。他們對頭幾名下車的女性大喊：『丟掉手機！』四名女性都把手機丟到軍人腳邊。我把口袋中的隨身手機丟到草地上，我還有一支智慧型手機在車裡，放在儀表板上。」

「我回車上時，手機已經不見了。我開始到處找。有名女性坐在門邊——她的臉沒了，腸子露在外面，一根手指掉在腳踏板上。她的臉沒了！沒了！原本坐在我正後方的女性也死了，但我沒看到她。」

「俄國人說，『我們警告過你了！我們先射了一輪示警！』但我不是軍人啊！開槍示警不是我每天會碰到的事。有一名女性肩部受傷，軍人就把她扶好站著，其中一名士兵幫她包紮傷口，他應該是雅庫特人或布里亞特人吧。另一個士兵非常年輕，還只是個孩子，戴著跟我一樣的太陽眼鏡。我記得他的長相。我的腿因為被彈片擊中而流血，而那孩子看到我時退卻了，也許是害怕還是什麼。我問他，『我們怎麼離開這裡？』他回答，『走原野吧，路標都拆了。』我說，『如果前方有你們的士兵，告訴他們，我們要沿著道路走。』俄國軍人表示，『我們已經通知他們了。』」

「他們似乎漠不關心，那些俄羅斯人。他們連車子著火，裡面可能還有人都不在乎。我跟他們央求：『至少幫我把火撲滅！』但他們只是站在原地。」

「車子剛起火的時候，我看到有人倒在後車廂。我爬進去，看到一名女性，出發時她丈夫有來送行，才剛跟她吻別。我把她拖出來，有另一名女性幫我。我們將她平放在路面上，她的背部完全赤裸，被彈片撕裂了一大片。我得抓著她的外套才能把她拖出來。我沒有檢查她的脈搏。她丈夫今天打電話給我，而我告訴他：『她沒有被火燒，我把她拉出來了⋯⋯她還躺在那裡。』」

「車上的兩具屍體跟著車子一起燃燒，車子真的是全燒了。我的生日原本是十一月十一日，現在三月八日也是我生日。」

三名喪生的女員工分別是娜塔莉亞、伊蓮娜，以及瓦倫提娜。孤兒院院長斯維拉娜為我一一描述：「娜塔莉亞從二〇一四年起在我們這裡當老師，以前在特教學校任職，經驗豐富。她是最好的那種人，仁慈的化身。如果有更多人像她就好了。她很愛孩子，很有智慧，有一雙巧手。我的職員全都很出色，但她特別有辦法跟所有人相處融洽。她負責照顧年紀比較大的男孩。她本來要在五月四日慶祝五十歲生日，我們準備幫她慶生的。伊蓮娜負責照顧幼兒，幫他們穿衣服、換尿布。她照顧的孩子永遠都穿戴整齊。她有很多不同的服飾和派對穿的洋裝，孩子們都很喜歡她。她非常好心，在孤兒院二十年了，死時六十四歲。瓦倫提娜在我們這兒沒有很久，這才是她第二年擔任教師助理。她負責新入院的孩子，那是最棘手的一群……孩子們剛來時總是流著眼淚……他們被送到陌生的地方，壓力很大。瓦倫提娜是孩子們最先碰到的人，會協助他們清洗、著裝，幫他們換尿布，和他們聊天，讓他們感覺好過一點。俄國人殺掉的就是這樣的人。孩子們知道後都無法接受，他們本來就知道老師已在路上，本來正在等著老師來。孩子們一直尖叫，停不下來。」

他們無法取回遺體，或者說還剩下的部分。「我們過不去。」遺體留在原地，距離最近的烏克蘭檢查哨二十五公里遠。

傷者被送到米科萊夫醫院，包括另一名教師助理安娜和心理師貝拉諾娃。另外兩名乘客加琳娜與娜塔莉亞，也因「嚴重心理創傷」而入院。

九十三名孩童與十名教師就這樣在俄軍包圍的村子裡等待，等待後撤到烏克蘭內陸的更深處。

* * *

所有死者都要經過區域法醫辦公室。據負責人奧嘉指出，自從戰爭開始，他們已處理超過六十名烏克蘭軍人與三十多名平民的屍體。我問有沒有更準確的數字，奧嘉回答我：「有意義嗎？每天都有新的進來。」每具屍體都會交給一群調查員，準備呈交文件給海牙的國際刑事法院。

「我們從未一次收過這麼多屍體。彈片、子彈、炸彈……最主要的致死原因是彈片。有兩具屍體裡面還有未爆彈，為此出動了拆彈人員。」

「沒錯，有一具屍體裡面有未爆彈，是我取出來的，」法醫尤里接話。「沒有爆炸是因為引信受損。我必須拔出彈殼，才能交給專家檢視。我叫在場的女性退後……這些人生前是軍人……我小心翼翼地拔出彈殼，交給拆彈技術人員。砲彈的尾翼卡在胸腔裡，結果引信卻掉在胃裡——沒有爆炸只是因為胃壁太過柔軟。俄軍砲擊了歐查科沃，這些屍體多數來自那裡……還有一人體內則卡著某種彈藥的零件。當他們的妻子前來認屍時，那種哭喊，我做這份工作二十年來從沒聽過。我參加過的波士尼亞戰爭都沒有這種野蠻程度。有兩名士兵的屍體是由我檢驗的，我發現俄國人用子彈殺死他們還不夠，還拿刀子從背後砍他們……那是三月六日，兩名年輕男子想拿汽油彈去砸戰機維修中心……結果被守軍逮到。士兵把他們綁起來，朝他們頭部開槍，再用刀刺他們的背部，這樣了結他們。他們的肩胛骨底下有刀傷與匕首傷。太野蠻了，那樣子殺死傷者。」

「他們先拿槍射他們，然後才殺了他們？」

「我當法醫二十年了！我知道傷口造成的先後。」

屍體堆在冷藏間的兩個區塊。由於空間不足，所以驗屍過的只好堆在外面街上的一堵牆旁邊，八具裝在黑色屍袋裡的屍體。戰前充當棚舍的一棟附屬建築也有兩個寬約二十公尺的房間，如今也堆滿屍體。烏克蘭人的屍體占用了樓板，五名俄羅斯軍人則躺在某個角落。「現在外面天氣冷，我們先暫時保存。沒有人知道該把他們交還給誰，或是怎麼交還。」

「這都是戰爭下的死者，燒死的受難者已經裝進屍袋……跨過他們，別怕。這裡還有一些。檢驗完後，就必須用這些黑色塑膠袋把他們裝起來。老實說，這麼多屍體根本沒地方放，你也看過那些房間的狀況。」

屍體有光著腳的也有還穿著鞋子的。這兒有個燒得焦黑的年輕男子，躺在地上，雙臂敞開，焦黑的臉上血肉模糊。那兒有半個人體，血肉中夾雜著草葉，頭用外套蓋著，男性的手從外套裡垂下來。一名赤裸的男子用花床單包著。一名俄羅斯士兵的手壓在頭底下，迷彩外套被人往上拉啟，露出乾淨的內衣和一條黃肚皮。

冷藏間裡的屍體層層堆疊。兩名女性疊在一起。她們是姊妹，姊姊十七歲。在堆疊的屍身中我只能看見她的手，纖細修長的手指整齊地塗著粉紅色指甲油。妹妹三歲，躺在姊姊上面。她有一頭金髮，下顎用紗布綁紮閉合，手綁在一起放在肚子上。她身上布滿砲彈破片造成的小小紅色傷口。女孩看起來彷彿還活著。

「她們是阿琳娜和維洛妮卡。同母異父，是三月五日下午五點送來的，住在梅什科沃—波戈列洛沃村的舍甫琴科街上。」勤務員尼可萊說。他說話時無法直視我。「我是她們的教父……是我幫她們受洗的，是老朋友了。她們被送進來時我正在值班，我當然立刻認出她們。我難以描述第一眼看到她們時的心情。」

迪米屈是兩個女孩的爸。他在柵欄另一邊等待，今天要帶她們回家。他雙眼下緣的深刻皺紋都泛紅了。「維洛妮卡在廚房裡熱菜，阿琳娜去院子裡玩耍。她們兩個一點逃命的機會也沒有。小的馬上就走了，破片射穿了她的心臟。姊姊曾在搶救下恢復兩分鐘的心跳，但沒辦法自行維持。孩子的母親在杜布基的醫院，她大腿裡也有彈片，導致組織損傷。對不起，我沒辦法再講了，我現在只想埋葬我的孩子。」

一具新的屍體送到。工作人員解開裹在外面的條紋床單，是一名男性，氣管插管還留在喉嚨裡，全身皮開肉綻。有人試過挽救他的生命，終究無能為力。他被留在院子裡等死。

四名帶著深色玫瑰花的男子，在一旁等待領取同事的遺體。那是擔任保全的伊果，他只是一介平民。「那天殺的旋風火箭砲落下來，人就這麼沒了。」

又一具屍體，穿著迷彩褲，從附屬建物搬了過來。那人的身體發紫，本來應該是臉的地方只剩下一道很寬的傷口。調查小組的兩名男子彎腰查看。他們記下那人的穿著，再把他的褲子褪下，用一塊紗布浸入他的血液裡進行DNA取樣。其中一人把手指伸入那名男子碎裂的嘴巴——他們必須確認是哪些顱骨斷了。

包著黑色頭巾的一名淺色頭髮女性說，「我母親住五樓，沒辦法下樓到地窖裡的防空洞。她的隔壁鄰居和她親如家人，他們幫了她。她在隔天早上安詳的走了，如果那也能叫安詳——她為了躲避這一切恐怖而躲進廁所，死時人就在倒廁所地板上。隔天同樣時間，一枚火箭擊中隔壁建築，把她的窗戶全部炸飛。但那時她已經走了，她能在星期天安詳辭世真是個奇蹟。如果再晚一天，她就會在驚恐中死去。她死時七十七歲。我有一張公寓殘骸的照片，是她鄰居給我的。這一張是從她的窗戶往外看，可以看見隔壁被炸中的房子。這發生在她死後隔天，如果她還活著也絕對難逃一劫。她死於寬恕的主日。[1] 她的窗戶全都是在三月七日被炸破，她一定會很害怕。如果她非得離開，我

1 譯注：寬恕的主日（Forgiveness Sunday）是東正教四旬節開始前的最後一個星期天。這一天，教徒彼此寬恕，以祈求上帝的原諒。

慶幸她是六日而不是七日離去。我深深感恩。我母親名叫斯維拉娜。她有一半俄羅斯血統。她的丈夫，也就是我爸，生在俄羅斯的克拉斯諾雅斯克。他因為單位曾在這裡而與我母親相識。我外公來自俄羅斯的庫斯克，我們是俄語家庭。我們現在要去墓園。我兒子人在基輔。我名叫歐克薩娜。」

* * *

陸軍基地 A0224 是米科萊夫遭砲火攻擊的兩處軍事設施之一。三月七日清晨五點十五分，一枚口徑飛彈擊中軍營。九人死亡，包括五名還未參與過戰鬥的義務役。十四人受傷，兩名義務役失蹤——他們在幾小時後被人發現，原來是逃跑後躲起來了。

某棟三層樓建築的一大塊被夷為瓦礫堆。一小塊未受損的地板上，有張雙層床仍安立原地。緊急應變人員徒手在瓦礫堆中挖掘。他們與軍方合作，將清出的瓦礫透過人鏈接力傳遞。他們在找尋最後一名失蹤士兵的遺體，名叫斯塔斯，來自西烏克蘭，八個月前被徵召入伍。

那天晚上，新聞官亞洛斯拉夫幸運逃過一劫。此刻他正在陽光下瞇起雙眼，雙手不離他的步槍。「警報聲大概在五點十五分響起。我馬上跳起來大喊：『小伙子們，大家快出去！』我們是最早跑出軍營的，連軍靴都沒穿……有些人站在外頭，我趕緊要他們進到室內。萬一敵方砲彈擊中我們，彈片只會四處飛散……我回頭往裡面走，跑到二樓的時候，看到大概七公尺外的磁磚飛散開來，接著一陣閃光——是火，我看到火。敵方在五點十七分擊中我們。」

「爆風把我震得往後倒，我用雙手護住頭部。玻璃如雨點落下。我試著打開我的……十五秒後我打開手電筒，匍匐前進。我聽到有人在尖叫，是一名女性。我爬著爬著，開始感覺不到地面。地面消失了。我聽到中士大喊，『大家快出去！』我終於爬起來，帶著步槍往外跑。我跟碰到的每個人都說，『我們得躲到防空掩體去。』我們就這樣逃出去。塔拉斯、達尼拉還有其他幾個人，都埋在瓦礫堆底下。那間寢室裡原本有二十九個人。」

「我不想出言不遜……但在這次經歷後，我對他們絕不會手下留情。我不在乎他們是否有父母或妻子，我已經沒有任何憐憫。我二十歲，本來要當獸醫，如今已沒有多餘的憐憫給任何人。」

＊＊＊

前線某處，烏克蘭軍隊正在猛烈射擊一輛「猛虎」步兵戰車。四名俄羅斯車員隨後投降。後方指揮部認為這些人是在進行偵察任務，實際在場的人卻都認為，這輛猛虎應該只是迷路。

亞瑟臉上綁了一條黑色方巾。在此前的人生中，他原本是經濟模控學專家。「那輛車從赫爾松的方向開來，開近時我發現是輛裝甲車。我從他們搖下的車窗往內看，看到穿著軍服的俄羅斯人。我說，『投降。』對他們罵了粗口。我還沒來得及開槍，他們就把車窗搖上。於是我開始射擊輪胎。車子大概又開了二十秒吧。有人丟了顆手榴彈後，車子才猛然起火。一開始他們還不想下車，直到我們把窗戶砸爛時才投降。」

「你有跟他們說話嗎？」

「盡量避免。這些傢伙可是讓人聞風喪膽的戰士。我們聽到他們的理由後全笑翻了。反正就是平常那一套鬼扯，他們以為只是在演習云云。『我連自己在哪裡都不知道。』完全就是瞎扯，他們當然知道自己在哪裡。」

他們把戰俘交給憲兵。

有人在道路中間的分界線上塗鴉，寫著「敵人必死」。士兵在柴火爐旁取暖。「那些俄國人毀了我們的春天。」

「我聽說是從那幾座塔裡射出來的，」綽號「演員」的士兵說。「是狙擊手還是機槍手，我不大確定。有一顆子彈射在離我腳邊四十公分的地方，第三顆子彈後我才終於驚覺，他們是對準了我在射擊。」

「你在等待他們攻城嗎？」

「我在等待這一切爛事他媽的趕快結束。我希望占領區的居民都在努力製作汽油彈。我也想祝福我女兒幸福快樂。她三歲，我為她取名瑪麗亞。」

「我們家沒走。我哥的房子比我稍大一點。我哥，我媽和我，我們都住在同一個村子裡。我哥是長子，是一家之主，就是那麼回事。他負責保護女人和小孩，我負責在這裡當兵。庫爾巴基諾軍用機場遭到轟炸時，我人在瓦爾瓦洛夫卡的造船廠工作。我叔叔六點半叫醒我，我們聽到軍用機場傳來的轟炸聲響。八點二十分，我人已經在中央徵募辦公室了。他們把我的入伍文件還給我，要我隔天早上六點帶著行李來報到。我回家後才告訴太太，不過她早就知道了——她知道我一定會那麼做。」

「我們要撤離到哪裡去？這是我們的土地，」另一名士兵表示。「我的家人都在敖德薩，只要米科萊夫依然挺立，俄國人就不會動敖德薩。這就是為什麼我人在這裡。」

「我們不斷說：『俄國人，回家去！回家就沒事了。我們沒有請你們來。你們沒必要死在這裡。』」

「他們為什麼不取回士兵的屍體？留在這裡只是變成我們田野的肥料。很抱歉，你兒子要是來這裡，你就再也見不到他，也不會有一座整齊的墳墓供你造訪。但要是我發生了什麼，我母親會哀悼我，親手埋葬我。」

「從前親如兄弟的人，如今成了敵人，因為他們攻擊我們——兄弟之間不會做這種事。我們必須保衛我們的家鄉，寸土不讓。我們並不想要這場戰爭，也沒有預期到會發生。」

「我從小就在米科萊夫，難道要我坐在家裡乾等？我第一天就去徵募辦公室報到了。」

「我們不想對俄羅斯發動戰爭，所以他們最好也別對我們發動戰爭。」

「他們以為烏克蘭很弱，大錯特錯。烏克蘭好得好，這裡的每一處孔洞、每座地穴，我們都瞭如指掌。你們踏上的是我們的土地。」

「我們不要戰爭，我們要你們別再侵擾我們。」

* * *

目前為止，已有二十二名嬰兒在戰火中誕生於米科萊夫醫院的婦產科，其中兩名是在地下室的臨時防空洞裡來到這個世界。這些嬰兒全都活了下來。

這裡幾乎沒有人剖腹生產，因為傷口縫合後需要靜養與休息，但空襲之下哪裡來的寧靜。地下室設置了婦產科病房，但手術室依然位於三樓，太危險了。警報大響，產婦一階一階扶著牆壁，緩慢而沉重地往地下室前進。助產士把嬰兒抱下樓。

蓮娜躺在鐵製輪床，身上蓋著毛毯。她丈夫亞歷克塞在旁試圖安撫，將手掌放在她頸後。清晨四點三十分，蓮娜開始剖腹生產。她試過自然產，分娩了將近二十四小時。她二十八歲，先生二十六歲，這是他們第一個孩子。她在前一天凌晨開始分娩，那時宵禁已經開始，亞歷克塞開車載她去醫院。

「戰爭開始時，我的預產期就已經快到了。我非常擔心，等待著孩子出生。我邊等邊緊張，擔心我們在鎮上碰到空襲或砲擊。我很幸運，能在兩次空襲警報之間完成剖腹。想像一下，你在生產，為了寶寶，你只希望有點平和與寧靜，但事與願違，你的城市正遭受無止盡的轟炸！」

亞歷克塞輕撫她的臉頰。

「但願我能想起那是什麼感覺，那種在外走動但不用擔心被擊中的感覺。」

地下室裡燈光昏暗，女性們沿牆而坐。主任醫生帶亞歷克塞去檔案室，靜靜地打開門。助產士就在裡頭，坐在一疊床墊上，懷裡抱著用白色包巾裹住的嬰兒。她把嬰兒遞給亞歷克塞。「我不要抱她，我不敢，」他對助產士說。

「最好趕快習慣。不要怕，沒什麼好不敢的。」

亞歷克塞把瑪莎抱入懷中。這是他第一次抱嬰兒，助產士輕輕調整他的雙手。

「她好小，」亞歷克塞說，然後陷入沉默，低頭靠向女兒的臉。「我的小女孩你好！你是在對我吐舌頭嗎？真的嗎，瑪莎？我們要每天在一起，每一天都要，你說好不好？」

「我們只想要和平，請你一定要寫出來，」穿著白色實驗袍的女性說。「我叫娜傑茲達，是資深麻醉護理師，做這工作已經三十年。自從戰爭開始後，父母眼裡對嬰兒誕生就不再喜悅。會開始擔心母親，擔心她們是否有奶水。這就是我擔心的，新手父母毫無喜悅可言。」

「她很磨人，」亞歷克塞告訴主任醫師。「她一天到晚踢來踢去，聽到我的聲音就在肚子裡面跳起舞來，晚上都不讓她媽媽睡覺。她現在又微微在踢了。我以為她會長得像我，照超音波時他們都說她像我，但你看看她現在多漂亮。」

米科萊夫在三月十一日晚上八點迎來下一波轟炸，持續了幾乎整晚，只有短暫的空檔。根據市長奧列克山德的官方聲明，總計有超過一百六十七棟民宅受損，包括三號市立醫院（裡面滿是受傷的平民）、一座調理食品工廠、十一所學校與托育中心，還有一間孤兒院。其中十一棟民宅全毀。砲彈還摧毀了癌症病房的院落和急診室，備受喜愛的醫院看門狗庫茲亞喪生。他們用毛巾蓋住牠。就連墓園也遭到轟炸，城裡火光四起。

結語　《新報》與我，我們是個邪教

從地鐵站出來後，沿蜿蜒的大道前進，轉到阿爾漢格爾斯基巷，經過粉紅色的教堂（據說那裡鬧鬼），接著在波塔波夫斯基巷左轉。走過開著紫丁香的庭園（以前裡面都是遊民，現在只剩雕像聳立），經過門窗都用木板釘起來的廢棄建築（這棟建築始終如此，很奇怪，因為這可是莫斯科市中心），再往前走一點的左手邊，就會來到我們的編輯辦公室。這裡以前是印刷廠，老舊的建築漆成溫暖的灰色。

裡面有著陰暗幽深的地下室。我還記得R有次帶了大麻，大家一起去地下室抽，直到覺得一定有人在找我們，才以非常緩慢的動作爬回樓上，一路扶著牆壁，彼此悄聲說，安靜，噓～～～！

裡面有個屋頂可以上去。通常門會上鎖，但還是可以從逃生梯爬上去。拉切娃有次爬上去時被警衛抓到，最後是報社對建築業主道歉了事。但其實只要先跟業主報備，他們就會幫你開門。有一次，我們在屋頂上舉辦報社週年慶。那天是二〇〇六年四月一日，晴朗而寒冷。我很快就喝醉，什麼也聽不到。總編輯穆拉托夫一直叫我的名字。等我終於聽到時，他才把我的新識別證遞給我——從現在起，我就是《新報》的專欄記者了。我瞬間清醒。往後三天，不管我怎麼喝都喝不醉。我充滿喜悅，容不下任何一絲酒醉。

警衛派駐在一樓。他們的人員永遠在變動。那是個棘手的工作，有人會在我們辦公室門前留下大公羊的頭（威脅意味），或是活的綿羊（玩笑意味），也有人在我們大樓前抗議（「你們是祖國的叛徒」）。有一次，有人在前門噴了氣味刺鼻的液體，警衛只好請來化學家檢驗，再把建築前面的柏油挖除，重鋪上新的人行道。警衛不大喜歡我們。以前我們得在門口出示證件，但如今我們有門卡，只要刷一下就可以進去。上了樓，二樓是人資、發行、廣告、法務及總監辦公室。還有更多樓梯要爬，我要去的是三樓。

再用門卡輕觸一次。開門後，首先映入眼簾的是一個玻璃箱子，那是吸菸室——我們稱之為毒氣室。裡面只能勉強擠下三個人，感覺像在尖峰時間搭電車一樣，大家會把菸吹到彼此臉上。剛開始在《新報》上班時，隨處都可以抽菸，後來法律改了，總編輯戒了菸，也叫我們都不准抽菸。但有兩間辦公室裡的人繼續抽菸！還有新聞部，他們都直接爬到加蓋頂樓的屋頂上抽。真好。

夏天時，我們會在那片屋頂上吃草莓，喝粉紅酒。冬天時有雪，你可去上去站在雪裡，躺在雪裡，留下你的印記。

前廳有個關於報社歷史的小展覽區。那邊有安娜的電腦，有上過太空的某一期報紙（我們有位專欄作家是太空人），有在車臣差點奪去穆拉托夫性命的砲彈彈片（當時他是戰地記者，還不是總編輯），還有我第一任編輯米凱拉澤的一把弓（成為新聞記者前他是射箭選手，參加過全國比賽）。我走過展區，對所有內容瞭如指掌。轉個彎，再走五步，面前赫然出現一個飛鏢靶。靶上懸掛各種告示，可以讀到誰交出的報導最好，誰又搞砸了。我總在上面尋找自己的名字，有時是讚美（若是讚美，用字遣詞就很重要，我總是會背下來），有時是責備。有一次我的電腦當機（那是臺很老很老的電腦），結果我為新年而寫的文章卻在重新開機後不見了。我始終沒交出文章。我受到中誠，他們還把申誠通告掛在鏢靶上。我跑去衝著財務總監大吼，因為他一直不幫我們買新電腦。他說，為什麼不再寫一篇新文章呢？你不是很有才華嗎，應該做得到啊。你能相信有這種混帳嗎？我到今天還記得。

同樣懸掛起來的，還有遭到殺害或喪生同仁的照片。照片前面會擺張小桌子，上頭放一束花。照片與花束一直放在原地，直到喪禮結束。然後，這類照片就會移至圓形辦公間，掛在我們舉行編輯會議的桌子正上方。

目前為止已經有六張。

告示板右邊是洗手間。有一次我去女廁，看到窗外有名男子在油漆建築，就那樣懸吊在窗戶前，臉上的表情莫測高深。還有一次，醉醺醺的巴布琴科用BB槍把門射爛，基林於是把男廁門拆下來，掛在女廁代替原本的門。上頭開除了巴布琴科——他可能被開除又重新雇用了三次吧，他是我們根深蒂固的一分子，很難真的讓他走，直到有一天他們真的開除了他，沒再重新錄用。他會帶著香檳回辦公室拜訪，問在場所有女孩要不要摸摸看他的胸肌。禿頭、高大而彆扭的巴布琴科，其實是個很好的人。如今他住在海外，自認是烏克蘭人，寫文章說俄羅斯人是半獸人，而俄國是魔多。

廁所前面是酒吧。其實是員工餐廳，但我們稱之為酒吧，聽起來比較酷。員工餐廳本來有木鑲板牆壁和上了漆的厚實木製傢俱，但穆拉托夫去過海明威最愛的咖啡廳之後決定，我們也要跟那邊一樣。牆壁漆成白色，桌椅全都換成比較簡單的樣式，再粗糙地漆成藍色或綠色。餐廳牆上原本掛著作家最好笑的藉口（「我沒來上班是因為沒有靈感，而我拒絕在沒有靈感時上班」），以及最出色的幾期報紙頭版。如今什麼都沒有，剩下一片空白，只是單純用餐的地方。有免費的麵包和湯品可拿，簡直就是共產主義。

沿走廊再往前走，就是女警駐守的地方。女警一共三位，都是年長女性，晚上在辦公室裡過夜。她們的職責是在十點前把你趕出辦公室。但我經常待到很晚，用各種我能想到的理由懇求她們讓我留下來，最後她們也總是妥協了。我很愛在晚上的辦公室工作。黑暗而安靜，那靜默本身就彷彿自有生命。夜深時走在走廊上有點可怕，好像隨時可能會有人呼喚你的名字。寫作的感覺很好，只有你和你的文章，別無其他。早上大家還沒到，我就會騎著我的編輯米凱拉澤以前的滑板車在走廊穿梭。我對路線瞭如指掌，還可以壓車過彎，從不摔車。

再來是我的辦公室，三〇五室。靠，我在裡頭足足待了十七年。以前這裡有著破損的油氈地板及骯髒的牆面，還有一張皮革早已龜裂的單人扶手沙發，蜷縮在裡頭睡覺實在舒服。但最近重新裝潢，他們就把我鍾愛的椅子丟掉了，用IKEA家具取代一切。如今是紅色布料的兩人座沙發，也很適合睡覺，我們大家輪流使用。

辦公室內有六張桌子，小小的主管辦公室裡還有另外兩張。我剛來的時候，坐在裡面的是米凱拉澤和主筆米拉西娜。我對他們兩人充滿畏懼。米凱拉澤有雙藍眼睛，黑色的頭髮裡夾雜著一綹灰。他身材高大，總是不疾不徐，說話慢慢的，走路也慢慢的，思考起來倒是飛快異常。他對俄文的瞭解比任何人都深入，我懂得的一切都是他教的。審閱我的文章時，沒寫好的段落會讓他挑起眉毛——我會跑出辦公室，躲起來喘口氣，因為看著他審稿實在太可怕了。米拉西娜個子嬌小，脾氣火爆，態度總是非常直接。有時她和米凱拉澤爭執，兩人不僅互吼，米拉西娜還拿文件丟他，有一次甚至是菸灰缸。我總努力當個縮頭烏龜，等待風暴過去。之後這兩人還會出去喝咖啡，再一起有說有笑的回來。

米凱拉澤死的時候，我們把他的肖像掛在他辦公桌上方。那慵懶的笑容啊，每當焦慮吞噬我，我便用額頭抵著那張照片懇求：米凱拉澤，幫幫我吧，拜託。

每一次都管用。

我所屬的部門稱為記者組，組員就是我的家人。米拉西娜、拉切娃，還有帕沙、歐雅、基林、卡特雅、艾琳娜。直到我現在年紀稍長，我才學會和他們稍微保持距離。我曾經深信他們永遠會瞭解我，而我也瞭解他們，深信自己永不孤單。有幾年，我在辦公室以外完全沒有朋友——何必呢？這裡就有許多我愛的人。

我的桌子是最亂的（米拉西娜緊追在後），上面有一座由紙張、書本、信件、原子筆及茶包堆成的小山。這樣的混亂讓我舒服自在。桌底下還有我的備用衣物：一件T恤、一條牛仔褲、襪子、內衣、球鞋，我隨時都能出發前往新聞現場。鍵盤旁邊有隻長著彈簧腳的小豬撲滿，我的零錢都放在裡面。在我座位的隔間板上，貼有孟克和其他挪威藝術家的畫作複製品，暴動小貓（Pussy Riot）樂團成員衝去舌吻警察的抗爭照片，還有幾張別人寄給我的卡片。我在電腦螢幕上方放著三顆子彈和兩片彈片，這些都是以毫釐之差與我擦身而過的東西。我以這種方式抵擋死神。

當我聽到安娜遇害的消息時，我人就是在這間辦公室裡。那是個星期六，我永遠不會忘記。這間辦公室也是我每次任務出發的地方。我也在這裡校對用大張白紙印出來的排版文章，我會用手指著逐字閱讀，一邊用筆做上特殊記號。頭部受傷後，我一度失去寫作的能力，經常在桌前一坐好幾個小時恐懼哭泣，擔心自己再也無法回到過去。我們在此慶祝過許多次生日，切了好多蛋糕，喝酒，討論未來，而未來當然會不可思議、精采絕倫。

在外面的世界，法西斯主義開始籠罩我們的國家。我們盡己所能地描述這個過程。報紙每週出刊三次，在全國發行，網站則隨時更新。我們善盡職責，真的付出了全力。外面的一切令人恐懼、厭惡與心碎。裡面，我們的世界很溫暖。

我沒有和其他媒體同行成為朋友。我不參加盛大的媒體晚會，其實我偶爾會去，每次都失望而返。感覺他們不是在談正經的工作，而是在鬼扯淡和道人長短——誰要結婚，誰被炒魷魚。其他記者不大看得起《新報》，說我們與社運貼得太近，受到當局容忍只是因為我們從沒寫過真正重要的新聞，薪水還很少（這倒是真的）。我根本懶得為《新報》辯護，我知道我在全世界最好的報紙工作。其他記者愈來愈常談到新聞審查，討論遭到下架的文章。他們的出版品相繼被禁，能工作的地方愈來愈少。

《新報》持續存在。要除去我們沒那麼容易。員工擁有多數股份，可以自行選出總編輯、編輯委員會及理事會。選舉每兩年舉辦一次，從競選、辯論、電子報特刊到開票委員會一應俱全。外面的世界不辨真正的選舉了，但我們依然繼續。我們認為這很有趣。

我們最常選出來的總編輯是穆拉托夫。大塊頭的他蓄著鬍子，有雙藍眼睛，宛若海明威再世。總是穿著破爛T恤的他有一項奇怪的特殊才能：無論看似多麼瘋狂，他的構想最後總能成功。他大學讀的是民俗學。他喜歡用大手筆來推行龐大的計畫。他愛我，我也愛他。我們吵過幾次架，每次我都哭得傷心不已。還有誰能夠傷我成那樣？當我母親疑似罹癌時，是他在一夜之間安排她接受檢查，還給了我們需要的資金。她沒事，我也因此能夠活下去。他的辦公室裡總有一瓶酒。牆邊堆著他收集而來的珍貴曲棍球衣，他正在慢慢出售，將賺得的錢捐出來治療那些最無望的病童。我記得穆拉托夫獲得諾貝爾和平獎時，我非常振奮，因為我認為現在他們可不敢殺他了。我非常振奮，因為世人（我們辦公室以外的所有人）終於有機會看見他的偉大。他把獎金分給幾家慈善機構，自己一點也沒有留下。

他在諾貝爾獎得獎演說中談到戰爭，談到他如何看見戰爭日益逼近，試圖力挽狂瀾。

最終他力有未逮。

從戰爭的第一天起，我們又繼續工作了三十二天。《新報》收到新聞審查單位的兩次警告，兩次警告之後便會吊銷媒體執照，沒有執照就無法出版新聞。我們內部投票決定停止出刊，希望這樣能保住報紙。我沒有參與投票，我正置身戰場。

五個月後，上頭還是吊銷了我們的執照。《新報》提出訴訟，在每一級法院都輸了官司。

如今《新報》已不復存在。

我們如今都已不在《新報》，辦公室裡沒有編輯會議，沒有選題會議，沒人趕著發刊，沒有奔跑、咒罵或哭泣的記者，沒有小小的勝利，也沒有巨大而駭人的事件，需要被濃縮成一篇篇報導。我的恐懼全部成真後，我變得空空蕩蕩，再也沒有東西可以緊抓不放。我還可以思考。

《新報》的座右銘是「一樣的字母，不同的文字」。

文字有多少重量？

（有時候是一整個生命的重量）

文字能對抗武裝暴政嗎？

（不能）

文字能阻擋戰爭嗎？

（不能）

文字能拯救一個國家嗎？

（不能）

文字能拯救把它說出來的人嗎？

它救了我。

但只有我。

致謝

這本書能成真要感謝這些人：
我的母親嘉琳娜・科斯秋琴秋（Galina Kostyuchenko）
我的妹妹絲維塔拉娜・維達諾娃（Svetlana Vidanova）
我的人生伴侶和第一位讀者伊亞娜・庫奇娜（Yana Kuchina）
我勇敢無畏的報導對象和消息來源
我的同事攝影師安娜・阿特米耶娃（Anna Artemyeva）與尤利・科茲瑞夫（Yuri Kozyrev）
我的編輯努格札爾・米凱拉澤（Nugzar Mikeladze）與歐嘉・博布洛娃（Olga Bobrova）
我的總編輯迪米屈・穆拉托夫（Dmitry Muratov）
我的第二個家庭《新報》
相信我和我報導內容的讀者
我的經紀人克里斯・帕里斯—蘭博（Chris Parris-Lamb）
我的譯者貝拉・沙耶維奇（Bela Shayevich）和伊蘿娜・雅茲賓・查瓦斯（Ilona Yazhbin Chavasse）
我在失去家園和國家之後寫作這本書。先後的住所由布拉格公民社會（Prague Civil

Society）、揚・米哈爾斯基基金會（Jan Michalski Foundation），以及拉維尼堡（Château de Lavigny）國際作家屋提供。

在此也要感謝黎娜・伊果洛娃（Lina Egorova）、烏里亞娜・多博洛娃（Ulyana Dobrova）、伊凡・科帕科夫（Ivan Kolpakov）、馬夏・格森（Masha Gessen），以及羅曼・阿寧，他們的細心提問讓我思考並接受，使我能夠、也必須活下去。

譯者之言

謹對我的父母致上愛與感謝，他們憑著信心的一躍改變了我們的命運。

——英譯者伊蘿娜・雅茲賓・查瓦斯

致上最深的愛與感謝給我的偶像和馬克・科洛托夫（Mark Krotov），以及伊蓮娜。

——英譯者貝拉・沙耶維奇

感謝蓮娜直視深淵，寫下這本勇敢真誠的書，為無聲的受苦者發聲。

——中譯者胡宗香

《我深愛的國家》讀後 文字能拯救把它說出來的人嗎？

張潔平（媒體人）

十一月，我在臉書上偶爾看到衛城出版的副總編輯洪仕翰貼出一段書稿。沒有前情提要，不知道作者是誰，我只是讀了幾行，就好像完全代入了寫作者的處境，進入了那個世界：

「本書講述我對國家的愛，這份愛如何改變我，以及這份愛在我生命中出現了什麼轉變。」

「愛使人充滿希望……但危險也在於，正是這份希望使我們盲目，給予我們近乎生物本能的樂觀情緒。不知怎麼地，你覺得一切都會好起來，我自己就是這樣覺得。然後，俄羅斯開始全面入侵烏克蘭。」

「我是否知道普丁在位時間太長，是否知道他正在改變憲法及踐踏人權，是否知道我們的國家正在走向法西斯？是，我都知道。那我為此做了些什麼嗎？我用報導來敘述法西斯主義如何在我的國家裡生根茁壯，而且我寫得非常好（笑）。但光是這些並不足夠。」

那種代入感與其說是代入，不如說，我彷彿讀到了自己的世界。

我搜索作者的名字，看到了這本書的背景。伊蓮娜．科斯秋琴科（Elena Kostyuchenko），出生於一九八七年的俄羅斯記者，女同志，十七歲開始就為《新報》工作，從實習生做到調查記者，工作了十七年。直到二〇二二年，俄烏戰爭爆發半年之後，《新報》整個被普丁政府弔銷執照，被迫關閉。三十五歲的伊蓮娜流亡海外。

我從來沒去過俄羅斯，但閱讀這本書的大部分時候，就像在讀自己的平行人生。

伊蓮娜寫自己在俄羅斯長大的故事：外婆家所在的北境村莊，愛看電視新聞的媽媽，自殺離世的弟弟，自己十五歲搬去生活的，那個充滿驚奇的莫斯科。她十七歲開始做記者之後，去了更多地方，看到了莫斯科之外的俄羅斯，電視新聞之外的國家，遇到很多以前不會打交道的人，見識了從未想像過的人生。她也把《新報》當作一個 chosen family，和夥伴們十幾年如一日地奮戰著。

為了什麼奮戰呢？為自己親眼所見的真實，也被其他人看到。在這片土地上的人們，共享著「豐美而多彩」的田野，共享著戰爭與轉型帶來的哀愁，共享著千里凍原上有關死亡的神話，也共享著夏季的快樂詩歌。但是人們生活在其中的，並不是同一個世界，也不知曉、或視而不見彼此世界的存在。

伊蓮娜寫自己小時候，家裡有一台電視機，裡面「模糊的畫面播放著讓人一頭霧水的內容。有人在大叫，到處跑來跑去，都是一模一樣的播報者和聲調」，媽媽沉默地看著，她則不明白。「我很討厭新聞，也不懂為什麼有人會想看新聞。」

少年時，她偶然看到了一篇署名「安娜・波利特科夫斯卡婭」的文章，文章寫了在車臣的軍人殺害平民的事。讀完後她去公共圖書館，調閱館藏的《新報》，找到記者安娜的所有文章，逐一閱讀。

「我覺得自己好像燒了起來……原來我對自己的國家一無所知。電視騙了我。」

「我帶著這樣的認識晃蕩了幾個星期。閱讀，到公園踱步，然後再多讀一些。我想找個大人談談這件事，但是身邊沒有這樣的人——他們都相信電視。」

伊蓮娜寫：「我對《新報》感到憤怒，因它從我身邊奪走了大家普遍相信的真實。以前我從未有過只有自己知道的真實。我才十四歲，我心想，卻像個無能為力的病人。」

憤怒的伊蓮娜做的選擇是：一定要去《新報》工作。三年後，她實現了目標。

作為《新報》記者的她的確見到了更多真實：

莫斯科之外，時速兩百五十公里高速列車的沿線，遼闊的城鎮、村莊、凍原裡，那些被棄如敝屣的人和生活。被切斷了傳統、改變了語言、幾近消亡的少數民族聚落。像集中營一樣管理的精神病院。從冰川和凍原開始，汙染了整個海洋的嚴重人為事故……

還有失控的暴力災難：一所小學被恐怖分子佔領，一千一百二十八名人質被控制，俄羅斯聯邦安全局放棄談判而用重武器強行攻擊，造成三百多人死亡，死者中有近兩百名孩童。災難之後，洗太平地，政府主導了長達十數年的宣傳與記憶竄改。

還有戰爭，從車臣、喬治亞、克里米亞到頓巴斯、烏克蘭，這個國家從沒有中斷過、卻總是拒絕承認的戰爭。

當我說，讀這些文本與經歷，好像在讀自己的平行人生時，我不否認，在伊蓮娜的筆下真的彷彿讀到了太多我自己做記者時親歷過、熟悉的情境與故事——

在中國，同樣被放任消亡的少數民族聚落，同樣在繁榮大城市之外被拋棄的村莊與生活，同樣可怕的人為的重金屬污染……還有貝斯蘭。那座被愚蠢攻擊犧牲掉的小學和裡面的孩子……讓我不斷地想起燒死近三百孩童的新疆克拉瑪依大火，想起四川地震裡埋葬了四千多孩童的豆腐渣校舍，因為上游洩洪而被淹沒的黑龍江沙蘭鎮小學和裡頭的兩百多孩子。民謠歌手周雲蓬寫過一首歌叫《中國孩子》。那旋律甚至在我翻過伊蓮娜的書頁時，會自動在腦中播放，甚至歌詞還會自動變奏：「不要做中國人的孩子……不要做俄羅斯人的孩子。不要做貝斯蘭的孩子。」

這種共振，在外人看來是可以想像的。俄羅斯和中國嘛，哥倆好，類似的管治，類似的人禍，類似的腐敗者升官發財、普通人命如螻蟻。只是當苦難在媒體上幾乎成了這類陳詞濫調，當統治者惹人厭惡，被統治者也少有人同情的時候，一切罪惡都被奇觀化了。我看書的時候常常在想，伊蓮娜寫下的這些，我自己、和我熟悉的記者朋友寫下的這些故事，是不是永遠都逃不脫宿命：身在其中的人看不到，或者看到了、嘲諷、不相信；而不在其中，身在正常世界的人們，則是嗑著花生圍觀瘋人院的心情。

我要感謝伊蓮娜沒有在想這些，沒有像我說的這樣，滑向這虛無與犬儒的陷阱。我在她的書寫中，一次又一次地重新獲得力量。那力量的來源並不是她對苦難的書寫，更重要的是，她敏感、清晰、細膩、強烈而又優美地寫下，這些經歷對她作為一個人的雕刻，誠實的每一筆刻畫。

這是閱讀本書時，我獲得另一重「平行人生」的體驗。

我也正在試著寫下自己作為記者所見證過的時代起落。每每我陷入上面所說的「宿命感」時，就難免覺得一切都沒有意義。而每一次可以找到突破點，寫下新的五百字、一千字，都是因為，我終於嘗試著剝開「記者」這層隱身衣背後的自己。我嘗試去回憶，每一次對苦難的見證裡，那個隱身的「記者」到底遭遇了什麼，改變了什麼，隱瞞了什麼。

因此，我特別共鳴於伊蓮娜寫自己在去往危險目的地的夜路上如何被男性司機刁難，也共鳴於她如何跟只相信電視新聞的母親無法交談，共鳴於她的愛情在一個不容許這樣愛情存在的國家裡如何凋零，也共鳴於她強烈的憤怒，那沒有辦法讓死人復生、沒有辦法讓冤屈得償的憤怒，和將這憤怒轉化為無窮無盡的工作的過程。我更深深共鳴於她的愛。

就像這本書的俄語名字所寫的「我深愛的國家」。伊蓮娜筆下的土地，土地上的傳說，那麼哀愁，那麼美。即使有那麼多罪惡，她袒露身體和靈魂去體驗罪惡，她告訴我們原來在新聞標題裡出現了無數次的悲劇字眼，在真實發生時是這樣的體驗，這樣的含義。你彷彿可以透過她的懷抱，也觸摸到傷口。

有時候我忍不住想，為什麼環境可以這樣冷酷嚴寒，而人在其中又可以這樣堅強？

我想起她在書中所寫，莫斯科《新報》會議室牆上掛的六幅照片。

伊蓮娜寫，大家每天開編輯和選題會的會議室，掛著六幅黑白照片。不是什麼百年基業的前輩、捐款者，而是《新報》歷年遇害的調查報導記者。他們死於並不久遠的現在，二〇〇〇至二〇〇九年。

「伊果、尤里、安娜、斯坦尼斯拉夫、安娜斯塔西雅、娜塔莉亞」，伊蓮娜寫下這六名記者遇害前正在做、或者已經發出的調查報導，以及他們遇害的具體情況。他們調查的是首長經濟腐敗、是執法者走私弊案、是軍方虐殺醜聞、是新納粹主義、是車臣暴政……他們被以不同的方式投毒暗殺、綁架殺害、當街槍擊。有些確認了兇手，卻無法確認主謀，有些則至今是懸案。

「每次有一張新的照片放上去，我們就試著把它與其他照片掛開一點，讓牆上不留多餘空間。」「當你無法保護自己和同伴時，自然會變得迷信起來。」伊蓮娜寫，「話雖如此，每次發生新的謀殺案，那些黑白肖像就會彼此靠得更近一些，而牆上總有空間再掛一張照片。」

我感到久久的震顫。我想像著黑白照片裡的人們不斷靠近的眼睛，看著曾跟他們一起日夜相處的同事們。我想像不到伊蓮娜看著他們時，感受到什麼。

還記得那個破壞了小伊蓮娜安逸人生的安娜．波利特科夫斯卡婭嗎？她先是成了她隔壁的同事，後來，她成了會議室牆上的黑白照片。

安娜在二〇〇六年因為指控車臣共和國領導者虐待異己的調查報導，在自家公寓電梯內遭遇槍擊，六發子彈，兩顆射中心臟，一顆在胸腔，一顆在頭部。

伊蓮娜寫，在安娜遇害後，「我花了好多個小時與死亡討價還價——如果馬上找到兇手，能不能讓她復活？如果我承諾把所有我想說卻不敢說的感謝話都告訴她，說她如何改變了我的生命和許許多多其他生命，她能不能死而復生？」

「她不能。」

在捲入了更多生命的罪惡——在戰爭裡，《新報》這家成立了二十九年的媒體也沒有逃脫死亡的命運。

它長期被認為是俄羅斯境內唯一具有影響力的敢言報紙。它的創始人、總編輯穆拉托夫曾在二〇二一年，與菲律賓記者瑪麗亞．瑞薩共同獲頒諾貝爾和平獎。

「我記得穆拉托夫獲得諾貝爾和平獎時，我非常振奮，因為我認為現在他們可不敢殺他了。我非常振奮，因為世人（我們辦公室以外的所有人）終於有機會看見他的偉大。」伊蓮娜在結語裡這麼寫到。

而穆拉托夫在領獎時反覆提及，他知道這個獎並不是頒給自己，而是頒發給會議室牆上那六幅黑白照片，和許多與他們一樣的人們。

「他把獎金分給幾家慈善機構，自己一點也沒有留下。」伊蓮娜在書裡告訴我們。

文字有多少重量呢？伊蓮娜在文章的最後問。

她已經流亡在俄羅斯以外，《新報》關閉，她和 chosen family 失散了，但沒有一刻停下報導。文字能對抗武裝暴政嗎？文字能阻擋戰爭嗎？文字能拯救一個國家嗎？文字能拯救把它說出來的人嗎？

伊蓮娜以一連串問題結尾。她給出了她的答案。你呢？

中文	英文	中文	英文
安娜	Anna Smetana	貝拉諾娃	Elena Belanova
加琳娜	Galina Lytkina	娜塔莉亞	Natalia Vedeneeva
奧嘉	Olga Deryugina	尤里	Yuri Aleksandrovich Zolotarev
歐查科沃	Ochakovo	尼可萊	Nikolai Chan-Chu-Mila
梅什科沃—波戈列洛沃村	Meshkovo-Pogorelovo	舍甫琴科街	Shevchenko Street
迪米屈	Dmitry Butym	斯維拉娜	Svetlana Nikolayevna
斯塔斯	Stas	蓮娜	Lena Sylvestrova
亞歷克塞	Aleksei	娜傑茲達	Nadezhda Sherstova
奧列克山德	Oleksandr Senkievich	庫茲亞	Kuzya
結語			
阿爾漢格爾斯基巷	Arkhangelskiy Alley	波塔波夫斯基巷	Potapovskiy Lane
拉切娃	Lena Racheva	穆拉托夫	Dmitry Muratov
米凱拉澤	Nugzar Mikeladze	基林	Nikita Girin
蓮娜・米拉西娜	Lena Milashina		

中文	英文	中文	英文
第十二章			
薇拉	Vera Drobinskaya	拉茲諾奇諾夫卡	Raznochinovka
阿斯特拉罕	Astrakhan	斯維拉娜	Svetlana
梅斯赫特土耳其人	Meskhetian Turks	安德瑞耶芙娜	Valentina Andreyevna Urazalieyeva
娜斯提雅	Nastya	謝爾蓋耶芙娜	Elena Sergeyevna
妮娜	Nina Bazhenova	珍菲拉	Zemfira
《兒童好聲音》	The Voice: Kids	伊卡特琳娜	Ekaterina Borisovna
塔蘭琴科	Katya Taranchenko	格列賓希奇科夫	Boris Grebenshchikov
絲維塔	Sveta Skazneva	阿爾卡特牌	Alcatel
瓦倫提娜	Valentina Sergeyevna		
第十三章			
《只有老兵去打仗》	Only Old Men Are Going Into Battle	卡雷利亞	Karelia
瓦斯科夫	Vaskov	斯維拉娜・亞歷塞維奇	Svetlana Alexievich
南奧塞提亞	South Ossetia	阿布哈茲	Abkhazia
博布洛娃	Olga Bobrova	巴布琴科	Arkady Babchenko
阿寧	Roman Anin	頓內次克	Donetsk
盧甘斯克	Luhansk	艾莉亞	Alia Malek
米科萊夫	Mykolaiv	布格河	Bug
亞洛斯拉夫	Yaroslav Chepurnoi	營級戰術群	Battalion Tactical Group, BTG
克里維里赫	Kryvyi Rih	庫爾巴基諾	Kulbakino
赫爾松	Kherson	科拉貝涅	Korabelnyi
巴拉巴諾夫卡	Balabanovka	安托諾夫卡	Antonovka
基洛沃格勒	Kirovograd	阿納托利	Anatoly Geraschenko
娜塔莉亞	Natalia Mikhailova	伊蓮娜	Elena Batygina
瓦倫提娜	Valentina Vidyuschenko	斯維拉娜	Svetlana Kluyko

中文	英文	中文	英文
皮亞西諾湖	Lake Pyasino	納德茲達	Nadezhda
維亞切斯拉夫・斯塔羅斯廷	Vyacheslav Starostin	卡拉海	Kara Sea
我的家鄉聯盟	Moi Dom	緯度六九報	69 Gradusov
瓦希里	Vasiliy Ryabinin	魯斯蘭	Ruslan Abdullayev
拉米爾	Ramil Sadrlimanov	伊凡諾夫	Aleksandr Aleksandrovich Ivanov
瓦西里耶夫	Andrei Vasiliev	克柳申	Igor Klyushin
科貝爾金	Dmitry Kobylkin	秋門	Tyumen
拉迪奧諾娃	Svetlana Radionova	烏斯	Alexander Uss
阿秦斯克	Achinsk	十月鎮	Oktyabrsky
多爾戈耶湖	Dolgoe	卡拉耶拉克河	Kharayelakh River
蓮娜	Lena Sakirko	尤瑟夫	Yosef Kogotko
		莫曼斯克	Murmansk
恰亞齊島	Chayachy Island	戈里吉岬	Golyj Point
伊拉基爾	Sergey Elagir	森肯岬角	Senkin Point
科倫納亞	Korennaya	熱尼亞	Zhenya Bogatyrev
科斯莫菲茲齊	Kosmofiziki	騰特拉納亞	Tsentralnaya
米托洛金	Sergey Mitrokhin	沙佐諾夫	Vladimir Sazonov
斯特巴耶夫	Alexander Gennadievich Stebayev	瓦西列芙娜	Natalia Vasilievna Abramova
薩夫琴科	Evgeny Alexandrovich Savchenko	葛洛沃依	Alexander Victorievich Gorovoy
德里帕斯卡	Oleg Deripaska	馬卡洛夫	Denis Makarov
勒比雅茲耶	Lebyazhie	烏特金	Nikolai Nikolayevich Utkin
格拉切夫	Andrei Grachev	庫佩茨河	Kupets River
佐雅	Zoya Anatoliyevna Yanchenko	特克哈爾德村	Tukhard

中文	英文	中文	英文
黛安娜・卡查特里安	Diana Khachatryan	麗塔	Rita Sidakova
卡茲貝克	Kazbek Dzarasov	阿洛洽卡	Allochka Dudiyeva
瑪莎	Masha Urmanova	阿拉娜	Alana Dogan
阿斯克	Asik Dzarasov	索斯克	Sosik Bigonashvili
喬爾吉	Georgy Khudalov	提莫菲芙娜	Roza Timofeevna
馬戈梅德	Magomed Melikov	帕爾提贊	Partizan Ramazanovich Kodzayev
若斯蘭	Ruslan Gappoyev	艾爾布盧斯	Elbrus Tokhtiev
泰穆拉茲	Taimuraz Koniyev	弗拉德米爾	Vladimir Tomayev
阿札	Aza Gumetsova	娜塔莎・科羅列娃	Natasha Koroleva
夏里特醫院	Charité Hospital	祖嘉耶娃	Fatima Kazbekovna Dzugayeva
托卡耶娃	Madina Tokayeva	杜拉耶夫	Ibragim Dulayev
米列娜・竇根	Milena Dogan	魯斯蘭・奧雪夫	Ruslan Aushev
第十一章			
利佩次克	Lipetsk	塔格爾亞諾夫斯基	Tagiryanovsky
索波特	Pavel Sopot	多洛夫斯基	Sergey Dorovsky
伏爾加頓斯克	Volgodonsk	索科洛夫	Sergey Sokolov
萊爾症候群	Lyell's syndrome	利特維年科	Alexander Litvinenko
格羅茲尼	Grozny	卡狄羅夫	Ramzan Kadyrov
馬穆多夫	Makhmudov	斯特瑞琴科	Vladimir Strelchenko
艾爾莎	Elza Kungayeva	海蘭泡	Blagoveshchensk
柳金	Alexander Ryukhin	安提法	Antifa
斯麥納	Smena	普里奇斯登卡街	Prechistenka Street
布達諾夫	Yuri Budanov	卡瑟斯	Evgenia Khasis
提赫諾夫	Nikita Tikhonov	阿欽楚博爾佐伊村	Akkhinchu-Borzoi
戈里亞切夫	Ilya Goryachev	里納特	Rinat Akhmetchin
加錫尤特	Gazi-Yurt	達爾迪坎河	Daldykan
諾里爾斯克鎳業公司	Nornickel	科茲瑞夫	Yury Kozyrev
安柏納亞河	Ambarnaya	凱葉爾坎	Kayerkan

中文	英文	中文	英文
柳卡	Lyokha	烏梁諾夫斯克	Ulyanovsk
沙馬拉	Samara	維特亞	Vitya
迪亞馬庫	diamaku	尤莉雅	Yulia Steputenko
馬克辛姆	Maksim Porbin	托利克	Tolik Popov
安德烈・波爾沙科夫	Andrey Bolshakov	帕夫利克	Pavlik Stolypin
歐雅	Olya Durakova	諾里爾斯克	Norilsk
皮亞西納河	Pyasina River	沃洛昌卡	Volochanka
第九章			
亞努科維奇	Viktor Yanukovych	《歐盟與烏克蘭聯合協定》	EU-Ukraine Association Agreement
阿特米耶娃	Anya Artemyeva	頓內次克	Donetsk
盧甘斯克	Luhansk	烏斯潘卡	Uspenka
羅斯托夫	Rostov	謝爾蓋・澤達諾維奇	Sergey Zhdanovich
尤利・阿布羅西莫夫	Yuri Abrosimov	尤林	Alexey Yurin
埃弗雷莫夫	Aleksandr Efremov	沃恩維德	Voenved
沃爾科娃	Elena Volkova	埃列克特羅戈爾斯克	Elektrogorsk
提庫諾夫	Roman Tikunov	提托夫	Alexander Titov
黎亞娜	Lyana Elchaninova	葉夫根尼	Evgeny Ivanovich Korolenko
安德利克	Andrik	胖埃皮凡	Fat Epiphan
第一西南國際旅	First South-West Interbrigade	敖德薩	Odesa
聶伯區	Dnieper	斯坦尼斯拉夫・亞歷山德羅維奇・庫茲涅佐夫	Kuznetsov, Stanislav Aleksandrovich
亞速	Azov	帕拉莫諾夫倉庫	Paramonovsky warehouses
彼得・波洛申科	Petro Poroshenko	斯拉夫揚斯克	Slavyansk
第十章			
北奧塞提亞	North Ossetia	薩維利耶夫	Yuri Saveliev
艾蜜莉亞・博札洛娃	Emilia Bzarova	札娜・齊里科娃	Zhanna Tsirikhova
思維特拉娜・瑪爾吉耶娃	Svetlana Margiyeva	艾拉・克薩耶娃	Ella Kesayeva
艾瑪・塔嘉耶娃	Emma Tagayeva	詹姆菲拉・齊里科娃	Zemfira Tsirikhova

中文	英文	中文	英文
戴巴	Deiba	連亞	Lenya
恩哥特西亞	Ngotesia	都丁卡	Dudinka
恩加納桑人	Nganasan	牙薩克	yasaq
多爾干人	Dolgan	烏斯特—阿瓦姆	Ust'-Avam
沃洛昌卡	Volochank	杜迪普塔	Dudypta
米哈伊洛維奇	Sergei Mikhailovich Naberezhnev	泰米爾半島	Taymyr Peninsula
歐嘉	Olga Andreevna Bespalova	《二十郎當宣言》	20 Something Manifesto
伊芙朵吉雅	Evdokia	法爾科夫	Igor Falkov
圖格拉科夫	Kostya Tuglakov	德姆尼梅耶芙娜	Evdokia Demnimeyevna
杜齊米亞庫	Duzymyaku	圖比亞庫	Tubiaku Kosterkin
艾莉珊德拉	Aleksandra Saibovna Momde	瓦倫廷・古塞夫	Valentin Gusev
波波夫	Andrei Popov	伊萊札薇塔	Elizaveta Barbovna
薩拉馬托夫	Salamatov	格里曼	German Shapovalov
羅曼	Roman Barkhatov	斯廖茲金	Yuri Slezkine
《北極之鏡》	Arctic Mirrors	希什科夫	Alexander Shishkov
雅德林采夫	Nikolai Yadrintsev	里歐諾夫	N. E. Leonov
《蘇維埃原住民》	Indigenous Soviets	克拉斯諾雅斯克	Krasnoyarsk
尼可萊・弗拉迪米洛維奇・普魯茲尼科夫	Nikolai Vladimirovich Pluzhnikov	楚普林	Evgeny Chuprin
克列斯提	Kresty	嘉琳娜	Galina Durakova
塔提安娜	Tatiana Tkachenko	柳德米拉	Lyudmila Popova
索特尼科夫	Andrei Sotnikov	瑪雅娜	Maryana
羅莎	Rosa Timurovna	波利亞科夫	Ivan Poliakov
葉尼塞河	Yenisei River	科巴契夫	Kobachev
圖魯漢斯克區	Turukhansky District	尤拉・科斯特金	Yura Kosterkin
烏嘉納亞	Ugarnaya	奧斯蒂亞克人	Ostyaks
尤拉	Yura Kosterkin	科斯特亞	Kostya

中文	英文	中文	英文
第六章			
小維舍拉	Malaya Vishera	薇卡	Vika
安德烈	Andrei	卡拉恰伊—切爾克斯共和國	Karachay-Cherkessia
沃爾加	Volga		
第七章			
《意亂情迷》	Lost and Delirious	伊利斯基鎮	Ilsky
杜本左夫	Vladimir Dubentsov	高爾定	Nikolai Galdin
克拉斯諾達爾	Krasnodar	諾沃羅西斯克	Novorossiysk
埃迪克	Edik Gorbenko	尼卡諾洛芙娜	Tatiana Nikanorovna Kharchenko
佩特羅娃	Nadya Petrova	尼基蒂奇娜	Evdokia Nikitichna
庫班	Kuban	色佛斯卡亞	Severskaya
瓦希里耶芙娜	Valentina Vasilyevna	卡涅洛夫斯卡亞村	Kanelovskaya stanitsa
梅德維多夫斯卡亞村	Medvedovskaya stanitsa	可可列娃	Alevtina Pavlovna Kokoreva
芬柯	Victor Finko	皮卡洛夫	Victor Nikolayevich Pikalov
阿菲普斯卡亞	Afipskaya	亞歷山大	Aleksandr Panteleyenko
車諾莫卡	Chernomorka	葉戈爾	Yegor Matveyevich
歐格利夫	Aleksandr Fet-Oglyh	克雷姆斯克	Krymsk
第八章			
馬雷謝夫	Malyshev	瑪莉亞	Maria Markovna
拉林諾村	Larino	帕赫馬河	Pakhma River
博戈斯洛夫	Bogoslov	巴巴雅嘎	Baba Yaga
維爾納	Vilna	維爾紐斯	Vilnius
帕維爾・奧西波維奇・馬雷謝夫	Malyshev, Pavel Osipovich	約瑟夫維奇	Iosifovich
尼娜	Nina Dentumeyevna Chunanchar	阿瓦姆河	Avam River
蘇迪恩古	Sudiu Nguo	科陀拉	Kotura

中文	英文	中文	英文
庫斯托季耶夫	Kustodiev	利達市	Lida
費奧多西亞市	Feodosia	洛克茨	Lokotsy
利科斯拉夫	Likhoslavl	魯薩科夫	Rusakov
諾夫哥羅德	Novgorod	卡拉希尼科沃	Kalashnikovo
色柏洛斯	Cerberus	坦波夫	Tambov
格里斯特維揚卡村	Gristvyanka	烏里安娜	Ulyana
米海洛芙娜	Galina Mikhailovna	寧卡	Nina Ivanovna Smirnova
布哈洛沃村	Bukhalovo	斯匹洛夫	Spirov
阿卡德米切斯基	Akademichesky	維什涅沃洛茨基	Vyshnevolotsky
博洛戈耶	Bologoye	克拉斯諾達爾斯克	Krasnodarsk
別爾迪切沃村	Berdichevo	瓦倫蒂娜・阿列克斯娃	Valentina Mikhailovna Alekseeva
安納托利	Anatoly Stretltsov	斯匹羅沃	Spirovo
克魯札諾娃	Anna Kruzhanova	萊昂季耶沃	Leontievo
米哈伊爾	Mikhail Samartsev	費朵羅芙娜	Nina Fedorovna
索爾涅奇內村	Solnechny	瓦爾代	Valday
馬切洛・門尼	Marcello Menni	尤什科娃	Yushkova
安東・阿布杜卡拉諾夫	Anton Abdulkhlanov	莉迪亞	Lidia Victorovna
烏格洛夫卡	Uglovka	霍赫洛馬	Khokhloma
第四章			
艾琳娜	Irina Bergalieva	瑪娜娜	Manana Dzhabeliya
納加廷斯基	Nagatinsky	索科洛娃	Ekaterina Sokolova
帕塔瓦澤	Zurab Pataradze	波多斯基	Podolsky
佩洛珀金斯科	Perepechinskoe	《破路燈大道》	Avenue of Broken Streetlamps
《冷案》	Cold Case	《警察》	Cops
歐克薩娜	Oksana	澤維奇克	Zveichik
第五章			
德尼斯	Denis	塔瑪拉	Tamara
莫斯科人工廠	Moskvich		

譯名對照表

中文	英文	中文	英文
大事記			
《新報》	Novaya Gazeta	普丁	Vladimir Putin
葉爾欽	Boris Yeltsin	尤里・謝科奇欣	Yuri Shchekochikhin
伊果・多姆尼科夫	Igor Domnikov	安娜・波利特科夫斯卡婭	Anna Politkovskaya
貝斯蘭	Beslan	斯坦尼斯拉夫・馬科洛夫	Stanislav Markelov
梅德韋傑夫	Dmitry Medvedev	娜塔莉亞・埃斯特米洛娃	Natalia Estemirova
安娜斯塔西雅・巴布洛娃	Anastasia Baburova		
第一章			
《小朋友，晚安！》	Good Night, Little Ones	克里尤夏	Khryusha
絲特帕夏	Stepasha	梅斯克爾尤爾特村	Mesker-Yurt
第二章			
凡亞	Vanya	雅羅斯拉夫	Yaroslavl
科斯特羅馬	Kostroma	絲維塔拉娜	Svetlana
霍夫林諾	Hovrino	利科波卡河	Likhoborka River
斯特羅吉諾足球隊	Strogino	特維爾	Tver
阿拉克連	Arakelian	達吉斯坦	Dagestan
印古什	Ingushetia	振亞・阿納尼耶夫	Zhenya Ananiev
第三章			
什維爾尼克街	Shvernik Street	馬雅科夫斯基廣場	Mayakovskaya Square
梁贊州	Ryazan	遊隼號	Sapsan
楚普里亞諾夫卡	Chuprianovka	拉雅婆婆	Baba Raya
克林	Klin	辛基	Khimki
休斯	Shlyuz	利茲哥里	Lisyi Gory
波洛哥耶	Bologoye	切斯拉沃芙娜	Anna Cheslavovna

世界的啟迪

我深愛的國家

俄國女孩的真實告白

The Country I Love: Dispatches from the Real Russia

作者	伊蓮娜・科斯秋琴科（Elena Kostyuchenko）
譯者	胡宗香
	游孟儒（協助「寫在臺灣版出版之前」俄文翻譯）
副總編輯	洪仕翰
行銷總監	陳雅雯
行銷企劃	趙鴻祐、張偉豪、張詠晶
封面設計	賴佳韋
排版	宸遠彩藝

出版	衛城出版 / 遠足文化事業股份有限公司
發行	遠足文化事業股份有限公司（讀書共和國出版集團）
地址	231 新北市新店區民權路 108-3 號 9 樓
電話	02-22181417
傳真	02-22180727
法律顧問	華洋法律事務所　蘇文生律師
印刷	呈靖彩藝有限公司
初版	2024 年 1 月
定價	550 元

國家圖書館出版品預行編目(CIP)資料

我深愛的國家：俄國女孩的真實告白 / 伊蓮娜.科斯秋琴科(Elena Kostyuchenko)著；胡宗香譯. -- 初版. -- 新北市：衛城出版，遠足文化事業股份有限公司, 2024.01
面；　公分. --(Beyoud 57) (世界的啟迪)
譯自：The Country I Love: Dispatches from the Real Russia.
ISBN 978-626-7376-10-2(平裝)
ISBN 978-626-7376-11-9(EPUB)
ISBN 978-626-7376-12-6(PDF)

1. 普丁 (Putin, Vladimir Vladimirovich, 1952-)
2. 政治發展　3. 政治文化　4. 社會變遷
5. 報導文學　6. 俄國

574.48　　112018396

ACRO POLIS 衛城出版

Email　acropolismde@gmail.com
Facebook　www.facebook.com/acrolispublish